U0618256

纪垂海 著

庄家控盘核心（四）

股市赢家的炼金术

运筹帷幄之中，决胜千里之外

了解股价运动的六个阶段
熟悉趋势演变的内在机理
探究影响市场方向的因素
掌握庄家控盘手段及变化

经济管理出版社
ECONOMY & MANAGEMENT PUBLISHING HOUSE

图书在版编目（CIP）数据

庄家控盘核心（四）——股市赢家的炼金术/纪垂海著. —北京：经济管理出版社，
2017.9
ISBN 978-7-5096-5316-6

Ⅰ.①庄… Ⅱ.①纪… Ⅲ.①股票交易—基本知识 Ⅳ.①F830.91

中国版本图书馆 CIP 数据核字（2017）第 208523 号

组稿编辑：杨国强
责任编辑：杨国强 张瑞军
责任印制：黄章平
责任校对：王淑卿

出版发行：经济管理出版社
　　　　　（北京市海淀区北蜂窝 8 号中雅大厦 A 座 11 层 100038）
网　　址：www. E-mp. com. cn
电　　话：(010) 51915602
印　　刷：玉田县昊达印刷有限公司
经　　销：新华书店
开　　本：720mm×1000mm/16
印　　张：17
字　　数：326 千字
版　　次：2017 年 10 月第 1 版 2017 年 10 月第 1 次印刷
书　　号：ISBN 978-7-5096-5316-6
定　　价：48.00 元

·版权所有 翻印必究·
凡购本社图书，如有印装错误，由本社读者服务部负责调换。
联系地址：北京阜外月坛北小街 2 号
电话：(010) 68022974 邮编：100836

走向股市赢家
（代前言）

　　我们从一无所知到逐步摸索、磨炼、总结，最终成为一名股市赢家，需要迈过一道又一道坎。不仅需要我们学习大量的理论基础知识，还要积累丰富的经验，而且要经过长期的心理斗争，才能形成沉着冷静、自信乐观、不骄不躁的心态。这一过程需要多长时间？只能说因人而异。

　　有的人孜孜不倦、无时无刻不在寻找股市运行的客观规律，可能只用了两三年的时间就走过了别人十几年走过的路，最终入道而成为股市赢家，实现人生和财务的双重自由。有的人对待股市虽然始终如初恋般热情，但却从未想过如何提升自己，这样的人即使穷尽一生也无法悟透投资真谛。或许天赋禀性多多少少有一些影响，但更多的是来自于自身的后天努力。

　　真正成为一名股市赢家，必须做到"能人所不能，忍人所不忍"。期待天上掉馅饼，永远成不了事，就算对待股市始终如初恋般热情，也逃脱不了亏损累累的结局。从零开始的投资者，基本要经过四个阶段的学习和演变，才能取得质的突破，而且每一个阶段都必须付出极大的代价，包括时间的耗费、金钱的减少和精神的煎熬。任何一名股市赢家都绕不开这四个阶段，不要以为您很"聪明"，可以跳过某一个阶段，实则是"聪明反被聪明误"。

　　根据以往大部分学员的投资经历来看，最终能够获得成功的学员，都经历了这四个阶段的学习和演变，谁也无法逾越。希望本书对您有所启发，并希望您在投资的道路上，少走一些弯路，多一些感悟。

　　第一个阶段：理论基础的学习阶段（"知道"阶段）

　　无论您是否已经踏入股市，还是准备涉足股市，建议您首先学习必要的基础知识，包括纯理论和纯技术这两大类基础知识在内。纯理论知识包括金融学、投资学、证券投资学、会计学、政治经济学和财经学等，纯技术包括波浪理论、指标理论、K线理论、形态理论、切线理论、均线理论、道氏理论、江恩理论、皮球弹动理论等。只要是与金融市场有关的专业知识，尤其是与股票市场密切相关的，都可以学习，多多益善。既可以通过书籍自学，也可以通过参加专业培训课

程学习。不管如何，该知道的基础知识还是要知道，该认识的技术手段还是要认识，如果连一个专业术语、技术指标都看不懂，还要大谈投资之道，实在是有点贻笑大方。

这个阶段虽然只是起步阶段，但在实战操作中，实质上还没有形成有价值的主见和理念。可是，每一次买卖行为又表现出相当有主见，内心深处又总是觉得自己做的每一个投资决定都是对的，而且大部分投资者都自认为是这个市场中最"聪明"的投资者，其他人都不如我做得好。别人能够从股市中挣钱，我也能够挣钱，我比其他人挣得还要多。这个阶段的投资行为从表面上看，每个投资者都很有主见，实质上又很盲从。除了爱听股评家的吹嘘，也喜欢到处打探小道消息。

只是看了几本书籍，学了几个指标，做了几次盘，就好像什么都懂了。每一次操作的成功，都给了投资者莫大的成就感。当发现周围的人出错，自己却做对时，越来越相信自己，对自己的技术也越来越推崇，甚至嘲笑旁人亏钱。发现别人挣钱了，抑或是别人挣的钱比自己多，认为别人只是运气好而已，心里没有一丝敬意。更有甚者，才懂皮毛就目空一切，不将任何人放在眼里，甚至狂妄到我就是真理的化身。

第二个阶段：歧途、受挫的磨砺阶段（"体道"阶段）

经过第一个阶段的理论学习和技术实践，大部分投资者都好像找到了实现人生和财务自由的"捷径"，人人都以为自己已经是股市中的"交易高手"，还把自己看成是股市赢家的一份子。

这个阶段的心理变化与第一个阶段的心理变化比较接近，主要表现为：挣钱心切，急功近利，人人都不如我，道听途说，追涨杀跌。为了早日实现人生和财务的双重自由，总是期待一夜暴富，不惜冒一切风险。真是初生牛犊不怕虎，根本不知道股票市场的风险有多大，跟风炒作、追涨杀跌成为"拿手好戏"，不断亏损成为"无私贡献"。

实战操作中只认识短线交易，而且一天不做股票心里就痒痒，好像手中没有股票总是缺点什么似的。眼里只有短线的分时走势，而无任何大格局思维。贪婪、欲望日甚一日，不仅严重地脱离理性范畴，而且成为一名名副其实的"赌徒"。挣钱了到处炫耀，生怕别人不知道似的，亏损了却鸦雀无声，即使没有说出来，脸如冰霜也能明白个中缘由。大赚大赔和小赚大赔成为这个阶段的主旋律，结果是赚少赔多。此外，大部分投资者都很喜欢满仓操作，也喜欢速战速决带来的莫名快感，而且只知道一味地进攻、进攻、再进攻……买、卖就像吸了冰毒一样频繁、上瘾，完全不受自己的大脑（思维）控制，不由自主地踏上一条恶性循环的道路。

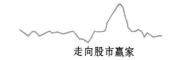

有的投资者一辈子都在这个阶段不断打转，从未想过如何提升自己，默默地做着"无私贡献"。有的投资者经历几次大亏以后，不再相信股票市场，从此远离股票市场，其实这一类人非常聪明，只是不适宜做投资交易而已，专注于其他领域未必不能成就人生。有的投资者想法颇多，今天认为这种技术好，明天认为那种技术好，迟迟不得其法，始终无法建立一套完善、成熟且稳定的交易模式，这种人既"聪明"又被"聪明"误，入道之难可想而知。有的投资者虽然只是懂得了一些皮毛，但信心满满之下只有亏损累累，不仅被市场修理得体无完肤，而且还拒不认输，这一类人实则愚不可及。有的投资者经受过几次打击之后，于是开始认为技术无用论，还不如凭着自己的感觉买卖，追涨杀跌成为常态，道听途说又信以为真，这一类人还得经受不计其数的打击。有的投资者沉下心来，一边学习技术，一边实践技术，日渐积累。

第三个阶段：觉醒、反思的总结阶段（"悟道"阶段）

经过大起大落的反复循环以后，结果放在那里，你不服输都不行。幡然醒悟的投资者认识到自己的不足，开始反思自己过去所犯的错误，并再次投入系统学习之中。有的人重返校园，有的人通过自学，有的人遍寻名师，恶补曾经以为都懂了的理论知识和技术方法。不管采取哪一种方式投入再次学习，经过系统化的学习、梳理和总结，理论知识和技术水平都得到了极大提高。

曾经急功近利的心态逐渐平复下来，实战操作中也不再一味追求进攻，开始偏重于攻防兼备、进退有度的交易模式。取得了较大进步，桀骜不驯的狂妄逐渐消弭，贪婪的欲望得到有效抑制。面对市场的速变不再有很大的情绪波动，也不再受过多旁人的干扰和假象的迷惑。能够认识到自己的不足之处并加以改变，不再夸夸其谈，也不再看不起别人，孜孜不倦地虚心好学，加倍努力寻找与市场（庄家）沟通的技术桥梁。

这个阶段的实战操作不再像原来那么频繁，也不再视短线交易为根本，而且实战过程学会了思考和总结。虽然理论知识和技术水平都得到了极大提高，但面对盈利和亏损还是有些忐忑，说明内心和格局还是不够强大，所以只能保持微利或微亏状态，离股市赢家还有一段路要走。

这个阶段尤为关键，因为能够走到这一步的投资者，已经走过了千山万水，退一步则前功尽弃、一败涂地，进一步则水到渠成、股市赢家。能否继续坚持走下去，捅破最后一层窗户纸，就看个人把握了。如果这个时候能够得到高人指点，少走一些歧途，或许窗户纸就像一张薄薄的纸片，轻轻一点就破了。如果停留于此且迟迟无法突破自我，悟来悟去也找不到提升之路，那么窗户纸就像一张牛皮纸，即使使尽全力也于事无补。

第四个阶段：突破、涅槃的成功阶段（"入道"阶段）

经历多年的学习、歧途、受挫、觉醒和反思，不仅掌握了丰富的理论知识，而且理论知识透过实战操作的不断融合和总结，技术水平达到了从未有过的高度，心态逐渐成熟且稳定。

只做短线的确可以挣钱，但这样的交易高手非常少见，波段操作也可以挣钱，但这样的交易高手也极其罕见。任何一个取得突破、涅槃的股市赢家，既懂得市场速变之际如何从狼嘴有肉的时候实现快进快出，获取短线暴利并降低持筹风险和打底成本，也明白市场方向反转之际如何实施技战术，获取资本增值的巨大【预期】。建立一套完善的成熟且稳定的交易模式，不必在乎是投机还是投资。短线交易不是目的，而是一种技术手段，格局思维也非一成不变，而是一种投资理念。真正的投机，往往是智者的"以意为之"，而不是简单的"追涨杀跌"，更不是"从众效应"下的人人明智。真正的投资，应该是在充分认识到市场的非理性价格时，所具有的对未来价值判断的有效把握。

股市赢家真正达到了不以物喜，不以己悲的超然境界。首先想到的是风险，而不是挣钱，始终把控制风险放在第一位。理论和技术无缝衔接，机会来时毫不犹豫地给予断然一击，需要卖出（减筹）时不做多余幻想，逢高抛筹比谁都坚决。能够随着股价运行规律的变化而变，紧跟庄家的行动而动，就是股市赢家。知道和行动必须高度统一，这样才能做到顺其自然，水到渠成。信念坚定不仅能净化思想认识，纯洁灵魂，而且常常做到勤于自省，恪守底线才能抵御一切违背客观规律的诱惑。树立正确的投资理念，建立一套完善的成熟且稳定的交易模式，恐慌和迷茫将不复存在，规律又是如此明显。信念坚定，恪守底线；理念要清，趋势自明。奇与正就像股价的涨和跌、底和顶这些二元结构，两者相辅相成，又互相转化。既要根据实际情况出发，也要以灵活的思维方式拓展思考边界，打破并超越条条框框的限制，进而派生出无穷无尽的无上法门。

当您决定做一件事情，就不要抱着一劳永逸的幻想，尤其是把投资交易当作职业，更不能有此动机。如果是这样，建议您退出市场，还没有涉足的也不要进来，因为幻想着一劳永逸，岂不是期盼天上掉馅饼，而现实又不会随您的意，所以还不如踏踏实实地做好本职工作，寻找一条符合自己性格特点的突破之路，也未必不可。幻想的人每每都以失望而终结，又在周而复始的恶性循环中陷入一轮又一轮的意志力崩溃。每当我们奋力前行，以为已经抓住真理了，却突然又发现，真理仍在前方，仍遥不可及。一次次尝试，一次次失望，或许，这才是作为一名投资者最可悲的地方。

股市赢家不光要有过人的战略眼光，也要有历数不尽的努力，还要有不知疲倦的反复锤炼。股票市场的人千千万万，多少年才出几个投资大师，淘汰率高得

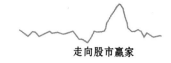

吓人，在此致敬所有不辞劳苦兢兢业业的投资同行们。

经过股票市场的一番洗礼，建立一套完善、成熟且稳定的交易模式，最终走向股市赢家的投资者，只有极少数人而已。技术人人都可以学习，但未必人人都能走向股市赢家。股市赢家不仅是技术上取得进步，更是心态成熟与否的极致体现。

纪垂海

2017 年 5 月 27 日于重庆

目 录

导 言

一、股市涨跌有其自身的客观规律

股市涨跌有其自身的客观规律。方法、手段、原则、规则和法则等，都是规律的体现。掌握并熟练运用股市运动的内在原理，同时遵循股价运动的客观规律，这是每个市场参与者走向股市赢家的基础。

有的投资者认为股价涨跌毫无规律可言，波动混乱之极，所以宁愿相信自己的想法，也不愿意相信股市有庄家存在！反而觉得挣钱抑或亏钱，都是自己命的好坏罢了，全然一副慷慨就义的模样！有的投资者虽然相信股市有庄家存在，但他们从不认为庄家有多么高明，反而觉得自己比庄家聪明得多，全然一副舍我其谁的模样！有的投资者总是认为股价涨跌会按照自己的想法波动，操盘及其过程始终漠视股价涨跌的客观规律，亏了又归咎于庄家（市场），好像自己永远不会犯错似的，全然一副狂妄自大的模样！有的投资者不仅相信股市存在庄家，而且也明白庄家由始至终都是主宰市场方向的核心，可是，由于自身的原因迟迟无法领悟庄家控盘核心，总是跟不上市场速变（总是落后于技术面）！后知后觉导致亏损始终相伴！

无论您是否意识到，也不管您相信不相信，股市涨跌有其自身的客观规律，庄家意志往往与其达到惊人一致。丛林法则告诉我们：弱肉强食的世界，适者生存，优胜劣汰。由于规律的存在，股价运动有了章法，市场波动有了方向。表面上看似不通，都能从中找到答案，打铁还需自身硬。

然而，诚如本书随后各章将要论述的那样，对于研究股价运动的客观规律，绝不能只停留在表面上，必须深入研究分析。

二、证券市场的发展历程

欧洲最早的阿姆斯特丹证券交易所比我国股票市场足足早了 300 多年，美国首家股票交易所（费城股票交易所）也早了 200 多年。我国由于明清两朝实行了闭关锁国的愚昧政策，不仅导致经济发展水平远远落后于世界各国，而且长期封闭造成我国无法与其他国家实行经济交换，眼光犹如井底之蛙。经历过两次鸦片战争的洗礼，西方列强虽然使用坚船利炮打开了我国大门，泱泱五千年之文明古国惨遭帝国主义列强的百般蹂躏，而且饱受列强欺侮的屈辱外交，但与此同时，力主"自强"的洋务派掀起了"师夷长技以制夷"的改良运动。不仅逐渐瓦解了我国封建主义的皇权思想以及落后的小农式的生产方式，同时接受并产生了一些（批）积极的思想和先进的生产力，我国第一家股份制企业由此产生。

欧美等证券市场经历两三百年的长期发展，虽然说存在的问题仍然不少，而且每隔十年八年爆发一轮世界性（或地区性）金融或经济危机，但不得不承认，这些国家（或地区）的证券市场趋于高度成熟。不仅拥有基本完善的法律法规及其市场制度，而且机构投资者的占比明显高于普通投资者，投资氛围浓厚，崇尚价值投资。即使爆发了金融或经济危机，这些国家（或地区）的资本市场，好像总有一只"无形的手"发挥着强大的自我修复能力。

我国证券市场起步较晚，真正意义上的股票市场成立至今才 20 多年，仍有许多地方亟待改进和提高。普通投资者占比过高，机构投资者发展缓慢，真正的投资氛围尚未形成，所以投资者以投机为主也见怪不怪，这是其一。法律法规及其市场制度的滞后性，不仅严重阻碍了证券市场（尤其是股票市场）的健康发展，而且严重侵害投资者的行为时有发生，市场规则和秩序时常被践踏，还有待匡正，这是其二。长期存在过多的人为因素干扰，"有形之手"又总是无处不在，导致股票市场的"政策市"痕迹过于明显，严重违背了自由市场经济的基本规律，这是其三。此外，A 股市场的题材炒作风气长期盛行，炒新股、炒重组预期、炒高送转……处处彰显了"中国特色"。

虽然 A 股市场仍然存在这样那样的问题，但这些都是发展过程必须经历的阶段，期望用二三十年时间走完别人两三百年的发展历程，的确有点强人所难。目前亟待解决的问题如此之多，不仅需要有一个清晰的顶层设计，还要有逐渐完善的法律法规及其市场制度作为支撑。

三、经典投资理论和技术指标

许多投资大师的战绩常常让人津津乐道，流传下来的经典投资理论和技术指标，更是深深地影响了几代人的投资方式，包括笔者在内。

有关金融资产定价和股票市场波动逻辑的代表性理论，目前市场比较流行的有很多，但影响力较大的经典投资理论，主要有：江恩理论、道氏理论、波浪理论、蜡烛图、切线理论、形态理论、股票价值理论、有效市场假说、凯恩斯选美论、行为金融学、有效市场假说、亚当理论、演化证券学、皮球弹动理论、裂口理论、现代资产组合理论等。

介绍技术指标及其应用的书籍多如牛毛，认知度较高且使用比较广泛的技术指标，主要有：平滑异同平均线（MACD）、相对强弱指标（RSI）、随机指标（KDJ）、趋向指标（DMI）、能量潮（OBV）、布林线（BOLL）、超买超卖指标（OBOS）、动量线（MTM）、资金流量指标（MFI）、乖离率（BIAS）、成交量（VOL）、持仓量（CCL）、宝塔线（TOW）、济安线（JAX）、瀑布线（PBX）等。

庄控系统的六个阶段不仅融合了多种经典投资理论和技术指标，而且融入了笔者多年以来的实战总结和教学经验，自成体系。指标类、切线类、K线类、形态类、均线类和波浪类这六大类技术分析方法，它们构成了庄控系统的理论基础，【预期】和<对望格局>双轨是庄控系统的技术精髓。其中指标类主要采用了VOL 和 MACD 这两种。《庄家控盘核心（一）——强势股狙击法》偏重于切线类、形态类和均线类；《庄家控盘核心（二）——进退有度》偏重于指标类、K线类和均线类；《庄控系统（三）——取胜之道》偏重于 K 线类（蜡烛图）；本书则偏重于波浪类、形态类和切线类这三类技术分析方法，而且对波浪类和形态类尤为侧重。

本书主要讲述股价运动的六个阶段，技术原理大多来源于艾氏《波浪理论》及其八浪运动、《形态理论》的形态构造和《切线理论》的支撑与阻力。除了上述经典投资理论以外，还吸取并融入了《指标理论》、《K 线理论》和《均线理论》等经典投资理论的一些精髓。如果对各种经典投资理论和技术指标有兴趣，不妨抽空研读一下，如有不同的独到见解，欢迎您发邮件与我交流。

艾氏《波浪理论》是美国证券分析家拉尔夫·纳尔逊·艾略特（R. N. Elliott）利用道琼斯工业指数平均作为研究工具，发现不断变化的股价结构性形态反映了自然和谐之美。艾略特根据这一发现提出了一套相关的市场分析理论，精练出市场的 13 种形态（波浪），而在市场上这些形态重复出现，但是出现的时间间隔及幅度大小并不一定具有再现性。之后他又发现了这些呈现出结构性形态之图形可

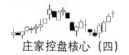

以连接起来形成同样形态的更大图形（趋势）。于是提出了一系列权威性的演绎法则用来解释市场的行为，并特别强调趋势波动原理的预测价值，使之成为一种经久不衰的经典投资理论。

艾略特认为市场趋势总是不断地重复一种模式，每一个周期趋势都是由五波推动浪和三波回调浪的八浪运动构成（五波推动浪使用1、2、3、4、5数字表示，三波回调浪使用a、b、c字母表示）。与此同时，艾略特又将不同规模的走势分成九大类，最长的超大循环波是横跨200年的超大型周期，而次微波则只覆盖数小时之内的分时趋势。但无论趋势及其规模如何演变，每一个周期趋势都是由八浪运动构成这一点是不变的。《波浪理论》在《道氏理论》、《趋势理论》的基础上，同时也运用了费氏数列以及黄金分割率等数学手段，对股市（趋势）进行定量分析。黄金分割率主要采取了费氏数列的比率结果：0.146、0.382、0.5、0.618、1.0、1.382、1.618、2.618。

《形态理论》是技术分析的重要组成部分，通过对市场箱体运动（震荡）时形成的各种价格形态进行分析，并且配合成交量的变化，推断出市场现存的趋势将会延续或反转。形态可以分为反转形态和持续形态，反转形态表示市场经过一段时期的酝酿后，决定改变（打破）原有趋势，而采取相反的发展方向；持续形态则表示市场将会按照原有的既定方向（趋势）运动。《形态理论》通过研究股价所走过的运动轨迹，分析并挖掘出曲线的一些多空双方力量的对比结果，进而采取有利的行动。《形态理论》认为，绝大部分底部或顶部形态属于反转形态的技术范畴，如"圆弧底"（"圆弧顶"）、"W底"（"M顶"）、"岛形底"（"岛形顶"）、"双重底"（"双重顶"）……认为区间整理形态属于持续形态的技术范畴，如等边三角形、上升三角形、上升楔形、上升旗形……

《切线理论》是在《道氏理论》的基础上，遵循顺势而为的交易思想发展起来的技术理论。趋势就是指股票价格的波动方向，或者说股票市场运动的方向。运用直线（切线）在K线图上表明当前股票运行的趋势，以及当前趋势的支撑和阻压，并通过此预判出未来股票价格变动的可能走势，进而指导具体的实战操作。按照《道氏理论》的分类，趋势可以分为三个类型：主要趋势、次要趋势和短暂趋势。《切线理论》的基本原理包括以下这些：趋势线（支撑和阻力）、通道（轨道）、黄金分割线、扇形线、速度线、甘氏线以及X线。

庄控系统的六个阶段理论主要吸收了艾氏《波浪理论》及其八浪运动的基础原理，而艾氏《波浪理论》所说的延伸浪融入六个阶段的某个阶段之中。采用了《形态理论》的部分形态，同时稍作改进。运用了《切线理论》的趋势线（支撑和阻力）和通道（轨道），黄金分割率虽有涉及，但不是重点。有一点必须注意，《切线理论》的趋势线并不是指MACD技术指标的趋势线，两者要加以区分。书

中只要提及趋势线都是专指 MACD 技术指标的 DIF 和 DEA 这两条趋势线，《切线理论》的趋势线于书中使用支撑线、阻力线、颈线、轨道线、上轨切线和下轨切线等专用名词。

四、六个阶段和八浪运动

如何将两种及两种以上的经典投资理论（技术指标）融合一起，变为一体，这是每位投资者面临的最大难题，毕竟融合并非易事，也非一朝一夕能够做到。个人学识不同，认知不同，掌握并对待事物的基本判断存在较大差异，这就造成了融合之别。公说公有理，婆说婆有理，谁都有一套自认为是最好的分析方法（技术手段），至于实战效果如何，相信投资者都心中有数。本书不在理论层面讨论融合，将通过后面的每一章具体内容，告诉大家如何进行分析并实现融合，这里暂不赘述。

股价运动的六个阶段与经济形势的关系，即技术面与基本面的关系。股票市场综合了投资者对于经济形势的预期，这种预期又必然反映到投资者的投资行为，从而影响股票价格。既然股价运动反映的是对基本面的预期，因而股价运动必然领先于基本面。每当经济持续衰退至尾声即萧条时期，股价萎靡不振，投资者已远离证券市场，深度套牢且无奈持有，每日成交稀少，股价处于震荡筑底阶段。此时，那些有眼光且不停收集和分析有关经济形势，并在技术面做出合理预判的投资者，已在默默地吸纳底仓，股价开始实现缓慢上升并完成小幅拉升阶段和区间盘整阶段。每当各种媒介开始传播萧条已去、经济日渐复苏时，股价实际上已经完成大幅拉升阶段，且已升至较高水平。那些有识之士在综合分析了经济形势和技术面的基础上，认为基本面将不会再创热潮时，随之利用震荡筑顶阶段悄然抛出股票，股价虽然还在高位震荡上行，但供需力量开始逐渐发生转变。每当经济形势逐渐被更多的投资者所认识，供求趋于平衡直至供大于求时，股价便开始进入大幅下挫阶段。每当经济形势发展按照人们的预期走向衰退时，与上述相反的情况便会发生。由此可以得出一个判断：股价运动的六个阶段虽然与经济形势息息相关，但股价运动的六个阶段领先于经济形势，也就是说，技术面提前反映了基本面，基本面总是滞后于技术面。

正常情况下，一轮完整的牛熊趋势，既包含了股价运动的六个阶段，也包含了八浪运动，两者既有相同（重叠）之处，也有不同之处，但两者的核心内涵并无实质差异。股价运动的六个阶段包括：震荡筑底阶段（第一阶段）、小幅拉升阶段（第二阶段）、区间盘整阶段（第三阶段）、大幅拉升阶段（第四阶段）、震荡筑顶阶

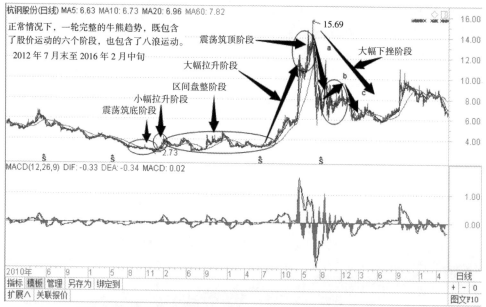

图1　一轮完整的牛熊趋势包含了股价运动的六个阶段和八浪运动

段（第五阶段）和大幅下挫阶段（第六阶段）。杭钢股份（600126），如图1所示。

　　六个阶段和八浪运动的技术原理，可以运用于任何一个周期趋势。A股市场由20世纪90年代初成立至今，按照八浪运动和六个阶段进行分析和演绎，月线趋势暂时成为股价运动的六个阶段和八浪运动的极限。以欧美等发达国家（或地区）为代表的证券市场，有的经历了两三百年的发展，少的也有上百年时间，所以按照季线或年线趋势进行分析和演绎，六个阶段和八浪运动的条件也已满足。

　　本书总共分为七章，前面六章对股价运动的六个阶段分别作了单独介绍；最后一章主要讲述股价运动的六个阶段和八浪运动的关系，六个阶段的界限及其注意事项，六个阶段的主要演变及其关系，以及牛皮市道和熊皮市道这两种特殊趋势。

第一章 震荡筑底阶段

一、图例和阶段趋势分析

（一）图例 （中兴通讯，000063）

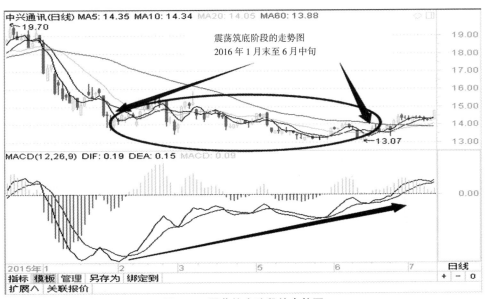

图 1-1 震荡筑底阶段的走势图

（二）阶段趋势分析

（1）股价经历大幅下挫趋势及其回调三浪以后，量能明显萎缩，甚至出现地量交投。

（2）只要回调趋势有所减缓，或者形成微跌态势以后，某日股价探出一个明

显的大底价格（寻底特征）。

（3）随后股价停留在低位区间展开震荡趋势，明显下垂的中线不断地形成强力反压。股价经历反压下行以后虽然可能创出此轮回调新低（包括历史新低），但又及时获得支撑并收出一个或多个新的大底价格（寻底特征）；经历反压下行以后也有可能不创此轮回调新低，只是处于前期大底之上震荡，又及时收出一个或多个次底部价格（寻底特征）。

（4）股价处于低位区间经历反复震荡以后，MACD技术指标的空头趋势已被低位震荡趋势逐渐削弱（瓦解）。两条趋势线虽然处于零轴线下方，但它们随着低位震荡趋势转入金叉状态，并经历由下降至钝化再至抬升的角度转换。

（5）不管股价有没有出现过新的底部价格，反复的低位震荡促使趋势线实现逐渐抬升，即使股价和趋势线受到多次反压或转入死叉状态，趋势线的整体角度也始终保持着逐渐抬升状态，说明趋势线和零轴线之间的悬空距离越来越小，MACD技术指标逐渐趋强运行。

（6）反复的低位震荡表现出时而携量反弹，时而缩量回调。携量反弹趋势往往呈现出温和或稳步放量状态，某日出现大量大阳（或巨量大阳）特征也有可能，几日内形成间歇性的放量状态也很正常。股价处于低位区间的震荡时间越长，中线越容易趋于钝化或形成小幅上行角度，低位三线越容易趋于收拢或黏合状态。说明低位股价的波动幅度逐渐收窄，暗示变盘时机就在这附近产生。

（7）趋势线接近零轴线时，或者说趋势线和零轴线的距离不再那么明显，股价携量反弹并站稳中线，或同时向上穿透低位三线，成功确立"拨开迷雾，重见光明"或"震荡筑底，反抽三线"转势特征。

（8）股价由首次探出一个明显的大底价格（寻底特征）开始，至确立"拨开迷雾，重见光明"或"震荡筑底，反抽三线"等转势特征结束，这一段低位震荡的反复趋势叫作震荡筑底趋势，也叫震荡筑底阶段。

震荡筑底阶段的趋势总结：股价经历大幅下挫趋势及其回调三浪，探出一个明显的大底价格（寻底特征）以后，处于低位区间并展开反复震荡；出现反压下行可能创出此轮回调新低（包括历史新低），也有可能处于前期大底价格之上震荡；中线由明显下垂至钝化再至上行角度，低位三线则由明显发散趋于收拢或黏合状态；MACD技术指标于零轴线下方转入金叉状态以后，两条趋势线的整体角度随着震荡筑底趋势实现缓慢抬升，并逐渐靠近零轴线运行；最终股价携量反弹并站稳中线，或同时向上穿透低位三线，成功确立"拨开迷雾，重见光明"或"震荡筑底，反抽三线"等转势特征；股价由首次探出一个明显的大底价格（寻底特征）开始，至确立"拨开迷雾，重见光明"或"震荡筑底，反抽三线"等转势特征结束，这一段低位震荡的反复趋势叫作震荡筑底趋势，也叫震荡筑底阶段。

二、深层剖析和技术要领

（1）分析日线趋势必须由周线或月线趋势指导，而且只有通过这样的判断，日线级别的底部特征才可信。纯粹观察日线及其震荡筑底趋势，股价未必完成回调（寻底），即使股价向上反弹也有可能形成再破及其下挫趋势，切记！周线或月线股价只是经历大幅下挫的首轮回调，日线股价即使完成寻底并经历反复震荡，推起一波明显反弹也是构筑周线或月线级别的反弹中继行情。一般情况下，月线股价经历过大幅下挫趋势及其回调三浪以后，股价才算结束一轮完整的回调趋势。月线股价收出一个明显的大底价格（寻底特征）并处于低位区间震荡，由此指导下的周线和日线寻底及其震荡筑底趋势，才有实战价值。

（2）股价经历长期的大幅下挫趋势及其回调三浪，回调速度只要有所减缓，或者形成微跌态势，股价和指标特征不仅容易形成超跌超卖状态，而且在此过程收出的大底价格（寻底特征），可信度高，股价随时都有可能实现超跌反弹趋势，或转向震荡筑底趋势。

（3）股价和指标特征尚未真正脱离空头趋势，最后下挫阶段往往形成一波快速下探趋势，此时可能收出首个底部价格（寻底特征）。空势范畴内的寻底特征虽然只有市场意义，但只要随后股价围绕这个底部价格展开一段明显的震荡筑底趋势，首个底部价格（寻底特征）往往具备强力支撑。

（4）大幅下挫阶段的量价特征需要经历放量下挫至缩量下挫的变化。量能逐渐萎缩，或出现地量交投状态以后，说明选择坚守的套牢浮筹已经不多，同时表示空头的杀跌能量已经有限。如果最后下挫阶段的量能较大，势必对股价寻底造成障碍，就算后市股价保持缓慢下行角度，也要经历一段逐渐缩量的盘跌趋势，这样才有可能收出一个真正的大底价格（寻底特征）。

（5）股价处于大幅下挫阶段的末端区域，利空消息总是满天飞，又经过各类媒体的持续发酵，悲观情绪持续扩大，致使股价下跌且往往形成一波猛烈下挫趋势，量能有所放大。虽然此时空头趋势还很明显，但股价往往在此探出首个大底价格（寻底特征）。又或者说，股价处于震荡筑底过程，庄家反复采取各种利空手段鼓吹或宣传"弱势恒弱"的道理，要么说市场跌跌无期，要么说个股根本不值得投资，要么说股价还会有更低。总而言之，基本面（市场面）不断地告诉投资者，股价还有下跌空间，股评家建议持筹者赶紧抛空，同时告诫投资者千万不要买入。殊不知，股价处于低位区间并经历充分的震荡筑底趋势以后，即使震荡筑底过程出现过新的回调新低，前期底部也有强力支撑。

（6）震荡筑底阶段的量价特征：时而温和放量或稳步放量反弹，时而缩量回调（反压下行）或创出此轮回调新低。长期低迷的市场人气，不仅被这一段震荡筑底趋势重新激活，而且做多热情重新活跃起来。庄家吸纳底部筹码，抄底浮筹跟风买入，被套浮筹实施补仓，支撑股价且不再明显下行。震荡筑底趋势经历反复波动，致使那些意志不坚定的抄底和补仓浮筹，抛掉进场点极佳的便宜筹码，庄家吸纳底筹也很容易。

（7）震荡筑底阶段的反弹趋势往往受到明显下垂的中线阻压，反弹幅度大了，将会受到大幅下垂的大线阻压。经历反压下行以后可能创出此轮回调新低（包括历史新低），这是构筑"底背离"形态的技术过程，也有可能围绕前期底部之上震荡，说明股价没有创出此轮回调新低，这是构筑"头肩底"形态的技术过程。

（8）股价处于低位区间并经历了多次反弹和反压趋势以后，可能构筑一段"底背离"＋"头肩底"式的复合筑底趋势，也有可能构筑一段"头肩底"＋"底背离"式的复合筑底趋势。股价经历充分的震荡筑底趋势，不管股价有没有创出此轮回调新低（包括历史新低），都容易构筑"双重底"或"多重顶"支撑的形态特征。因此，经历复合筑底趋势的底部基础更加坚实，可信度更高。

（9）趋势线处于零轴线下方并远离它时，震荡筑底过程存在二次死叉或多次死叉的可能性，说明震荡筑底阶段经历多次反压的震荡趋势（收出多种寻底特征），同时表示股价在此获得强力支撑。实现二次金叉或多次金叉的震荡过程，趋势线实现缓慢抬升并向零轴线靠近，逐渐改变了MACD技术指标的弱势特征。与此同时，中线由明显下垂至钝化再至上行的角度转换，低位三线逐渐趋于收拢或黏合状态。股价由低位向上反弹时，容易确立转势特征并推起反弹趋势。实现二次金叉或多次金叉的震荡趋势，说明底部基础夯实充分，同时确立多种寻底特征和转势特征，抄底（做多）理由更可信。

（10）趋势线处于零轴线下方并远离它的情况下，MACD技术指标就算转入金叉状态，红柱体也容易受到低位震荡趋势的影响，呈现出时而拉长、时而缩短的快速变化。股价反弹以后重新跌破5日均线时，持续拉长的红柱体立即呈现出缩短状态，这是震荡筑底趋势尚未完成的"一柱断势"特征。"一柱断势"特征不仅可以用来断底势，而且可以利用它回避低位区间的反复震荡。"拨开迷雾，重见光明"、"震荡筑底，反抽三线"、"充分筑底，反抽四线"和"凤凰涅槃，浴火重生"等转势特征，它们是终结"一柱断势"特征的典型标志。根据倒转技术理解，可以利用"一柱断势"特征断顶势。

（11）趋势线处于零轴线下方并远离它的情况下，低位股价向上反弹以后虽然站稳20日均线，MACD技术指标也转入金叉状态，但股价受到反压并重新跌至中线之下运行，此时中线反而呈现出缓慢上行角度，这是一种虚力特征。股价

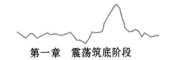
反压下行以后虽然逐渐缩短了红柱体，但红柱体并没有消失，而且股价又展开反弹并重新拉长红柱体，这也是一种虚力特征。虚力特征的市场意义包括：股价处于低位区间的震荡时间不足，底部基础未经夯实，就算股价向上反弹以后重新站稳中线，反弹趋势也是虚力诱多目的。由此可见，股价处于低位区间的震荡筑底趋势尚未结束，反弹幅度仍然有限，而且股价存在再次向下反压的技术要求，抄底不必着急，即使抄底了也要根据虚力特征实施减筹，回避低位区间的反复震荡，耐心等待更加成熟的抄底时机。

（12）长期的震荡筑底趋势不仅促使低位三线趋于收拢，而且趋势线逐渐抬升以后接近或跃至零轴线之上运行，此时收出反抽特征才算是真实的转势特征。趋势线和零轴线的距离较远时，期间收出任何一种反抽特征都有可能是假的转势特征，而且股价还有再次向下反压的可能性，也不排除股价处于低位区间保持反复震荡。因此，震荡筑底趋势构筑一个"底背离"或"头肩底"形态，常常无法彻底瓦解长期累积的空头趋势，所以庄家常常通过构筑一段复合筑底趋势进行修复，促成"底背离"、"头肩底"、"双重底"和"多重底"等寻底特征或转势特征间隔出现。不论这些寻底特征（或反抽特征）谁在前、谁在后，也不管股价处于低位区间经历了多少次反弹和反压趋势，趋势线逐渐抬升以后接近或跃至零轴线之上运行，才有可能真正确立转势并结束震荡筑底趋势。

三、构筑类型和操盘策略

按照《形态理论》的传统说法，股价处于底部区间作箱体运动，主要有如下形态："双重底"、"三重底"、"多重底"、"V型底"、"圆弧底"、"W底"、"底背离"、"头肩底"……

按照艾氏《波浪理论》的传统说法，一轮完整的波浪趋势包含了五波推动浪和三波回调浪的八浪运动。五波推动浪的第一波、第三波和第五波属于驱动浪，第二波和第四波属于调整浪；三波回调浪简称回调三浪，包含回调—中继—再回调这三波趋势。此外，艾氏《波浪理论》还采用了黄金分割率。这样就产生了一些问题，大幅下挫趋势的三波回调浪与黄金分割率的比率结果多有出入，尤其是长达几年的熊市趋势和一波急速暴跌趋势，比率结果常常无法准确判断趋势回调的幅度。由此可见，艾氏《波浪理论》只是告诉我们股价运动的主要趋势（方向），至于某一段回调趋势什么时候完成寻底或止跌，它却没有给出一个明确的答案。根据艾氏《波浪理论》的回调三浪可以明白，股价处于大幅下挫趋势，形成回调三浪的波浪结构这一点毋庸置疑，可是，股价经历三浪回调以后，是否还会存在

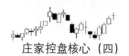
延伸浪？股价何时完成寻底或止跌？股价完成寻底或止跌以后又是如何转势？艾氏《波浪理论》并没有明确告诉我们。我们可以通过学习并吸收其他（多种）投资理论知识，弥补它的缺陷并与之融合。黄金分割率的比率结果运用于区间盘整阶段的实战效果较好。

为了使形态和波浪结构较易识别，趋势直观清晰，实战运用简单，庄控系统已经融入各种经典投资理论和技术指标的精髓，并将震荡筑底阶段划分为以下这七种构筑类型。首先明确一点，实战时不必过分在乎它是什么形态构造，也不要过分在意它的浪型结构，震荡筑底趋势只要形成以下这七种构筑类型，即可判断股价处于大底区间的什么区域，进而指导实战展开。只要不影响震荡筑底趋势的技术判断，复权状态和除权状态亦可，任何周期都成立。

※ 第一种，"底背离"式的震荡筑底趋势。亿纬锂能（300014）

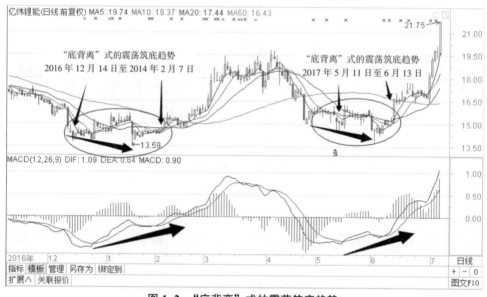

图 1-2 "底背离"式的震荡筑底趋势

"底背离"式的震荡筑底趋势，是指股价经历大幅下挫趋势及其回调三浪，探出一个明显的底部价格（寻底特征）以后，处于低位区间并展开震荡趋势。震荡反弹以后受到明显下垂的 20 日均线阻压，经历反压下行虽然创出此轮回调新低（包括历史新低），但股价往往获得前期底部支撑，又及时收出新的寻底特征以及震荡趋势。MACD 技术指标转入金叉状态以后，趋势线实现缓慢抬升并逐渐向零轴线靠近。

反压下行趋势虽然将 MACD 技术指标重新带入死叉状态，或在金叉和死叉状态的临界点缠绕，但趋势线的整体角度却保持逐渐抬升状态，表明 MACD 技

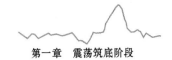

术指标的弱势特征正在削减，且有转强迹象。经历反压下行以后虽然探出此轮回调新低（包括历史新低），但又及时收出新的寻底特征以及震荡趋势，而且带动趋势线重新拐头又转入金叉状态，对比股价首次寻底以后的首次金叉状态，此时两线负值（DIF 线和 DEA 线）明显缩小，说明趋势线保持逐渐抬升并向零轴线靠近，指标的转势力度逐步增大。

通过上述我们可以明白，股价处于低位区间展开震荡并经历反压下行以后，虽然创出此轮回调新低（包括历史新低），但趋势线的整体角度却保持逐渐抬升状态，说明股价和指标走势完全背离，随之产生（确立）向下诱空的"底背离"形态，包括构筑反复创新低式的"底背离"形态。"底背离"形态既是一种寻底特征，也是一种转势特征。

一般情况下，股价经历反压下行并获得前期底部支撑以后，展开反弹并重新站稳 20 日均线，促使 MACD 技术指标又转入金叉状态，往往同步确立"底背离"形态和"拨开迷雾，重见光明"或"震荡筑底，反抽三线"等转势特征。如果股价经历反压下行并获得前期支撑以后，反弹速度较慢，或者说股价停留在支撑附近展开窄幅震荡，MACD 技术指标重新转入金叉状态并确立"底背离"形态时，股价往往还没有站稳 20 日均线，说明"拨开迷雾，重见光明"或"震荡筑底，反抽三线"转势特征于"底背离"形态之后才确立。

首个底部价格（寻底特征）极有可能出现在空势范畴，说明此时股价完成最终底部的可信度较低，但这个底部特征存在支撑不假。首个底部价格（寻底特征）也有可能出现在超跌超卖的诱空区域，说明股价经历大幅下挫且已形成一段消耗空头的微跌态势以后，确立大底的可信度较高。构筑一段明显的震荡筑底趋势，虽然股价已经不再具备大幅下挫的可能性，但不能排除震荡筑底过程的反复诱空，也不排除股价创出此轮回调新低（包括历史新低）。构筑"底背离"形态（包括构筑反复创新低式的"底背离"形态）的前后几天时间，借助（参考）分时趋势的反抽买点，不难买到一个相对较低的转势价格。底部构筑的复杂性和长期性，预示抄底风险巨大，即使抄底也要控制好仓位。

趋势线处于零轴线下方并形成逐渐抬升状态，说明趋势线和零轴线的距离越来越近，预示空头趋势逐渐削减，多头趋势逐渐积累。股价经历反压下行并创出此轮回调新低（包括历史新低），获得前期底部支撑并展开反弹趋势，促使 MACD 技术指标重新转入金叉状态，容易构筑创新低式的"底背离"形态。确立创新低式的"底背离"形态，表达低位股价至少经历一波二次探底的向下诱空的反压趋势，构筑反复创新低式的"底背离"形态，表达低位股价至少经历三次及三次以上的向下诱空的反压趋势，这也算是一种超跌超卖状态。所以说股价于低位区间构筑反复创新低式的"底背离"形态，确立大底的可信度高。

构筑"底背离"形态（包括构筑反复创新低式的"底背离"形态）的前后几天时间，可能产生其他构筑类型的寻底特征或转势特征，也有可能同步产生多种构筑类型的寻底特征或转势特征。股价经历长期的震荡筑底趋势，不管它有没有创出此轮回调新低（包括历史新低），构筑复合筑底趋势的底部基础更加坚实，股价完成寻底及其筑底的可信度更高。

※ 第二种，"头肩底"式的震荡筑底趋势。酒鬼酒（000799）

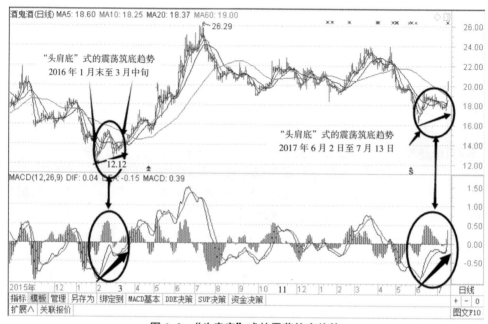

图1-3 "头肩底"式的震荡筑底趋势

"头肩底"式的震荡筑底趋势，是指股价经历长期的大幅下挫趋势，探出一个明显的底部价格（寻底特征）以后，处于低位区间并展开震荡趋势。震荡反弹以后受到明显下垂的20日均线阻压，经历反压下行不仅没有创出此轮回调新低（包括历史新低），而且股价处于前期底部的价格之上波动，又及时收出次底部特征以及震荡趋势。趋势线虽然处于零轴线下方并远离它，但它们受到震荡趋势带动并转入金叉状态以后，实现缓慢抬升并逐渐向零轴线靠近。

股价经历反压下行虽然致使 MACD 技术指标重新转入死叉状态，或在金叉和死叉状态的临界点附近缠绕，但趋势线的整体角度却保持逐渐抬升状态，说明 MACD 技术指标的弱势特征正在消减，且有趋强迹象。收出次底部特征并经历震荡趋势以后，趋势线重新向上拐头又转入金叉状态，对比前期股价首次寻底以后的首次金叉状态，此时两线负值明显缩小，说明趋势线和零轴线的距离拉近，表

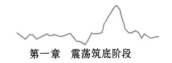
明指标的转势力度更大。由此可见，股价经历反压下行以后，虽然没有创出此轮回调新低（包括历史新低），但趋势线的整体角度却保持着震荡上行状态，说明股价和指标走势构筑了前低后高的"头肩底"形态。

MACD 技术指标在死叉和金叉状态之间快速切换，红柱体消失殆尽并在临界点附近波动，不仅容易构筑"头肩底"形态，而且往往同步构筑"凤凰涅槃，浴火重生"转势特征。股价经历反压下行并获得支撑以后，重新站稳 20 日均线并确立"拨开迷雾，重见光明"或"震荡筑底，反抽三线"等转势特征时，往往同步确立"头肩底"形态。它们没有发生同步也有可能，说明"拨开迷雾，重见光明"或"震荡筑底，反抽三线"转势特征在"头肩底"形态之后才确立。

股价反压下行不足，红柱体也没有消失殆尽，红柱体逐渐缩短且在金叉状态时，股价虽然处于 20 日均线之下震荡，但 20 日均线却已呈现出缓慢上行角度，而且股价获得前期底部支撑以后的反弹趋势又过快，这样容易构筑一波虚力行情。严格意义上说，这种虚力行情的反抽幅度往往有限，而且股价经历虚力反弹以后，存在再次向下反压的可能性。后市股价创出此轮回调新低或不创此轮回调新低都有可能，构筑更加复杂的复合型的震荡筑底趋势也有可能。因此，发现股价于低位区间推起一波虚力反弹趋势，也就意味着后市还有更好（更低）的抄底机会，必须耐心等待更成熟的转势时机。

※ 第三种，"底背离"+"头肩底"式的震荡筑底趋势，任何一个周期都有可能产生。卫星石化（002648）

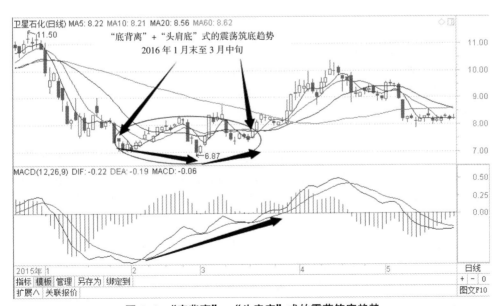

图 1-4 "底背离"+"头肩底"式的震荡筑底趋势

"底背离"+"头肩底"式的震荡筑底趋势，是指股价经历大幅下挫并探出一个明显的底部价格（寻底特征）以后，处于低位区间并展开反复震荡。震荡反弹以后受到明显下垂的 20 日均线阻压，首次形成反压下行虽然创出此轮回调新低（包括历史新低），但 MACD 技术指标重新转入死叉状态以后，趋势线并没有跟随股价创出此轮回调新低，而且股价获得前期底部支撑以后又展开震荡反弹，逐渐抬升的趋势线于零轴线下方又快速转入金叉状态，股价和指标的背离特征构筑了创新低式的"底背离"形态。接着，股价震荡反弹以后虽然又受到 20 日均线阻压，但反压下行以后并没有创出此轮回调新低，只是处于前期底部的价格之上震荡，逐渐抬升的 MACD 技术指标虽然跟随反压趋势又转入死叉状态，但死叉状态并没有明显扩大，而且随着股价再次获得支撑并实现反弹，指标又快速转入金叉状态，股价和指标走势构筑了前低后高的"头肩底"形态。

通过上述我们可以明白，股价经历大幅下挫并探出首个底部价格（寻底特征）以后，震荡筑底趋势经历了先下后上的趋势变化，MACD 技术指标不仅经历了多次死叉和金叉转换，而且趋势线的整体角度始终保持着逐渐抬升状态，从而促成"底背离"+"头肩底"式的震荡筑底趋势。

这种震荡筑底趋势比较常见，股价完成寻底的可信度高，而且庄家常常构筑这种复合型的筑底趋势，实施诱空并完成底部吸筹。震荡筑底趋势越反复，越容易夯实股价底部基础，重新激活长期低迷的市场人气。震荡筑底趋势越充分，股价底部基础越真实，后市反弹力度往往越大。震荡筑底阶段和区间盘整阶段是庄家吸筹比较集中的两个阶段，而震荡筑底阶段的吸筹主要是出于实现控盘的战略部署，也是重新完善（修复）技术系统的必经过程，更是庄家未来获取超额收益的一个阶段。

※ 第四种，"头肩底"+"底背离"式的震荡筑底趋势，日线趋势比较少见，多产于周线和月线趋势。华兰生物（002007）

"头肩底"+"底背离"式的震荡筑底趋势，是指股价经历大幅下挫趋势及其回调三浪，探出一个明显的底部价格（寻底特征）以后，处于低位区间并展开震荡趋势。实现震荡反弹以后受到明显下垂的中线阻压，经历反压下行不仅没有跌破前期底部价格，获得支撑并形成震荡反弹趋势，促使逐渐抬升的 MACD 技术指标于零轴线下方实现二次金叉状态，成功构筑前低后高的"头肩底"形态。接着，股价震荡反弹以后再次受到明显阻压，经历反压下行虽然跌破前期底部价格（包括历史新低），MACD 技术指标也重新进入死叉状态，但股价并没有远离前期底部价格，而且股价获得止跌以后又快速转入震荡趋势，或形成震荡反弹趋势，促使逐渐抬升的 MACD 技术指标于零轴线下方再次转入金叉状态，股价和指标的背离走势成功构筑创新低式的"底背离"形态。

通过上述我们可以明白，股价经历大幅下挫并探出首个底部价格（寻底特

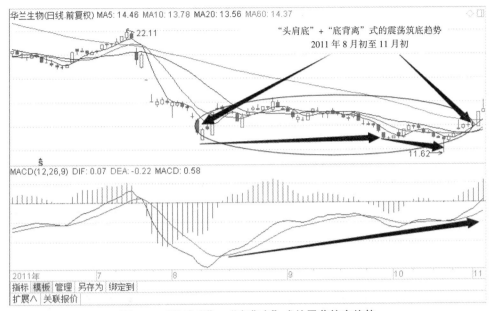

图 1-5　"头肩底" + "底背离" 式的震荡筑底趋势

征）以后，震荡筑底趋势经历了先上后下的趋势变化，MACD 技术指标不仅经历了多次死叉和金叉切换，而且趋势线的整体角度始终保持着逐渐抬升状态，从而促成"头肩底" + "底背离" 式的震荡筑底趋势。

　　股价处于低位区间展开震荡筑底趋势，趋势线和零轴线之间的距离非常重要。不论是构筑"底背离" + "头肩底" 式的复合筑底趋势，还是构筑"头肩底" + "底背离" 式的复合筑底趋势，如果趋势线和零轴线之间存在明显的悬空距离，至少说明震荡筑底趋势还不够，而且指标弱势也难以支撑股价立即展开反弹，所以庄家通过复合筑底趋势进行修复。股价经历充分震荡并化解了趋势线和零轴线之间的悬空距离，才有可能确立真正的转势特征。因此，趋势线和零轴线之间存在明显的悬空距离，化解不利因素成为当务之急，股价处于低位区间展开反复震荡成为常态，也不排除回调新低（包括历史新低）的可能性。

　　相对来说，"头肩底" + "底背离" 的复合筑底趋势比较常见，日线、周线和月线趋势都有可能产生，"头肩底" + "底背离" 的复合筑底趋势多产于周线和月线趋势。股价处于大底区间并构筑一段复合筑底趋势，说明股价运动还处于六个阶段中的第一阶段，这里适合采取战略布局。区间盘整阶段采取顺势打压以后，容易构筑一段强力支撑的复合筑底趋势，所以说区间盘整阶段的筑底趋势具备极高的实战价值，战略和战术上都必须给予重视。

　　※ 第五种，股价完成寻底以后，立即实现"V"型反转或形成快速反弹趋

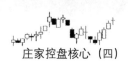

势，说明股价于低位区间（大底区间）缺失一段震荡筑底趋势，将由后市的区间盘整趋势进行弥补，往往构筑一个区间包含了三个阶段趋势的长期的反复震荡。

新华保险（601336）

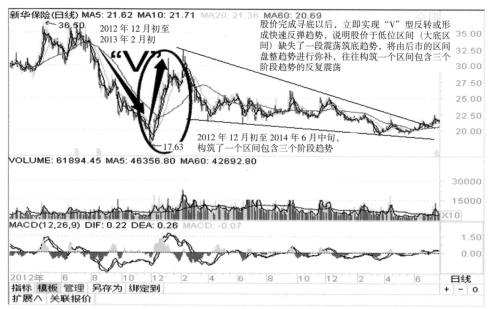

图1-6　寻底以后实现"V"型反转或快速反弹，震荡筑底趋势由后市弥补

　　股价经历大幅下挫趋势并完成寻底以后，受到股指快速反弹带动，或者受到某种利好消息（题材）刺激，立即实现"V"型反转或形成快速反弹趋势，股价快速脱离大底区间并越过60日均线运行。说明股价完成寻底以后缺失一段低位区间的震荡筑底趋势，将由后市的区间盘整趋势进行弥补。

　　股价完成寻底以后立即实现"V"型反转或形成快速反弹趋势，不仅呈现出急速向上的反转特征，而且往往推起一段连续涨停（或以大阳线为主）的拔高攻势。形成如此走势的主要原因如下：①个股蕴含某种尚未对外公开的利好消息（题材），而且留给庄家吸筹的时间已经不多，庄家也不想股价停留在大底区间过久，于是选择这种不计成本的掠夺手段拔高股价，促使股价实现"V"型反转或形成快速反弹趋势，股价轻松越过60日均线运行；②股指完成寻底以后立即实现"V"型反转或形成快速反弹趋势，带动个股实现快速拔高的普涨趋势。出现上述两种原因的任何一种，股价完成寻底以后都有可能立即实现"V"型反转或形成快速反弹趋势。

　　股价完成寻底以后立即实现"V"型反转或形成快速反弹趋势，除了表达庄

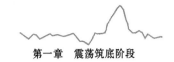

家不计成本地大肆掠夺筹码以外，普通投资者也在投入大量资金跟风做多，量能持续放大就是最好的证据，而且股价实现"V"型反转或形成快速反弹的过程，量能往往呈现出堆量情形，某日出现巨量或天量拔高也时有发生。这一波反弹趋势不仅说明庄家和普通投资者共同投入资金抢筹，而且暗示后市存在不一般的行情。放量以后必须缩量，缩量以后再放量，这是操盘常识，所以出现堆量以后必须由长期的缩量调整进行化解。堆量越大，说明庄家吸筹越多（跟风追涨浮筹也多），后市化解时间及其震荡趋势越长。

一般情况下，实现"V"型反转或形成快速反弹趋势，参与时机不好把握，毕竟股价完成寻底以后立即反转，还没有来得及做出反应，股价快速拔高已经跃至大线之上运行。可是，不必为此感到可惜，因为股价实现"V"型反转或形成快速反弹趋势以后，后市往往构筑一个区间包含了三个阶段趋势的长期的反复震荡，所以后市参与更好把握，实战价值也大。也就是说，大底区间缺失一段震荡筑底趋势，将由后市的区间盘整趋势进行弥补。震荡筑底趋势蕴含于区间盘整趋势，区间盘整趋势包含了震荡筑底趋势，小幅拉升趋势只是这两个阶段趋势的反弹序列。后市展开盘整即使跌破大底，往往获得强力支撑。

※ 第六种，股价处于相对的低位区间经历长期的反复震荡，不仅成功构筑"双重底"或"多重底"支撑的震荡筑底格局，而且它也符合一个区间包含了三个阶段趋势的长期的反复震荡。葛洲坝（600068）

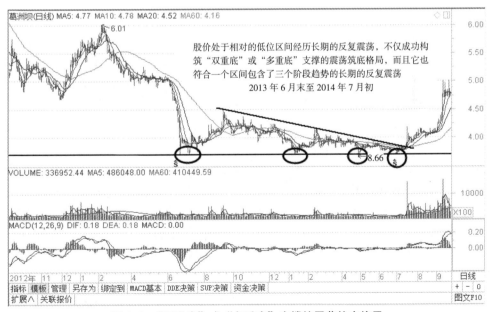

图1-7　"双重底"或"多重底"支撑的震荡筑底格局

　　股价探出一个明显的底部价格（寻底特征）以后，处于这个底部区间的震荡时间较短，实现反弹趋势并快速触及或已跃至大线之上运行。反弹趋势明显受压并收出一个阶段性顶部以后，股价转入长期的反复震荡趋势，且以首次寻底价格（大底价格）作为下轨支撑，又以小幅拉升趋势的阶段性顶部作为上轨阻压，不仅成功构筑"双重底"或"多重底"支撑的震荡筑底格局，而且它也符合一个区间包含了三个阶段趋势的长期的反复震荡。

　　股价经历大幅下挫趋势并完成寻底以后，停留在这个低位区间的震荡时间较短，展开反弹趋势并快速触及或已跃至大线之上运行，股价明显受压并收出一个阶段性顶部以后，才结束小幅拉升趋势。常见的受压特征：大线的明显下垂；股价和均线系统的发散状态；前期的技术平台或跳空缺口；MACD 技术指标的虚力状态。随后股价经历长期的反复震荡趋势，挖坑下蹲过程虽然有可能跌破首次寻底价格（大底价格），但股价获得及时支撑也很明显，"双重底"或"多重底"的下轨价格基本处于一条平行的支撑轨道。

　　股价完成寻底以后缺失一段明显的震荡筑底趋势，最终将由区间盘整趋势进行弥补，除了牛皮市道以外。震荡筑底趋势蕴含于区间盘整趋势，区间盘整趋势包含了震荡筑底趋势，小幅拉升趋势属于这两个阶段趋势的反弹序列。庄家为何构筑这种长期震荡的复合趋势呢？原因有以下几个：①个股蕴含某种尚未对外公开的利好消息（题材），庄家又不想股价停留在首个底部区间过久，同时又要实现大量吸筹目的，于是选择匆忙推起股价，促使股价快速脱离首个底部区间。接着通过长期的反复震荡进行洗盘、蓄势、化解和修复，弥补并酝酿新的质变时机，区间盘整趋势体现出"双重底"或"多重底"支撑的震荡筑底格局。②股指完成寻底以后，立即实现"V"型反转或形成快速反弹，带动个股快速拔高并实现普涨趋势。说明股指和个股实现"V"型反转或形成快速反弹趋势，低位缺失的震荡筑底趋势将由后市的长期的反复震荡进行弥补。

　　一个区间包含了三个阶段趋势，不仅蕴含了较多的抄底（低吸）机会，而且买入时机很好把握。反复震荡过程的量价变化非常明显，回升时呈现出明显放量，回调时呈现出逐渐缩量。股价经历上蹿下跳、伏低蹿高的反复震荡，各种不利因素获得化解并完成修复以后，必须高度关注盘整后期的强攻特征及其回调趋势。由此展开低吸，就算短期内有被套的风险（买点无法掐准的情况下），市场和庄家也会给予自动修正的机会，而且股价获得明显支撑以后，随时都有可能迎来真正的质变趋势。即使庄家再做一次或多次挖坑下蹲趋势，也不是坏事，不妨大胆地增加吸筹力度。

　　构筑"双重底"或"多重底"支撑的长期的反复震荡，普通投资者往往由于耐不住性子捂筹而选择放弃，甚至瞧不起这种经历反复震荡的复合趋势，所以无

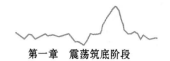

动于表。庄家却不然，不仅随着反复震荡趋势逐渐增加吸筹，而且股价经历区间的充分整理，说明庄家已为将来重新启动行情做好了充分的准备工作。股价处于相对的低位区间经历长期的反复震荡，最终必然引发强攻以及大幅拉升趋势，后市涨幅常常出人意料，又在先知先觉者的意料之中。

　　※ 第七种，股价完成寻底以后，处于相对的低位区间不仅经历了长期的窄幅震荡趋势，而且长期的窄幅震荡趋势除了符合"双重底"或"多重底"支撑特征，还像构筑一段符合"长期横向盘整"格局的震荡筑底趋势，这也是一个区间包含了三个阶段趋势的复合走势。北辰实业（601588）

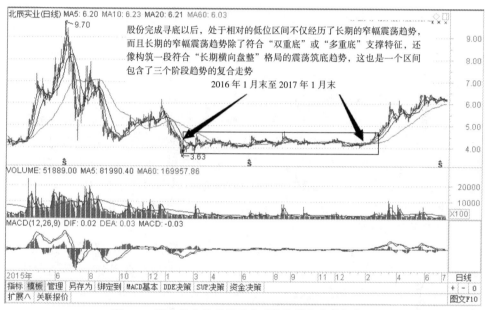

图 1-8　震荡筑底趋势呈现出"长期横向盘整"格局

　　股价经历了大幅下挫趋势并完成寻底以后，首先形成缓慢的震荡反弹趋势，股价触及大线以后立即停止反弹。随后股价围绕均线系统展开长期的窄幅震荡趋势，股价逐渐横移并与黏合的均线系统反复缠绕，MACD 技术指标在金叉和死叉状态不断切换，趋势线围绕零轴线附近反复波动。长期的窄幅震荡趋势虽然处于相对的低位区间进行，但它就像构筑一段符合"长期横向盘整"格局的震荡筑底趋势，而且符合一个区间蕴含了三个阶段趋势的复合走势。

　　构筑这种复合走势的难度较大，相对来说比较少见，毕竟股价不仅需要处于相对的低位区间保持长期的窄幅震荡，而且还要呈现出窄幅震荡的三个阶段趋势，所以说构筑这种"长期横向盘整"格局的震荡筑底趋势，体现了

庄家强大的控盘能力和资金实力。震荡幅度大了，符合上述第五种或第六种类型。

股价处于相对的低位区间保持长期的窄幅震荡趋势，不排除某日或几日内的量价发生明显变化。某日量价发生突增迹象，或几日内出现堆量回升迹象，这些都是庄家不计成本地大肆掠夺筹码的典型标志，暗示后市股价大有作为，但要求暂时回避锋芒。回避锋芒不仅要求量价激增时避免追涨，而且要求回避紧随而至的缩量调整趋势。

逐渐横移的股价与黏合的均线系统反复缠绕，趋势线又在零轴线附近反复波动，往往出现多次强攻及其调整特征。"连阳推动"和"反攻四线"的出现概率最高，其次是"短回长"、"反攻三线"、"短回中"和"腾空而起"等强攻特征，不排除"长期横向盘整"过程孕育"短期横盘调整"的可能性。连阴式的"顺水推舟"和"顺水抽风再顺水"的调整方式最频繁，"塞翁失马，焉知非福"、"项庄舞剑，意在沛公"、"击鼓传花，连绵不绝"和"围点打援，连成一片"等调整特征，实现充分洗盘和蓄势目的。

普通投资者往往由于耐不住性子捂筹而选择放弃，甚至瞧不起这种窄幅震荡趋势而无动于衷。那么，看好它又该如何参与呢？首先，窄幅震荡趋势进入后期阶段，高度关注那些符合强攻要求的强攻特征；其次，重点留意缩量回调以后的反扑特征；再次，实现企稳反转的回升过程，学会借助（参考）分时趋势的反转买点实施狙击；最后，股价携量突破区间轨道之际（突破"长期横向盘整"上轨），要求采取重仓抬轿。

任何周期都有可能构筑一个区间包含了三个阶段趋势的复合走势。不管如何，都不能忘了"以大指小"原则的指导作用。月线展开窄幅震荡对应并寻找周线强攻及其调整，周线展开窄幅震荡对应并寻找日线强攻及其调整，日线展开窄幅震荡对应并寻找分时强攻及其调整。周期级别越大，后市涨幅往往越大。

四、实例分析和运用技巧

实例一 远兴能源 （000683）

◆ 图形识别

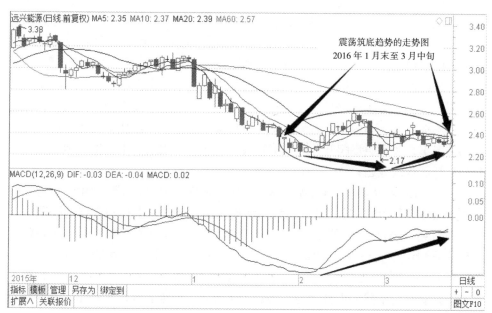

图 1-9 震荡筑底趋势的走势图

◆ 技术回放

如图 1-9 所示：

（1）通过震荡筑底阶段的构筑类型和操盘策略的叙述可以明白，股价探出一个明显的底部价格（寻底特征）以后，除了实现"V"型反转趋势以外，多数处于低位区间并展开一段震荡筑底趋势。要么构筑"底背离"式的震荡筑底趋势，要么构筑"头肩底"式的震荡筑底趋势，要么构筑复合筑底趋势。过短的震荡筑底趋势难以扭转长期累积的颓废，所以股价停留在低位区间经历充分的震荡筑底趋势，重新激活长期低迷的市场人气，修复技术系统。股价经历大幅下挫及其回调三浪以后转向震荡筑底趋势，这是消耗空头、积累多头的修复阶段，市场意义大于实战价值。区间盘整阶段经历一波明显的挖坑下蹲以后，虽然也会形成震荡

筑底趋势，但这是庄家刻意构筑的清洗浮筹、完善技术系统和蓄积做多能量的震荡趋势，实战价值大。震荡筑底阶段可能先收出"底背离"形态，然后再收出"头肩底"形态，也有可能先收出"头肩底"形态，然后再收出"底背离"形态，两种形态结合的震荡筑底趋势比较常见（不分先后）。所以说股价经历充分的震荡筑底趋势以后，才有可能夯实股价底部基础。

（2）2015年9月中旬，通过远兴能源（000683）走势可以看出，股价经历一波断崖式的暴跌趋势以后，直接寻出首个底部价格（寻底特征）。随后股价虽然处于低位区间震荡，但底部基础还没有经历充分修复，跟随股指实现震荡反弹趋势。11月中旬，小幅拉升趋势（反弹中继行情）经历缓慢反弹以后，开始触及60日均线且已回补前期暴跌趋势的最后一个跳空缺口，说明股价实现震荡反弹且已完成【预期】并确立<对望格局>双轨。由于60日均线存在明显的下垂角度，均线系统的发散状态也很明显，MACD技术指标又呈现出虚力状态，这些特征都已表明：股价经历缓慢反弹以后受到强大阻压。由于股价处于低位区间的震荡筑底趋势不够充分，小幅拉升趋势又是一波反弹到位，MACD技术指标由远离零轴线的情况下，实现缓慢爬升并跃入零轴线之上运行，表明后市股价必须通过震荡趋势弥补震荡筑底趋势。

（3）2015年11月17日开始，逐渐下行的调整趋势取代了反弹中继行情。股价回调至60日均线附近，抵抗趋势围绕均线系统展开，中线和大线的错乱状态暗示股价还要经历"拨乱反正"趋势。2016年1月4日，熔断机制的磁吸效应导致市场情绪极度恐慌且不断扩大，个股大面积跌停收盘，该股则以"下破四线"的再破方式进入"拨乱反正"趋势，股价快速向下调整。1月26日，股价跌破前期底部价格并创出自股灾以来的回调新低，虽然K线图呈现出止跌回升特征，但它的收盘价却无法站稳前期底部的最低价，而且趋势线和零轴线的距离较远，说明后市股价存在反复寻底（震荡）的可能性，形成震荡前移或继续走低都有可能发生，所以此时最好不要进行抢底或补仓，毕竟风险大于机会。2月3日，股价震荡走低以后创出此轮回调新低（股灾以来的新低），最终实现止跌回升才确认回调三浪的终点。

（4）通过远兴能源的整体跌势可以看出，股灾以来的大幅下挫趋势不仅经历明显的回调三浪，而且日线和周线趋势的回调三浪同步完成。2015年6月12日至9月15日的直线暴跌趋势，属于回调三浪的首轮回调；9月15日至11月17日的震荡反弹趋势，属于回调三浪的第二波反弹中继行情；2015年11月17日至2016年2月3日的回调趋势，属于回调三浪的第三波回调。不论是日线还是周线抑或是月线趋势，大幅下挫趋势必须经历明显的回调三浪，股价才有可能完成寻底。也可以这么说，只有经历了回调三浪的大幅下挫趋势，才算结束回调趋

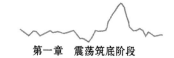

势。两波明显回调和一波反弹中继行情，构成一段完整的回调三浪（大幅下挫趋势），这是艾氏《波浪理论》的基础内容。此外，各个周期的浪型结构往往是独立的，而且各个周期的浪型结构还有延伸浪存在。

（5）因为浪型结构处于不断的变化过程，所以运用艾氏《波浪理论》不能简单地机械数浪，还要结合其他经典投资理论，更要结合实战经验。例如：该股于2015年11月17日至2016年2月3日的回调趋势，属于大幅下挫趋势的第三波回调（子浪），也可以把这一波子浪回调看成一段独立的完整的回调三浪。从11月17日开始的是对望调整趋势，把它看成子浪回调的首轮回调；股价跌至60日均线附近并出现震荡抵抗趋势，把它看成子浪回调的第二波反弹中继行情；熔断开启的回调趋势，把它看成子浪回调的第三波回调。

（6）浪中有浪，浪有延伸；子浪蕴含子子浪，又蕴含于更大的浪型结构，这是艾氏《波浪理论》的特色，也是让投资者时常感到困惑的地方。为了避免机械数浪而造成视觉错误和投资困惑，笔者将艾氏《波浪理论》的回调三浪归结为一个阶段，名字叫作大幅下挫阶段。也就是说，回调三浪的基础趋势构成了大幅下挫阶段，大幅下挫阶段包含了回调三浪。回调三浪的子浪是否存在子子浪，子子浪是否还会有更小的子子子浪或延伸浪结构，根本不必纠结它。简而言之，不管回调趋势大小，任何一波回调的基础趋势都包含了回调三浪。回调三浪既可以独立存在，也可以依附着存在，或者只是某段趋势的延伸趋势（附属）而已。世界上任何事物的内部和事物之间都包含了：对立统一规律、量变质变规律和否定之否定规律。

（7）2016年2月3日，股价虽然创出自股灾以来的回调新低，但止跌回升以后收出白色"十字星"。通过股价和MACD技术指标的绿柱体可以看出，股价最后下挫阶段虽然呈现出持续走低趋势，但绿柱体却呈现出逐渐缩短状态，说明股价回调已经进入超跌超卖区域，预示股价继续大跌的可能性不大，暗示股价随时都有可能实现超跌反弹趋势。拾阶而上的量能推动促使股价实现持续反弹，经历连阳以后越过20日均线运行。MACD技术指标转入金叉状态以后，反弹趋势不仅促使红柱体逐渐拉长，而且趋势线实现缓慢抬升并逐渐靠近零轴线。2月22日，股价完成寻底并经历持续反弹以后，当日尾盘出现冲高回落特征，这是股价开始面临阻压的表现之一。此时通过它的分时趋势也可以看出，连续两天的携量反弹虽然推出寻底以后的反弹高点，但分时股价和指标走势却已呈现出明显的背离特征，说明它们确立了"顶背离"形态，这是股价面临阻压的表现之二。实现持续反弹虽然越过20日均线，但股价处于20日均线附近的反压时间过短，说明低位三线未经充分收拢，这是股价面临阻压的表现之三。远离零轴线的金叉状态持续向上，红柱体逐渐拉长，趋势逐渐抬升，虽然促使趋势线和零轴线的距离越

来越近，但它们仍有一定距离，说明反弹趋势只要难以为继或停滞不前，MACD技术指标将要经历震荡修复过程，预示后市存在二次（多次）死叉的可能，这是股价面临阻压的表现之四。

（8）2016年2月25日，股指反压下行并形成大跌趋势，一天之内跌去了前期接近一个月的反弹趋势，两市个股未能幸免，该股当日急速下挫达到9.81%跌幅。MACD技术指标虽然还处于金叉状态，但红柱体快速缩短，DIF趋势线又形成快速拐头。两日以后，也就是2月27日，股指选择继续下探，盘中虽然三次向下冲击1月27日的低点，但股指始终没有跌破前期低点，而且收盘略有回升并留有下影线。股指的运行特征反映了大部分个股的真实走势，说明大部分个股都获得了底部支撑，如实观照即可。该股虽然跌破了2月3日的底部价格，但它的收盘价却处于前期底部的最低价之上，说明这两个底部特征成功构筑一种"双重底"形态，也可以叫作"破而后立，底部反转"寻底特征，这是根据《形态理论》作出的底部判断。

（9）2016年3月2日，获得"双重底"支撑并实现携量反弹，股价成功站稳20日均线，MACD技术指标快速拐头并转入金叉状态。根据《指标理论》分析，股价获得底部支撑已经清晰。除权状态下可以发现，前期股价寻底以后的2月5日，MACD技术指标首次转入金叉状态时，它的DIF数值是-0.26，DEA数值是-0.28；股价经历反弹并受到中线反压且重新转入死叉状态以后，3月2日的携量反弹并带动指标重新拐头且在底部实现二次金叉状态，它的DIF数值是-0.12，DEA数值是-0.12。通过这两次金叉状态的双线数值对比可以明白，第二次实现金叉状态的DIF和DEA趋势线的负值明显变小，说明双线离零轴线的距离更近，表明双线的整体角度符合逐渐抬升状态。低位股价经历反压虽然创出回调新低，但双线的整体角度却呈现出逐渐抬升状态，说明股价和指标走势形成背离特征，第二次实现金叉状态是确立"底背离"形态的技术信号。

◆ **操盘要点**

如图1-10所示：

（1）前有"双重底"形态支撑，后有"底背离"形态确认，股价是否不再停留在低位区间并展开反弹趋势呢？答案是否定。因为这个时候还有一些不利因素存在，而且严重阻碍了股价反弹，所以说股价暂时无法脱离低位区间，且有继续震荡的现实需要和技术需要。①低位三线明显发散，说明股价反弹以后容易受其牵制，预示后市股价继续震荡才能收拢低位三线；②两条趋势线虽然与零轴线的距离拉近，但它们和零轴线仍有一定距离，两线负值大于-0.10就是证据，说明股价反弹力度有限，预示后市股价继续震荡才能修复指标悬空；③股价虽然站稳20日均线并确立"拨开迷雾，重见光明"反抽特征，但10日均线处于20日均

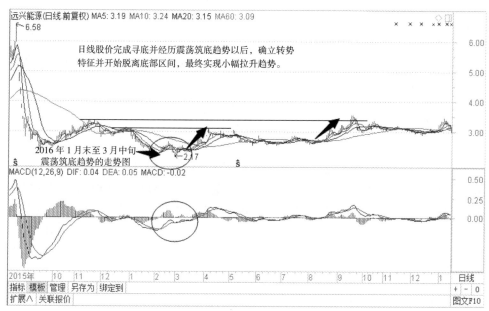

图1-10　震荡筑底趋势结束并开启小幅拉升趋势的走势图

线上方且有下垂角度，这是低位股价震荡时间不足的典型特征，而且后市股价继续震荡才能化解均线错乱状态。

（2）2016年3月7日和8日，股价经历短暂回撤以后，携量反弹且蕴含"反抽三线"转势特征。这个"反抽三线"从表面上看合理，可是经过仔细分析以后，将会发现它又变成不合理的因素。①反抽之前的回撤时间过短，说明反抽时机选择不对，而且分时趋势推高以后开始进入虚力诱多区间，说明后市还有回调的技术需要；②10日均线和20日均线的错乱状态非常明显，说明化解均线错乱状态需要采取"拨乱反正"的反压趋势进行。随后股价转入回撤趋势，已经走好的20日均线逐渐下行，金叉状态下的红柱体逐渐缩短，DIF趋势线掉头下行并贴近DEA趋势线。

（3）2016年3月17日，携量阳线反弹向上并重新站稳20日均线，20日均线由下行状态转入平缓角度，说明股价和均线融合确立"拨开迷雾，重见光明"转势特征。携量阳线同时向上穿透5日均线、10日均线和20日均线，说明它又是"反抽三线"转势特征。MACD技术指标的数值由0.01转变为0.02，DIF趋势线的数值由–0.04转变为–0.03，DEA趋势线的数值不变，说明即将消失的红柱体重新拉长，贴近的趋势线重新开口上勾，成功确立"凤凰涅槃，浴火重生"转势特征。两条趋势线的负值都已小于–0.10，说明双线和零轴线的距离已经接近，表明MACD技术指标的转势及其力度比较可信。

（4）"拨开迷雾，重见光明"、"震荡筑底，反抽三线"、"充分筑底，反抽四线"、"凤凰涅槃，浴火重生"等转势特征，它们既是终结"一柱断势"特征的典型标志，也是震荡筑底趋势结束的典型标志，又是股价行将（或已）脱离筑底区间的典型标志，还是小幅拉升趋势即将（或已）开始的典型标志。"反抽三线"和"拨开迷雾，重见光明"转势特征往往同步确立，而且在其前后往往产生多种寻底特征和转势特征，也常常产生结合型转势特征。

（5）2016年4月6日，股价脱离低位区间并实现持续反弹趋势，越过大线以后实现接近30%的反弹幅度。受到前期第三波回调的子浪平台阻压，小幅拉升趋势戛然而止。随后股价转向区间盘整趋势，逐渐回调并跌破大线以后，围绕均线系统反复震荡。不知不觉来到了8月中旬，"短回中"强攻特征推起一波假攻行情。将这一波行情定义为假攻行情，理由如下：从日线趋势观察，"短回中"强攻特征存在致命缺陷，也就是说，日线股价向上企稳中线的过程，中线反而出现下行角度，这是"短回中"强攻特征的致命缺陷，也是假攻行情的由来。9月14日，假攻行情推起一个月以后，受到前期反弹中继平台（2015年11月17日）的强力阻压，随之确立<对望格局>双轨。

（6）如果根据周线趋势进行分析，那么这一波反弹趋势则是周线股价经历低位区间的长期震荡并收拢四线以后，开始向大线之上发起的首轮反弹趋势（小幅拉升趋势）。周线股价经历反弹以后也是触及前期反弹中继平台，小幅拉升趋势戛然而止并确立<对望格局>双轨。如果根据月线趋势进行分析，那么月线趋势才形成大幅下挫阶段的第二波反弹中继行情。由此可见，日线股价由2016年2月中旬以来的小幅拉升趋势以及8月中旬推起的假攻趋势，周线股价由3月初开始的震荡筑底趋势以及8月中旬开始的小幅拉升趋势，只不过是月线趋势的大幅下挫阶段的第二波反弹中继行情。也就是说，月线股价还有大幅下挫趋势的第三波回调，体现于日线和周线趋势还有更多的反弹中继和回调趋势。这些都弄明白以后，您还会为2017年初开始的回调趋势感到惊讶吗？

（7）在此重申一遍，日线股价经历大幅下挫趋势及其回调三浪以后，探出一个明显的底部价格并经历充分的震荡筑底趋势，周线或月线股价未必完成大幅下挫趋势及其回调三浪，寻底更是无从谈起。反之，月线股价经历大幅下挫趋势及其回调三浪以后，完成寻底并经历低位震荡趋势，周线和日线股价不仅完成寻底，而且多已形成充分的震荡筑底趋势（或已形成区间盘整趋势）。抄底也好，补仓也罢，必须按照"以大指小"原则进行指导。纯粹参考日线或周线趋势实施操盘，快进快出还能有利可图，患得患失必然招致深套。

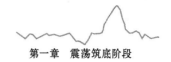
实例二　山东黄金（600547）

◆ 图形识别

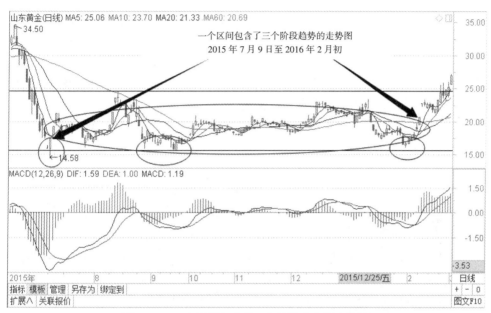

图1-11　一个区间包含了三个阶段趋势的走势图

◆ 技术回放

如图1-11所示：

（1）事物发展总是从量变到质变的过程，股价运动亦然。任何突变看似偶然，实质是必然。2015年4月29日，山东黄金（600547）向上冲击以后已经回补前期跳空缺口，说明股价推升以后完成【预期】。次日，阴线收盘提示它们确立了<对望格局>双轨，且已展开对望调整趋势。6月18日，股价停留在高位区域并经历反复震荡一个半月以后，震荡反弹过程虽然创出此轮行情新高，但最终收盘却呈现出冲高回落特征，且无法站稳前期顶部，说明它们及时确立"破而后落，顶部反转"探顶特征。由此可见，庄家通过震荡筑顶趋势实施诱多，成功构筑"双重顶"特征并提示了它的大顶。与此同时，股指由大顶回落以后，已经进入"闸门洞开，一泻千里"的暴跌区间。不妨认真地想一想，覆巢之下，焉有完卵？这一波断崖式的暴跌趋势，后来被定义为去杠杆化的"股灾"行情，成就了少数先知先觉者，却淹没了无数个热情似火的普通投资者。回过头看，这一波直线下挫的暴跌趋势来临之前，多数指标股的盘面都有迹可循。这一波暴跌趋势表

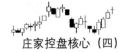

面看似由偶然性因素引发，实质上是必然，而且规律十分明显。

（2）2015年6月18日至7月9日，山东黄金于15个交易日内，经历了一波直线暴跌趋势。通过它的除权状态可以看出，股价创出自2006年以来的低价，历史以来的次低价。通过它的复权状态可以看出，股价创出自2009年以来的低价。不管是除权状态还是复权状态，2014年6月19日的底部特征和2015年7月9日的止跌回升特征，成功构筑"破而后立，底部反转"的支撑特征（寻底特征）。这两个相隔一年多的"双重底"支撑特征出现以后，股价获得支撑是否真的完成寻底？最终能否形成强而有力底部反转趋势？这些都有待后市走势的验证。即使抄底，也只能投入少量资金试探。

（3）股指处于低位区间并围绕中线展开反复震荡，山东黄金跟随股指波动也经历了低位震荡。2015年8月13日，股价未经充分震荡且实现快速反弹并开始触及大线，受到均线阻压形成冲高回落趋势。8月26日，股指经历一波反压下行趋势，仍然是由暴跌趋势主导，且再次经历连续跳空下跌，产生了此轮大幅下挫趋势的回调新低。通过股指这两个多月的大幅下挫趋势可以看出，大幅下挫趋势形成一轮完整的回调三浪。谁又曾想到？股指的这一轮回调三浪，时间之短，居然形成了惊人的跌速和跌幅，也难怪后来被定义为"股灾"行情。该股由低位区间展开快速反弹并触及大线以后，受到均线下垂阻压且受股指反压下行带动，虽然也经历了一波明显的反压下行趋势，但股价并没有创出此轮回调新低，而且股价经历反压下行以后获得前期底部的强力支撑，说明该股走势明显强于股指走势。

（4）股指于2015年9月15日探出回调三浪的低点以后，停留在低位区间展开震荡趋势。可是，股指于低位区间还没有经历充分的震荡筑底趋势，就由2015年10月初开始，跳空起势并推起一波反弹趋势。为何说股指的震荡筑底趋势不够充分呢？主要体现于：趋势线处于零轴线下方运行，两线距离较远，20日和60日均线也存在明显的发散状态。由此可见，股指的底部基础未经充分夯实，又仓促选择跳空起势，暗示这一波反弹趋势的力度有限（涨幅有限）。股指实现跳空反弹并向上触及60日均线时，受其下垂角度阻压，横盘调整趋势取代了跳空反弹趋势。2015年11月4日，20日均线成为上证指数的横盘调整的下轨支撑，止跌企稳不仅携量突破"短期横盘调整"的平台上轨，同时又促成了"反抽四线"和"涅槃重生"这两种转势特征，说明上证指数由此开启一波反转行情。可是，这个"反抽四线"的转势力度有限，原因如下：①60日均线仍然存在明显的下垂角度，反转趋势受其牵制在所难免；②上证指数与其指标走势汇合虽然确认"涅槃重生"转势特征，但趋势线和零轴线的悬空距离还很明显，深证成指的悬空距离更加明显，预示这一波反转趋势可能形成虚拉诱多行情，暗示反转趋势有限。

（5）上证指数虽然形成连续阳线推升，但只有 DEA 趋势线藏入红柱体内部，DIF 趋势线始终悬空着抬升，而且红柱体逐渐拉长以后也没有超越筑底反弹阶段的红柱体长度，虚拉诱多行情得到了印证，深证成指的虚拉诱多行情更加明显。2015 年 11 月 9 日，股指实现"四连阳"推升以后，它的高点已经回补前期连续跳空的首个缺口。冲高回落收盘除了表达这里存在较大阻压以外，同时表达股指推升以后完成【预期】并确立<对望格局>双轨，也意味着小幅拉升趋势到此终结。随后一个多月时间，股指展开对望调整趋势并围绕中线反复波动，大线发挥着支撑作用。2016 年的新年伊始，熔断机制的磁吸效应造成了新一轮暴跌趋势，股指创出自股灾以来的回调新低。这是一种巧合吗？或许是的，但这种巧合恰好促成了股指周线趋势的第三波回调。任何看似偶然的因素，哪怕是人为的因素，实质上是必然。

（6）说完了股指的日线和周线回调三浪以后，下面分析山东黄金的具体走势。2015 年 8 月末至 11 月中旬，该股走势与股指走势相差不大，同样经历了由筑底至反弹再至小幅拉升终结。12 月中旬以后，该股走势与股指走势的差异逐渐增大，异动迹象使其有了不一样的可能性。股指虽然于 2016 年的新年伊始进入熔断机制的磁吸效应，但该股短暂跟随股指下探以后，获得止跌并实现虚拉诱多趋势。反转高点触及前期平台再次确立<对望格局>双轨。2016 年 1 月 11 日，收出虚拉诱多趋势的反转高点，并与前期轨道确立<对望格局>上轨，该股才开始形成快速下探趋势。此时通过股指和该股走势可以看出，股指创出自 2015 年 6 月以来的回调新低，该股的回调趋势不仅滞后于股指暴跌，而且回调以后也没有跌破前期底部，受到支撑也很明显。2 月 1 日，飘柱诱空过程收出"启明之星，黎明将至"K 线组合，不仅及时止住了股价快速回调，而且股价由此开启企稳反转模式。

（7）股价于 2015 年 7 月 9 日寻出大底价格（寻底特征）以后，虽然走势与股指走势存在相同之处，但它们最大的差异在于：股指的周线趋势不仅经历了明显的回调三浪，而且回调三浪创出自 2015 年 6 月以来的回调新低，该股探出一个明显的大底价格以后，长期震荡处于大底价格之上进行。股价处于大底附近的震荡筑底趋势（时间）并不充分，而且股价脱离大底区间又快速触碰 60 日均线，随之转向上蹿下跳、伏低蹿高的反复震荡，上轨阻压和下轨支撑都很明显。由此可见，这个区间包含了三个阶段趋势，震荡筑底趋势、小幅拉升趋势和区间盘整趋势长期处于一个相对的低位区间。由于股价处于大底附近的震荡筑底趋势（时间）不足，脱离大底区间的反弹速度又过快，最终由复合类型的区间盘整趋势进行弥补。

◆ **操盘要点**

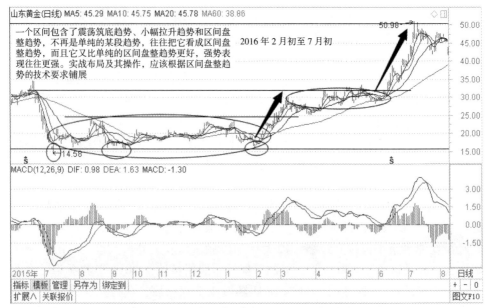

图1-12　实现强攻并突破区间上轨以后的走势图

如图1-12所示：

（1）通过上述分析可以明白，山东黄金不仅提前获得强庄进驻，而且强庄通过有意识的控盘，使得该股回调滞后且回调幅度明显小于股指，同时促成规律明显的区间盘整趋势。这种看似杂乱无章的区间盘整趋势，实质上蕴含了强势恒强的趋势特征，只是很少有人认识罢了。震荡筑底趋势（时间）不足，导致低位参与不好把握，既然如此，不做也罢。股价快速反弹并触及大线受阻，参与时机也不好把握，即使买了也要快进快出，及时完成减筹或撤离。长期的盘整趋势虽然经历了上蹿下跳、伏低蹿高的反复震荡，但盘整过程不仅存在明显的上轨阻压，而且刻意洗盘或挖坑打压以后的下轨支撑也十分清晰。因此，采取逢低吸筹的安全系数较高。

（2）一个区间包含了震荡筑底趋势、小幅拉升趋势和区间盘整趋势，不再是单纯的某段趋势，往往把它看成区间盘整趋势。一般情况下，这种复合类型的区间盘整趋势比单纯的区间盘整趋势好，强势表现往往更强。实战布局及其操作，应该根据区间盘整趋势的技术要求铺展。2016年2月中旬，确立强攻特征及其调整趋势，应当由此展开狙击；3月初突破区间上轨，空头思维必须抛之脑后，进入多头重仓序列。该股实现强势恒强的原因，除了符合技术要求以外，也有基本面的因素影响。国际黄金市场于 2015 年 12 月 3 日探出自 2011 年 9 月 6 日以来的低价，随后 7 个月时间实现了 32%涨幅。国内黄金市场（期货和现货）实现同步上涨，从而带动股票市场的黄金板块及其个股逆势而上，该股也不例外，5个月时间完成翻番炒作。

★ 本章小结

（1）转势特征是股价结束震荡筑底趋势并开启小幅拉升趋势的分水岭，不同的转势特征存在不同的表现形式。"拨开迷雾，重见光明"转势特征既是震荡筑底趋势结束的典型标志，也是股价即将脱离筑底区间的典型标志，还是小幅拉升趋势开始的典型标志，更是终结"一柱断势"特征的典型标志。"震荡筑底，反抽三线"和"拨开迷雾，重见光明"转势特征往往同步确立，而且这里附近容易产生（或同步产生）多种寻底特征和转势特征。

（2）震荡筑底过程的寻底特征和转势特征较多。

寻底特征有："隐忍不发，伺机待动"、"启明之星，黎明将至"、"星星之火，可以燎原"、"触底回升，金针探底"、"低开高走，釜底抽薪"、"十月怀胎，瓜熟蒂落"、"鸾凤和鸣，琴瑟和谐"、"平底支撑，底部反转"、"破而后立，底部反转"、"破釜沉舟、背水一战"……

转势特征有："连阳推动，必有所图"、"出其不意，攻其无备"、"凤凰涅槃，浴火重生"、"震荡筑底，反抽三线"、"拨开迷雾，重见光明"、"充分筑底，反抽四线"、"底背离"、"头肩底"……

（3）寻底特征的主要作用是提示股价获得止跌并实现寻底。抄底必须根据"以大指小"原则展开，学会借用（参考）分时趋势的反抽买点更加精准。真实的"拨开迷雾，重见光明"转势特征尚未确立之前，不论低位区间存在多少寻底特征，也不管这些寻底特征多么好看，抄底仓量必须要轻。转势特征的主要作用是提示股价结束震荡筑底趋势并开启小幅拉升趋势，根据日线的转势特征买入也未尝不可，但最好还是学会借用（参考）分时趋势的反抽买点。低位股价尚未站稳大线之前，仓位要求控制在五成以内，同时做好反弹趋势受到阻压并向下反转的可能性，及时完成高抛（减筹）。

（4）资金量小尽量避免抄底，最好不做底部行情，纯粹参考日线进行抄底更不可取，应当多从区间盘整阶段寻找强势恒强的个股操作。资金量大的战略部署（计划）必须完整，布局稳步推进，也不要操之过急。精选符合月线级别的强势恒强个股，然后通过周线和日线趋势寻找强攻及其回调低点，实现低吸或稳步增

筹策略。根据月线趋势精选的强势恒强个股，很有可能从周线或日线趋势的相对低位开始实施战略部署。这样做既安全，也稳定，何乐而不为？

（5）股价经历大幅下挫趋势以后转向震荡筑底趋势，这是股价运动的第一阶段，市场意义大于实战价值。股价处于区间盘整阶段（第三阶段）运行，采取顺势打压以后也有可能出现震荡筑底趋势，实战价值大。不论股价处于大幅下挫以后震荡筑底阶段，还是处于区间盘整阶段的相对低位震荡，都适合采取战略布局。月线股价经历大幅下挫且已处于第三波回调的末端区域，或者说股价和指标走势已经呈现出超跌超卖状态，那么通过对应的周线或日线趋势寻找一个明显的底部价格（寻底特征），实施抄底的安全系数大。震荡筑底阶段适合采取定增、举牌或并购等战略投资，因为股价处于震荡筑底阶段，相对来说价格已经足够便宜，战略投资拥有较高的护城河（安全垫）。

（6）股价探出底部价格（寻底特征）以后，处于低位区间的震荡时间较短，而且形成快速反弹趋势，或者形成一波连续急拉的"V"型反转趋势。说明股价缺失一段低位区间的震荡筑底趋势，将由第三阶段的区间盘整趋势进行弥补。一般情况下，形成"V"型反转趋势的个股，一个区间往往包含了三段趋势：震荡筑底趋势、小幅拉升趋势和区间盘整趋势。也可以这么理解，震荡筑底趋势蕴含于区间盘整趋势，区间盘整趋势包含震荡筑底趋势在内，小幅拉升趋势属于震荡筑底趋势或区间盘整趋势的反弹序列。

第二章 小幅拉升阶段

一、图例和阶段趋势分析

（一）图例（大族激光，002008）

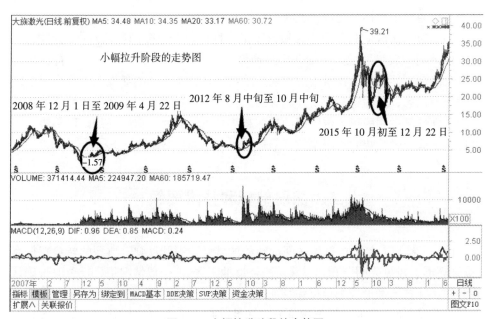

图 2-1 小幅拉升阶段的走势图

（二）阶段趋势分析

（1）股价经历震荡筑底趋势以后，已经成功确立"拨开迷雾，重见光明"或"震荡筑底，反抽三线"等转势特征。

（2）量能稳步放大并推动股价实现反弹趋势，股价逐渐脱离筑底区间，或已越过筑底区间上轨。

（3）MACD技术指标的两条趋势线虽然长期处于零轴线下方运行，但它随着股价脱离筑底区间并逐渐靠近零轴线。当股价反弹到达60日均线附近时，两条趋势线先后跃入零轴线之上运行。

（4）股价反弹并越过60日均线运行，可能实现持续反弹趋势，也有可能经历边拉边调的反弹趋势，还有可能经历一波快速反弹趋势。前期下挫阶段的技术平台或跳空缺口、均线系统的明显发散以及指标呈现出的虚力状态，都有可能成为这一波反弹趋势的强力阻压。

（5）反弹趋势明显遇阻并收出一个阶段性顶部，说明股价反弹完成【预期】并确立<对望格局>双轨，表达股价脱离低位区间的反弹趋势到此结束。

（6）股价由低位区间的"拨开迷雾，重见光明"或"震荡筑底，反抽三线"等转势区域开始展开反弹趋势，股价越过60日均线之上运行，受到明显阻压以后收出一个阶段性顶部，说明反弹趋势结束并开启新的阶段趋势，可以把这一波反弹趋势叫作小幅拉升趋势，也叫小幅拉升阶段。

小幅拉升阶段的趋势总结：股价于低位区间经历充分的震荡筑底趋势以后，由低位区间的转势区域开始展开反弹趋势，股价越过60日均线之上运行；接近或触及前期下挫阶段的技术平台或跳空缺口、均线系统的明显发散以及指标呈现出的虚力状态，成为这一波反弹趋势的强力阻压，随之收出一个阶段性顶部；这个阶段性顶部说明脱离低位区间的反弹趋势结束，同时开启了新的阶段趋势；可以把这一波反弹趋势叫作小幅拉升趋势，也叫小幅拉升阶段。

二、深层剖析和技术要领

（1）小幅拉升趋势由低位区间的转势区域开始展开反弹，典型的转势特征有"拨开迷雾，重见光明"和"震荡筑底，反抽三线"。一般情况下，低位股价确认转势时，往往已经形成携量反弹特征，所以此时往往同步构筑多种转势特征（结合型转势特征）。例如：低位股价形成携量反弹，带动MACD技术指标于零轴线之下实现二次（多次）金叉状态，及时确认"底背离"或"头肩底"或"涅槃重生"等转势特征，并与"拨开迷雾，重见光明"或"震荡筑底，反抽三线"等转势特征结合一体。由此可见，结合型转势特征的转势力度强，股价实现转势并脱离低位区间的可信度高。

（2）严格意义上说，股价于低位区间确认转势时，必须满足以下技术要求：

①趋势线逐渐抬升且已靠近零轴线，两线负值必须处于合理范围（最好都控制在-0.10以内）；②低位三线要求收拢，最好三线黏合一起；③股价和指标必须形成真实的转势特征，不能存在虚力状态。如果股价转势时存在各种不利因素，不排除后市股价继续保持低位震荡的可能性，即使匆忙推起小幅拉升趋势，反弹趋势终结以后也避免不了一段调整趋势，暗示后市还有更好的参与时机，不要害怕错过，请耐心等待。

（3）相对来说，小幅拉升趋势常常推起一波短线反弹行情（先急后缓或先缓后急都有可能），也有可能推起一波明显的五波推动浪，还有可能实现"V"型反转趋势。小幅拉升趋势的大小主要取决于股价与前期技术平台或跳空缺口的空间，同时受到股指走势影响。

（4）前期下挫阶段的反弹中继平台或某个抵抗平台，往往成为小幅拉升趋势的强力阻压。股价脱离低位区间并反弹越过60日均线之上运行，经历调整以后往往形成虚拉诱多趋势，收出一个明显的阶段性顶部以后，股价才终结小幅拉升趋势。小幅拉升趋势的顶部称之为阶段性顶部，这是对于股价运动的六个阶段及其后期走势而言的。这个阶段性顶部除了提示股价反弹以后完成【预期】并确立<对望格局>双轨，还表示区间盘整趋势的开始。

（5）股价脱离低位区间并实现反弹趋势，到达60日均线附近时（股价处于60日均线之上居多），MACD技术指标的两条趋势线于零轴线下方实现逐渐抬升，并先后跨入零轴线之上运行。一般情况下，这是趋势线长期处于零轴线下方，首次跨入零轴线之上运行。说明股价经历脱离低位区间的反弹趋势，MACD技术指标逐渐趋强。

（6）脱离低位区间的反弹趋势虽然跃至60日均线之上运行，但60日均线往往存在明显下垂角度，均线系统也呈现出明显发散状态，尤其是20日均线和60日均线的发散距离明显，所以股价经历反弹以后势必受其牵制。庄家经常在此采取调整趋势进行化解下垂的均线角度，修复发散的均线系统，从而促使股价重新反弹以后不再受其明显制约。

（7）股价反弹越过60日均线以后，如果MACD技术指标的红柱体押拉过长，或者说股价和指标走势呈现出虚力状态，那么股价继续反弹的力度往往不足。采取调整趋势不仅及时化解这些不利因素，而且促使股价重新反弹以后体现出真力推升。小幅拉升阶段只要出现虚力状态，至少说明庄家正在实施诱多，而且股价避免不了一段调整趋势。

（8）股价反弹越过60日均线以后，受到各种不利因素影响并形成调整趋势，有以下三种常见的调整特征：①向下回撤；②抬高震仓；③横盘调整。调整幅度小，往往采取抬高震仓或横盘调整手段，股价获得20日均线止跌（支撑）比较

常见。调整幅度大，往往采取向下调整并寻求前期底部作为支撑，也有可能演变为一个区间包含三个阶段趋势的复合走势。不管庄家采取哪种方式进行调整，调整以后必须出现明显的止跌（支撑）特征，再考虑参与。

（9）股价反弹以后接近或已越过 60 日均线，如果调整趋势呈现出窄幅震荡特征，那么股价容易形成一段"短期横盘调整"格局（也叫"上大回中"格局）。只要获得 20 日均线止跌，就要考虑借用（参考）分时趋势的反转买点实施狙击。股价一旦携量突破横盘上轨，往往推起一波"石破天惊，雷霆万钧"式的强攻行情。就算这一段突破行情还是处于小幅拉升趋势的范畴，短期涨速及其涨幅，总有惊人表现。如果月线股价脱离低位区间并接近或已越过大线以后，构筑这种横盘调整趋势，那么周线股价获得明显止跌或实现止跌企稳以后，必然引发一波周线级别的强势恒强的牛市行情，对应的日线股价往往形成涨幅巨大的大幅拉升趋势。

三、构筑类型和操盘策略

根据艾氏《波浪理论》的说法，一轮完整的波浪趋势包含了八浪运动——五波推动浪和三波回调浪。股价脱离低位区间并实现小幅拉升趋势，这是五波推动浪的第一波驱动浪，对应着股价运动的六个阶段的第二阶段。

为了避免机械数浪造成的数浪困惑，也使趋势更加直观，实战运用简单明了，笔者把艾氏《波浪理论》与其他经典投资理论的基础知识融合起来，并将小幅拉升阶段划分为以下这六种构筑类型。

※ 第一种，持续反弹型小幅拉升趋势。煌上煌（002695）

持续反弹型小幅拉升趋势，其主要特点是股价由转势区域开始展开反弹，反弹趋势不仅持续性好，而且调整幅度也小；反弹趋势越过 60 日均线以后，持续反弹趋势未改，指标运行明显失真；反弹趋势受制于强力阻压并收出一个阶段性顶部以后，才结束持续反弹型小幅拉升趋势。

股价由低位区间的转势区域开始展开反弹，越过 60 日均线以后的停留时间较短，有的保持持续反弹趋势，明显受压并收出一个阶段性顶部以后，才终结持续反弹型小幅拉升趋势。构筑这种持续反弹型小幅拉升趋势，说明庄家投入较多资金进行推动，常常采取"连阳推动"进行推升，采取抬高方式进行震仓也很常见。持续反弹过程的"连阳推动"状态越多，表明庄家收集筹码越多，普通投资者也在持续跟风追涨。

随着量能的不断放大或者稳步放大，股价实现持续反弹趋势。就算采取小阳

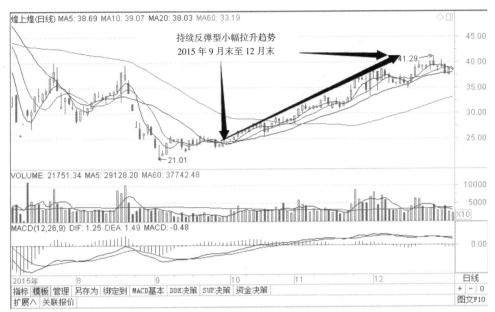

图 2-2　持续反弹型小幅拉升趋势的走势图

线进行推升，股价经历持续反弹以后，也能推起一段改变未来格局的转势行情。震荡筑底趋势的作用是夯实股价底部基础，削弱空头的主动权，重新激活长期低迷的市场人气，那么小幅拉升趋势的作用是逐渐积累多头主动权，收复失地并实现转势行情。

持续反弹致使参与时机不好把握，毕竟股价每次调整幅度不大，调整时间也短。庄家于低位区间未能收集到足够的底部筹码，或者说股价处于低位区间的震荡时间不足，又或者说个股蕴含某种不为外知的利好消息（题材），庄家为了实现持续吸筹目的，不断地投入资金并推动股价反弹，最终形成一种持续反弹型小幅拉升趋势。不管出于何种原因，构筑持续反弹型小幅拉升趋势，至少说明庄家吸筹量逐渐增多，普通投资者跟风追涨也在增加。

※ 第二种，"V"型反转型小幅拉升趋势。皖江物流（600575）

"V"型反转型小幅拉升趋势，其主要特点是股价最后经历快速下挫并寻出一个底部价格（寻底特征）以后，立即展开快速反弹趋势，反弹速度不仅猛烈，甚至形成一波连续涨停（或以大阳线为主）的反弹攻势，而且股价快速跃至 60 日均线之上运行；反弹趋势明显受阻并收出一个阶段性顶部，随之结束"V"型反转型小幅拉升趋势。

符合"V"型反转型小幅拉升趋势，说明"V"型的左侧经历了快速下挫的寻底趋势，股价完成寻底以后几乎没有在低位停留，又立即展开连续涨停的反弹

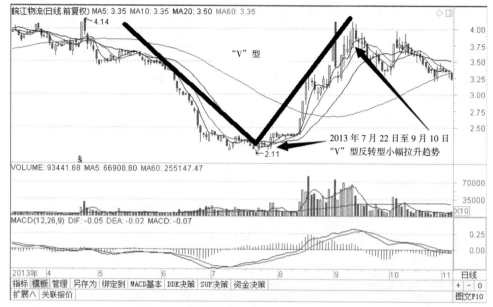

图 2-3 "V"型反转型小幅拉升趋势的走势图

攻势，也有可能采取连续大阳线进行极速拔高，所以股价快速跃至 60 日均线之上运行，随之形成"V"型的右侧。由此可见，实现"V"型反转型的反弹速度极快，往往是由一波连续状态的反弹攻势构成，所以常常表现出一波极速反弹就见顶（明显受阻）的趋势特征。实现"V"型反转的拔高过程，调整趋势少而短暂，甚至没有出现过调整趋势。

实现"V"型反转型小幅拉升趋势，说明股价完成寻底以后立即展开极速反弹趋势，表示股价缺失一段震荡筑底趋势，所以很难找到一个合适的理由买入，就算买入了，赌博的意思浓烈，这样的行径无疑相当于"自杀"。实现"V"型反转及其反转过程没有买入，并不等于错过了机会，恰恰相反，后市通过一段长期的反复震荡弥补了震荡筑底趋势，买入时机更好把握。就算后市盘整跌破前期底部（大底），往往也会获得强力支撑。机会总是留给有准备的人，区间盘整趋势正在等待我们去挖掘。有些个股经历充分的震荡筑底趋势并实现转势以后，采取连续涨停或以大阳线为主进行极速拔高，这样的"V"型反转有参与的根据。

股价经历快速下挫并完成寻底以后，实现"V"型反转型小幅拉升趋势，预示个股蕴含某种不为外知的利好消息（题材）。庄家为了实现大量并快速吸筹的目的，采取不计成本的掠夺方式进行拔高建仓，促使股价形成"V"型反转型小幅拉升趋势，这是比较常见的消化突发利好的拔高手段。实现"V"型反转的过程，量价特征往往呈现出量增价涨状态，堆量迹象也很明显，某日出现天量拔高

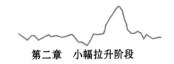

也有可能，这些都是正常的量价表现。股价处于起势阶段（或在蓄势阶段），天量伴随往往预示着后市涨幅，不容小觑。

实现"V"型反转的涨速急，短期涨幅大，而且低位区间缺失一段震荡筑底趋势，后市必须通过一段长期的反复震荡进行弥补。盘整前期主要是为了化解股价和均线系统的发散状态，修复趋势线和零轴线的悬空抬升状态。各种不利因素得到化解并完成修复以后，表示股价进入盘整后期。只要均线系统趋于明显收拢，指标又处于临界点附近缠绕，股价随时都有可能启动大幅拉升趋势。发现股价进入盘整后期，高度关注止跌企稳以后的强攻特征及其调整趋势，借助（参考）分时趋势的反转买点，不难买到一个相对较低的价格。

强势恒强的个股（领头羊）总是存在不一样的异动走势，就看谁能发现并看明白这些异动迹象。月线或周线股价完成寻底以后，形成这种"V"型反转型小幅拉升趋势，除了预示后市股价需要经历区间盘整阶段的重新蓄势，同时暗示后市股价将会开启一段与众不同的大幅拉升趋势。强势恒强的个股不仅比股指（包括同类板块的其他个股）提前启动，而且强庄控盘的异动迹象也很明显，最终实现的涨幅往往超越绝大部分个股。

※ 第三种，牛皮型小幅拉升趋势。理工环科（002322）

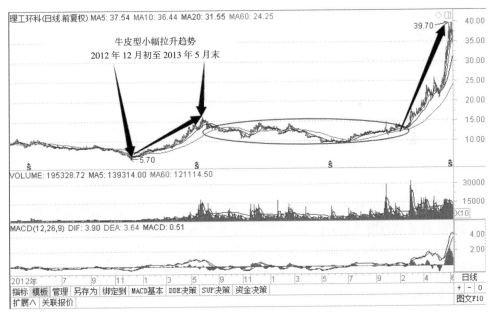

图2-4　牛皮型小幅拉升趋势的走势图

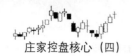
牛皮型小幅拉升趋势，其主要特点是股价脱离低位区间以后，反弹趋势一波接一波，长期呈现出台阶式的反复盘升趋势；虽然每一波反弹趋势都不大，但每次形成反弹以后总是伴随横盘调整趋势，股价获得止跌以后又不断地形成此轮反弹趋势的新高。

牛皮型小幅拉升趋势和持续反弹型小幅拉升趋势比较相似。牛皮型小幅拉升趋势的明显特征是反弹趋势一波接一波，每一波反弹趋势之间都由横盘调整趋势衔接，长期呈现出台阶式的反复盘升趋势。持续反弹型小幅拉升趋势的明显特征是一波趋势经历了持续反弹状态，途中调整少而短暂。此外，牛皮型小幅拉升趋势比持续反弹型小幅拉升趋势的时间要长，反弹幅度也大得多。

牛皮型小幅拉升趋势比较少见，毕竟这样控盘需要强大的控盘能力和资金实力，也从侧面反映出，构筑牛皮型小幅拉升趋势，庄家实力之强、技巧之高。牛皮型小幅拉升趋势的表面涨幅看似不大，实质上它以台阶式的反复盘升趋势进行推动，最终实现的涨幅并不小。构筑一段牛皮型小幅拉升趋势，庄家除了拥有强大的控盘能力和资金实力以外，最好配合大势酝酿，不然极难构筑牛皮型小幅拉升趋势。牛市的前期阶段产生牛皮型小幅拉升趋势较多，也从侧面反映出，庄家正在酝酿一波大级别的牛市行情。

牛皮型小幅拉升趋势不仅完成较多【预期】，而且股价反复经历对望及其调整趋势。股价脱离低位区间并反弹越过 60 日均线以后，反弹趋势虽然一波接一波，但每一波反弹趋势都比调整趋势的时间要短，而且每一波调整趋势基本采取横盘方式进行，20 日均线往往成为横盘调整趋势的强力支撑。横盘调整幅度大了，虽然有可能采取大阴线向下快速砸盘，但获得 60 日均线的强力支撑非常明显。股价经历多次携量反弹和缩量横盘调整趋势，致使趋势线长期处于红柱体上方并形成缓慢抬升角度，说明 MACD 技术指标长期处于一种悬空抬升的失真状态。此时不必在乎 MACD 技术指标的金叉与否，也不必在乎指标的失真状态，应当高度关注股价每次经历横盘调整以后的止跌企稳特征，尤其是要重点留意分时趋势的反转买点。

牛皮型小幅拉升趋势的反弹终点很难做出精准预判，所以不能单纯地参考日线趋势，必须结合周线或月线趋势的技术平台进行分析。因此，终结牛皮型小幅拉升趋势必须形成明显的阻压特征，尤其是周线或月线趋势经历反弹以后，完成【预期】并确立<对望格局>双轨，体现于日线的顶部特征才是真实的牛皮型小幅拉升趋势的顶部。虽然牛皮型小幅拉升趋势只是完成股价整体趋势的第一段涨势，但这一段涨幅未必比其他驱动浪的涨幅小。

参与牛皮型小幅拉升趋势，掐准买卖点的情况下，不难获取差价收益，如果高抛低吸技术精湛，拿下这一段牛皮型小幅拉升趋势的大部分行情也不是难事。

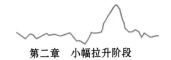

回避这一段趋势也未尝不可，毕竟参与牛皮型小幅拉升趋势不仅需要精湛的掐点技术，还要有清晰的交易理念，更要有强大的内心支撑，普通投资者常常无法做到。一般情况下，牛皮型小幅拉升趋势受到一个明显的阶段性顶部阻压以后，后市往往通过一段充分整理的区间盘整趋势进行洗盘和换挡。股价经历充分整理并化解各种不利因素以后，往往推起一波快速的猛烈攻势（也叫主升浪或大幅拉升趋势）。

　　※　第四种，先缓后急型小幅拉升趋势。创力集团（603012）

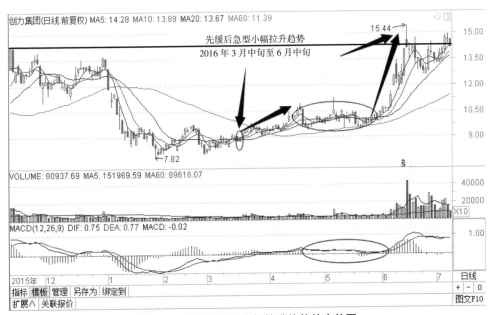

图 2-5　先缓后急型小幅拉升趋势的走势图

　　先缓后急型小幅拉升趋势，其主要特点是股价确立转势并脱离低位区间，先是形成缓慢的携量反弹趋势，股价越过 60 日均线以后立即停止反弹，随之围绕大线和中线之间展开窄幅震荡趋势，并呈现出一种明显的横盘调整特征；股价经历"短期横盘调整"趋势以后，不仅获得 20 日均线的强力支撑，而且股价实现企稳以后又快速突破横盘上轨，随之推起一段以涨停板或大阳线为主的急速反弹趋势；前期下挫阶段的技术平台或跳空缺口成为先缓后急型小幅拉升趋势的明显阻压，收出一个阶段性顶部并结束先缓后急型小幅拉升趋势。

　　股价脱离低位区间先是形成缓慢的携量反弹趋势，接近或越过 60 日均线时，MACD 技术指标的两条趋势线实现逐渐抬升并先后越过零轴线运行。随后股价处于 60 日均线和 20 日均线之间展开窄幅震荡趋势，构筑一段"上大回中"的横盘调整格局。横盘调整时间原则上不得少于 10 个交易日，这样才能化解和修复各

种不利因素，而且分时趋势也容易重新确立强势反转特征。横盘调整趋势常常获得 20 日均线的强力支撑，股价实现企稳以后又快速突破横盘上轨，往往推起一段以涨停板或大阳线为主的急速反弹趋势。止跌、企稳和突破趋势往往一气呵成，后知后觉的投资者还没有来得及做出反应，急速反弹趋势已经到达前期下挫阶段的技术平台或跳空缺口，明显受阻并收出一个阶段性顶部，成为先缓后急型小幅拉升趋势的终点，区间盘整趋势的开端。

股价围绕一个狭窄的小平台展开窄幅震荡并促成横盘调整特征，同时致使 MACD 技术指标出现失真状态，所以说只要股价构筑"上大回中"的横盘调整格局，根本不必在乎指标失真与否，而且横盘调整特征总是导致指标失真运行，这样反而容易促使股价和指标实现新的强势反转。MACD 技术指标的失真状态表现于：横盘调整趋势展开以后，红柱体逐渐缩短并脱离趋势线运行，DIF 趋势线于横盘调整过程拐头运行，逐渐靠近缓慢上行或已钝化的 DEA 趋势。横盘调整趋势稍长几天，绿柱体虽然会取代红柱体，但只要股价保持足够的横盘调整特征，获得均线止跌并实现企稳反转以后，不仅将 MACD 技术指标重新带入金叉状态，而且红柱体重新露头并快速拉长，又将重新藏入开口上勾的趋势线内部，从而促使股价和指标趋势由虚转强，也由失真转向真力。

股价由低位区间的转势区域开始展开缓慢的反弹趋势，量能相对温和，采取中、小阳线进行推动比较常见。缓慢的反弹趋势接近或越过 60 日均线以后，围绕一个狭窄的小平台展开窄幅震荡趋势，横盘调整多以缩量为主。窄幅震荡趋势促使 20 日均线和 60 日均线逐渐靠拢，股价携量突破横盘上轨时，往往带动已经钝化的 60 日均线往上运行。

股价获得均线止跌并实现企稳反转时，容易产生各种强攻特征，也有可能同时产生强攻和突破特征。实现企稳反转的强攻特征包括特殊状态的"反攻三线"、"反抽四线"（区间盘整阶段的才叫"反攻四线"）、"腾空而起，气势如虹"、"凤凰涅槃，浴火重生"和"石破天惊，雷霆万钧"等。股价携量突破横盘上轨以后，量能激增并促使股价急速反弹，短期内实现较大涨幅。构筑这种先缓后急型小幅拉升趋势，实战价值大，值得参与，尤其是月线级别的先缓后急型小幅拉升趋势，实战价值极大。

构筑"上大回中"格局必须高度关注中线附近的止跌企稳特征，同时寻找分时趋势的反转买点实施精准狙击。发现股价突破"短期横盘调整"上轨，务必及时重仓跟进"石破天惊，雷霆万钧"的强势行情。横盘调整趋势促使指标处于临界点附近波动，股价实现企稳反转并带动指标快速转入金叉状态，此时容易产生"凤凰涅槃，浴火重生"的强势反转。这些强攻特征的详细介绍，请参阅《强势股狙击法》和《进退有度》。日线股价形成这种先缓后急型小幅拉升趋势，急速反

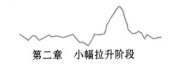

弹趋势符合暴力特征，不妨考虑短线参与一把，但必须把握好狙击时机，快进快出并夺取一波短线暴利。

庄家利用普通投资者厌恶横盘调整的心理因素，常常构筑一段围绕小平台展开窄幅震荡的"上大回中"格局，这样不仅让场内投资者乖乖地交出进场点极佳的低位筹码，也让那些场外投资者觉得无利可图，使其无动于衷而错失狙击良机和暴利机会。有的投资者根本瞧不起这种窄幅震荡的横盘调整格局，甚至简单地认为只要股价展开一段窄幅震荡趋势，买了也赚不到差价，而且买了还会觉得很难受，所以总是眼睁睁地看着股价止跌、企稳、反转、突破和急速反弹，最后只剩下"干瞪眼"！

股价突破横盘上轨并经历一波急拉反弹趋势以后，明显受阻并收出一个阶段性顶部，除了提示股价结束先缓后急型小幅拉升趋势以外，庄家同时也在暗示我们，阶段性顶部将被对望调整趋势（区间盘整趋势）取代。不论您从哪里买入做多，都要根据阶段性顶部以及分时趋势的探顶特征进行减筹或撤离，即使看好个股后市，也要顺势减掉大部分获利筹码。回避后市的长期的反复震荡，也就相当于掌握了主动权，降低调整风险的同时，也获得了新的买入机会并提高了资金利用率。每一轮牛市行情的启动，都是由这些强势恒强的个股领头，谁掌握了先知先觉的炼金术（技术），谁就能成为股市赢家。

※ 第五种，先急后缓型小幅拉升趋势。泸天化（000912）

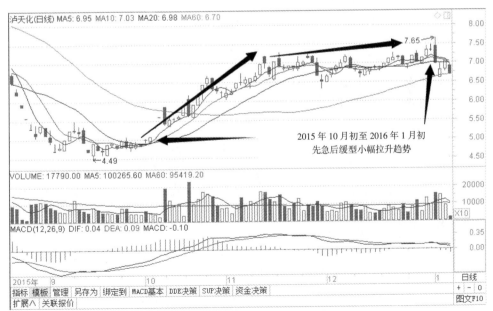

图 2-6　先急后缓型小幅拉升趋势的走势图

先急后缓型小幅拉升趋势，其主要特点是股价由低位区间的转势区域开始展开急速反弹趋势，股价快速越过 60 日均线；股价于 60 日均线附近很少停留，急速反弹趋势一如既往，说明股价和均线系统的发散状态逐渐扩大；急速反弹趋势受到明显阻压以后，出现减速并停滞不前，震荡反弹趋势开始取代急速反弹趋势，股价创出此轮反弹行情新高；受到阻压并成功收出一个阶段性顶部，股价结束先急后缓型小幅拉升趋势。

股价脱离低位区间并快速越过 60 日均线，MACD 技术指标的两条趋势线实现逐渐抬升并先后越过了零轴线。由于股价不在 60 日均线停留，或者说股价在此停留时间极短，急速反弹趋势一如既往。急速反弹趋势不仅促使趋势线呈现出逐渐抬升角度，而且趋势线越过零轴线以后藏于红柱体内部。明显受阻以后转向震荡反弹趋势，红柱体逐渐缩短，趋势线逐渐下降。即使震荡反弹趋势创出此轮反弹新高，红柱体重新拉长也无法超越急速反弹阶段的高度，趋势线往往呈现出悬空下降状态。通过指标的各种条件进行分析以后，可以得出以下结论：这一段小幅拉升趋势虽然形成了急速反弹趋势，但股价停滞以后出现虚拉诱多特征，阶段性顶部常常体现出"顶背离"、"顶上顶"或"头肩顶"等顶部特征，庄家逃脱不了推高诱多的嫌疑。

股价和 60 日均线以及均线系统的距离，随着急速反弹趋势越拉越开，说明市场整体持筹成本逐渐扩大，预示抛压逐渐增大。急速反弹趋势一旦难以为继，或者说急速反弹趋势稍有停滞，趋势线立即趋向钝化角度，并快速脱离逐渐缩短的红柱体内部，说明股价和指标趋势由强转虚。股价稍作回探以后继续反弹，虽然反弹速度有所趋缓，也不如前期急速反弹，但股价往往在震荡反弹过程创出此轮反弹行情新高。通过股价和指标的背离走势可以得知，庄家实施诱多推高不再藏着掖着，最后采取震荡反弹趋势无非是为了实现诱多，而且股价随时都有可能形成遇阻回调。

急速反弹趋势可能连续突破前期下挫阶段的抵抗平台或跳空缺口，说明急速反弹趋势完成不少【预期】。急速反弹趋势出现停滞以后，虽然形成缓慢的震荡反弹趋势，但很有可能在震荡反弹过程又完成一段或多段相差不大的【预期】。震荡反弹以后触及前期技术平台或跳空缺口，明显受阻的阶段性顶部和<对望格局>双轨往往同时出现，终结先急后缓型小幅拉升趋势。

一般情况下，构筑这种先急后缓型小幅拉升趋势，往往预示该股蕴含某种不为外知的利好消息（题材），或者说个股受到股指急速反弹带动，而庄家又来不及于低位区间收集筹码，所以采取这种急速反弹的拔高手段进行大量吸筹。急速反弹趋势的量增价涨比较明显，也常常出现堆量拔高迹象，这些都是正常的量价表现。庄家实现大量吸筹的同时，自然少不了跟风追涨浮筹。量增价涨以后必须

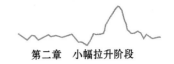

由缩量调整趋势配合，这样才能彻底清洗浮筹并完成重新蓄势的技术要求，所以说区间盘整趋势取代小幅拉升趋势，这是不以人的意志为转移的客观规律。规律如此，如实观照即可。

股价脱离低位区间并形成先急后缓型小幅拉升趋势，首先形成的急速反弹趋势常以涨停板或以大阳线为主，除非由低位区间的转势区域开始买入，不然急速反弹过程很难把握买入时机。急速反弹趋势出现停滞以后，股价转向震荡反弹趋势，虽然反弹速度不如前期反弹那么快，但股价往往创出此轮反弹行情新高。震荡反弹的差价空间不大，股价和指标走势也容易构筑一个背离特征的阶段性顶部，暗示股价必将反向运行。因此，急速反弹以后形成缓慢的震荡反弹趋势，实战价值小，也与交易理念冲突，不值得如此冒险。就算参与也要拥有精湛的掐点技术，同时要有强大的内心保驾护航。

小幅拉升趋势并非表达股价涨幅小，只是针对股价运动的六个阶段而言，它是六个阶段中的第二阶段。小幅拉升趋势虽然只是大牛市的起涨阶段，但它也有可能实现翻番或多倍涨幅，所以不要小看它。周期级别越大，小幅拉升趋势的涨幅往往越大，实战价值因周期及其趋势演变而定。确定趋势大小必须根据"以大指小"原则为导向，这样才能做到理念清晰，趋势自明。

※ 第六种，一个区间包含了三个阶段趋势。中泰化学（002092）

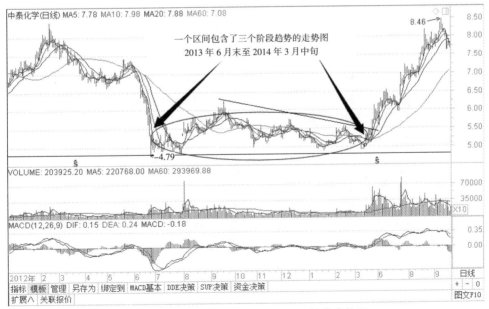

图 2-7　一个区间包含了三个阶段趋势的走势图

一个区间包含了三个阶段趋势，其主要特点是股价由大底区间的转势区域开始展开反弹趋势，反弹趋势触及或越过 60 日均线不久，出现停滞并转向明显的回调趋势；股价经历了长期的反复震荡，往往以它的首个底部作为下轨支撑，以股价反弹触及或越过 60 日均线不久的反弹高点作为上轨阻压；构筑这样一段长期的反复震荡，说明一个区间包含了震荡筑底趋势、小幅拉升趋势和区间盘整趋势这三个阶段趋势在内。

一个区间包含了三个阶段趋势，不论是构筑逐渐收敛的压缩形态，还是构筑宽幅震荡的盘整趋势，它的下轨支撑和上轨阻压都很明显。也从侧面反映出，庄家为了大量收集便宜筹码，不仅将股价长期锁定在相对的低位区间，而且通过上蹿下跳、伏低蹿高的反复走势，不断地进行吸筹、洗盘和蓄势。一般情况下，一个区间包含了三个阶段趋势的复合走势，往往把它定义为区间盘整趋势，而小幅拉升趋势属于区间盘整趋势的反弹序列。

区间盘整阶段的回升趋势和回调趋势越频繁，时间越长，庄家吸筹越多，清洗浮筹越彻底，重新蓄势效果越理想，暗示后市涨幅巨大。日线股价处于一个相对的低位区间展开长期的反复震荡，通过日线趋势很难看得出来这是一段横向盘整特征。如果调入周线或月线趋势进行观察，它们立即显现出一段横向盘整特征，也有可能显现出"上大回中"的横盘调整格局。俗话说："横有多长，竖有多高"，虽然这句话并非绝对真理，但庄家运作总是不离其中，即是表达此理的最好证明。

一个区间包含了三个阶段趋势，量价表现出回升时有量支撑，回调时以缩量为主。庄家常常采取"连阳推动"状态进行推升，也有可能采取巨量拔高的方式实施试探。庄家持续吸筹并形成量增价涨趋势，普通投资者也在跟风追涨。回调时逐渐缩量，说明只有普通投资者在抛出筹码，这是庄家清洗场内浮筹的有力证据。庄家也常常采取连阴回撤特征或"顺水抽风再顺水"调整方式进行洗盘。长期的反复震荡虽然不好把握精确的买卖点，但要做到低吸也不难。尽量避免企稳反转以后的追高行为，除非股价形成突破区间轨道，也要学会拒绝回调过程的杀跌行为，除非是短线投机。

前期阶段的反复震荡，主要是为了化解和修复各种不利因素，尤其是化解股价和均线系统的发散状态，修复指标的悬空抬升状态。化解和修复这些不利因素的反复过程，强攻特征往往是诱多性质的假攻特征，市场意义大于实战价值。随着盘整趋势的逐渐延伸，股价已经回调至 60 日均线下方（附近）波动，趋势线重新下穿零轴线以后也已处于明显的死叉状态。说明各种不利因素已经得到化解和修复，股价开始进入区间盘整趋势的后期阶段。期间出现反复波动，主要是为了收拢仍然发散的均线系统，同时驱赶跟风追涨浮筹。庄家的一切工作都在酝酿

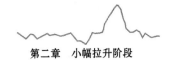

一个成熟的变盘时机，说明大幅拉升趋势随时启动。由此可见，股价只要进入区间盘整趋势的后期阶段，出现小幅回挡也好，形成挖坑下蹲也罢，逢低吸筹总有意想不到的实战效果。实现企稳反转以后并收出强攻特征，都可以看成是真实的强攻特征，实战价值大，除非还有明显的不利因素影响着股价走势。实现强攻以后出现缩量调整趋势，狙击时机充裕且易把握。区间盘整趋势的技术原理将在下一章详细介绍，这里不再赘述。

四、实例分析和运用技巧

实例一　光大证券（601788）

◆ 图形识别

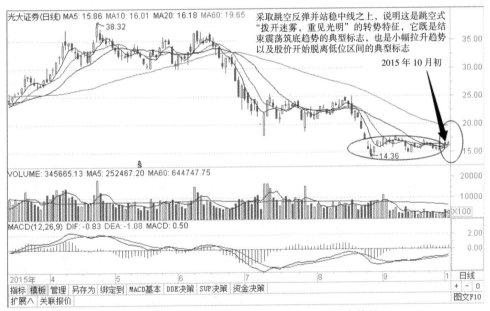

图2-8　经历震荡筑底趋势并确立转势特征的走势图

◆ 技术回放

如图2-8所示：

（1）前面的深层剖析和技术要领以及构筑类型和操盘策略已经反复强调，建议投资者回避这一段小幅拉升趋势，除非股价构筑"上大回中"的横盘调整格

局，则有一波短线价值。参与小幅拉升趋势要求做到调整吸筹、逢高减筹的策略，不然尽量不做。避免反弹过程中追高，还要做好随时撤离的准备。股价经历小幅拉升趋势以后，受到阻压并收出一个阶段性顶部，最好顺势减掉大部分获利筹码，毕竟区间盘整趋势取代了小幅拉升趋势（第三阶段取代第二阶段），后市股价必须经历长期的反复震荡进行化解、修复、洗盘和蓄势。机会并非扛出来的，而是等出来的。

（2）股指以及光大证券（601788）的同步特征比较明显。2015年6月中旬至8月末，股指以及该股的日线趋势都经历了两个多月的大幅下挫趋势，股指下挫接近42%跌幅，该股下挫则高达62%跌幅。这一轮被定义为"股灾"行情的暴跌趋势，日线趋势经历了明显的回调三浪（回调—中继—回调）。股指以及该股的第三浪回调都是从8月中旬开始，也都经历了连续跳空的急速下挫趋势，虽然都创出此轮回调新低，趋势线掉头向下也藏入绿柱体内部，但股价和MACD技术指标走势却已呈现出一种背离特征。

（3）2015年8月末以后，上证指数构筑一段基本横盘的震荡筑底趋势，深证成指于横盘震荡过程虽然有过回调新低，但获得强力支撑也很明显，该股走势与上证指数走势如出一辙。股价处于底部区间并跟随股指展开震荡筑底趋势，缓慢反弹的"五连阳"不仅回补了前期连续跳空下挫的最后一个跳空缺口，而且随后的震荡趋势处于这五根阳线的上下轨道之内进行。通过指标的两线数值可以看出，窄幅筑底过程转入金叉状态的两线负值，明显比前期反弹中继过程的金叉状态的两线负值缩小了，说明股价虽然经历了第三波回调且创出此轮回调新低，但它的两条趋势线却已实现逐渐抬升状态，表明趋势线和零轴线的距离拉近了。由此可见，股指以及该股都在第三波回调以后获得"底背离"形态的强力支撑。

（4）2015年10月8日，由于国庆放假期间外围股市实现大幅上扬，所以国庆假期结束以后，绝大部分个股都跟随股指实现跳空反弹，该股也不例外。量能温和放大且实现跳空反弹，确立跳空式"拨开迷雾，重见光明"转势特征，也有"出其不意，攻其无备"的转势意图。"拨开迷雾，重见光明"转势特征既是震荡筑底趋势结束的典型标志，也是小幅拉升趋势开始的典型标志，还是"一柱断势"特征结束的典型标志，更是股价即将脱离低位区间的典型标志。仅从日线趋势观察可以得知，股价首次完成寻底并经历一段震荡筑底趋势以后，确立转势特征以后的确存在向上反弹的技术要求。可是，千万不要忘记"以大指小"原则的导向作用，根据月线或周线趋势观察可以明白，它们都还处于大幅下挫趋势的首轮回调过程。由此可见，即使日线股价脱离低位区间并实现一波小幅拉升趋势，体现于月线或周线趋势，也是构筑一段诱多意图的反弹中继行情，所以不参与也罢。

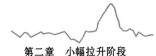

（5）2015年10月19日，上证指数经历反弹以后已经接近60日均线，深证成指经历反弹以后已经触及60日均线，该股经历反弹以后也已触及60日均线。股价不仅回补了前期第三波回调的跳空下挫缺口，而且受到60日均线以及均线系统的发散状态牵制，随之形成冲高回落收盘且与前期缺口及时确立<对望格局>双轨。红柱体随着反弹趋势逐渐拉长，趋势线也随着反弹趋势逐渐抬升，当股价向上触及60日均线之际，DIF趋势线开始跃入零轴线之上运行，这是指标由弱转强的明显特征。

◆ **操盘要点**

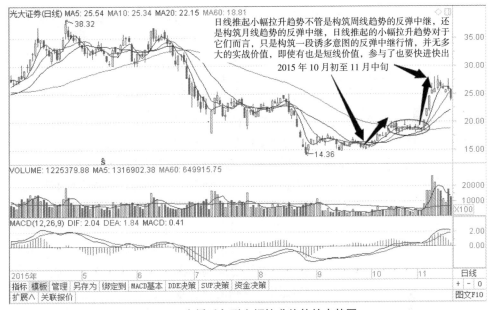

图2-9　先缓后急型小幅拉升趋势的走势图

如图2-9所示：

（1）2015年10月19日以后，不管是股指走势还是个股走势，都呈现出一种窄幅震荡趋势，也都成功构筑"上大回中"式的"短期横盘调整"特征。这两个星期的窄幅震荡趋势始终围绕10月21日这根阴线的高低价进行，而且获得20日均线的明显支撑，20日均线和60日均线的距离逐渐靠近。红柱体随着横盘调整趋势逐渐缩短，趋势线的抬升角度逐渐钝化并脱出红柱体运行。横盘调整趋势运行至20日均线附近，MACD技术指标又恰好处于临界点附近波动，说明指标正在酝酿并等待股价选择突破方向。

（2）2015年11月4日，股指以及该股都在20日均线获得止跌企稳，实现企

稳反转并推起一根光头光脚大阳线，股指上涨接近 5.0% 涨幅，该股于午盘中段封住涨停板价格。股指携量突破"短期横盘调整"上轨，带动两市大部分个股实现企稳反转并突破横盘上轨，成功构筑"石破天惊，雷霆万钧"强攻特征。反转突破不仅引发 MACD 技术指标于临界点快速掉头，而且 DIF 趋势线贴着 DEA 趋势线重新开口上勾，缩至最短状态的红柱体重新拉长，说明反转突破又开启了"凤凰涅槃，浴火重生"强势特征。一般情况下，股价携量突破横盘上轨并打开"石破天惊，雷霆万钧"强攻按钮，往往同步产生"凤凰涅槃，浴火重生"的强势特征。强势反转促使 60 日均线的下垂角度不再那么明显，且已趋向钝化状态。

（3）日线趋势只要构筑这样一段"短期横盘调整"格局，就有可能推起一波"石破天惊，雷霆万钧"的强攻行情，至于最终实现多大涨幅，主要参考前期技术平台或跳空缺口的【预期】，同时也会受到股指走势的影响。股价经历横盘调整并获得 20 日均线支撑，以及股价突破横盘平台的前后一两天时间，分时趋势往往提前呈现出强势反转特征，说明分时趋势不仅蕴含一个精准的买点，快速夺取一波短线暴利也不难，但必须做好快进快出的准备。

（4）如果周线或月线股价构筑这样一段"上大回中"格局，不管是脱离底部区间的小幅拉升阶段，还是区间盘整阶段的企稳反转过程，股价一旦突破横盘平台，往往推起一波急速攻势，所以多做周线或月线级别。发现月线股价构筑这样一段"上大回中"格局，必须高度关注月线趋势所对应的周线趋势，紧盯周线股价经历回调以后的止跌企稳或企稳反转特征，然后借助（参考）日线趋势的相对低点实现吸筹。发现周线股价构筑这样一段"上大回中"格局，必须高度关注周线趋势所对应的日线趋势，紧盯日线股价经历回调以后的止跌企稳或企稳反转特征，然后借助（参考）分时趋势的反转买点实施精准狙击。月线指导周线，行情级别大，涨幅也大，至少做完一波周线级别的急速攻势；周线指导日线，虽然行情级别不如月线趋势指导下的周线行情，但它也有实战价值，而且日线趋势推起一波急速攻势，收益也很可观。

（5）光大证券于 2015 年 11 月 4 日以携量涨停板企稳并突破横盘上轨以后，6 个交易日的急速攻势实现了 50% 涨幅。11 月 9 日，跳空上攻且在早盘中段推入涨停板价格，可是封单迟迟无法封死涨停板价格，抛压激增致使股价逐渐回落，最终收盘只有 4.63% 涨幅。通过日线趋势可以发现，前期大幅下挫阶段的反弹中继平台，开始成为先缓后急型小幅拉升趋势的强力阻压，K 线图最终留下跳空缺口且有长长的上影线就是证据。"悬空而行，危在旦夕"和"冲高回落，单针见顶"结合型探顶特征意味着什么？意味着股价及时确立<对望格局>双轨，意味着先缓后急型小幅拉升趋势面临前期反弹中继平台的强力阻压，意味着先缓后急型小幅拉升趋势的阶段性顶部在此附近，意味着庄家开始实施压制手段。次日，庄

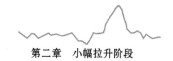

家还是采取诱多手段推高股价，虽然 K 线图没有跳空缺口，但它与昨日 K 线图非常相似，两者最大的不同是量能开始呈现出萎缩状态，庄家虚拉诱多意图更加明显。

（6）日线推起小幅拉升趋势不管是构筑周线趋势的反弹中继行情，还是构筑月线趋势的反弹中继行情或抵抗平台，日线级别的小幅拉升趋势对于它们来说，只是构筑一段诱多意图的反弹中继行情，并无多大实战价值，即使有也是短线投机。日线股价只要形成这种先缓后急型小幅拉升趋势，途中也形成这种"石破天惊，雷霆万钧"的强攻趋势，短期涨幅的确可观，但参与必须掌握好买卖点，快进快出，不然宁舍勿贪。如果月线股价形成这种先缓后急型小幅拉升趋势，途中推起的"石破天惊，雷霆万钧"的强攻趋势，绝非一般涨幅，体现于周线和日线趋势将是涨幅巨大的大幅拉升趋势。小幅拉升趋势可短可长，有慢有急，总有规律可循。无论小幅拉升趋势如何演绎，明显受阻并收出一个阶段性顶部以后，至少说明股价运动的六个阶段中的第二阶段到此终结，五波推动浪的第一波驱动浪也到此终结，或者只是一段虚拉诱多的反弹中继罢了。

实例二　新通联（603022）

◆ 图形识别

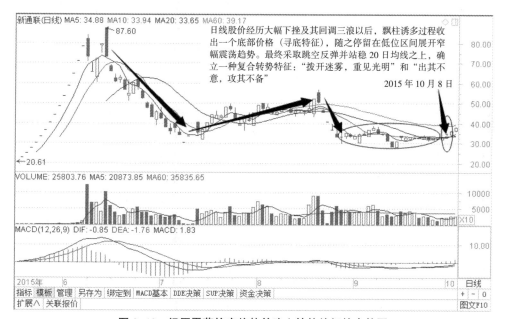

图 2-10　经历震荡筑底趋势并确立转势特征的走势图

◆ **技术回放**

如图 2-10 所示：

（1）虽然控盘个股的庄家不同，控盘手段及其技巧也有差异，但万变不离其宗。常见的小幅拉升趋势有以下六种反弹特征（构筑类型）。第一种，持续反弹型小幅拉升趋势；第二种，"V"型反转型小幅拉升趋势；第三种，牛皮型小幅拉升趋势；第四种，先缓后急型小幅拉升趋势；第五种，先急后缓型小幅拉升趋势；第六种，一个区间包含了三个阶段趋势。总体而言，小幅拉升趋势的市场意义大于实战价值，所以建议投资者尽量回避小幅拉升趋势，除非形成"上大回中"的横盘调整格局。此外，如果参与小幅拉升趋势，要求做到调整吸筹、逢高减筹的策略。必须避免反弹过程追高，同时要求随时做好撤离准备。小幅拉升以后只要收出一个阶段性顶部，最好顺势减掉大部分仓位，毕竟区间盘整趋势取代了小幅拉升趋势，后市股价必须经历长期的反复震荡。机会并非扛出来的，而是等出来的。

（2）新通联（603022）于 2015 年 5 月 18 日上市，由上市日至股灾前的高点，不到一个月的交易时间，其中有 17 个交易日是涨停板（包含 15 个'一'字涨停板），行情翻了 3 倍多。这样的涨幅对于上市新股来说，还不算是多的。股指于 2015 年 6 月中旬开始进入从未有过的直线暴跌趋势，个股皆墨。该股用了不到一个月的交易时间，经历一波极速暴跌趋势以后，虽然股价还没有跌回上市日价格，但从它上市以后的历史高价计算，首轮极速下挫已经高达 65% 跌幅。怎么涨上去，怎么跌下来，跌停板占了大部分交易时间。

（3）2015 年 7 月 8 日以后，股价跟随股指经历一个多月的反弹中继行情，虽然涨回了 87% 涨幅，但离它上市以后的历史高价仍有较大距离。股指从 8 月 18 日打开大幅下挫趋势的第三波回调，该股虽然滞后了两天才跟随下挫，但它也从反弹中继平台进入连续跌停的第三波回调。8 月 27 日，股价虽然跌破了一个多月以前的首轮回调低点，也创出了自"股灾"以来的回调新低，但股价触底回升并以"十字星"收盘，而且它的收盘价处于前期底部的最低价之上，说明股价获得前期底部的强力支撑。这根 K 线图蕴含了三种寻底特征，它们分别是"触底回升，金针探底"、"十月怀胎，瓜熟蒂落"和"破而后立，底部反转"的寻底特征。收出寻底特征并不是说股价不再下跌，因为此时股价仍然处于空势范畴，MACD 技术指标的空头趋势尤为明显。股价获得寻底特征的支撑不假，但股价底部何时才能"瓜熟蒂落"？何时实现"底部反转"趋势？还要耐心等待。由此可见，庄家的后市工作重点，应当是如何逐渐削减（削弱）空头趋势，所以这个时候不必急于抄底（补仓），静观其变为妙。

（4）2015 年 9 月 1~9 日，拾阶而上的稳步放量不仅推起了"五连阳"状态，

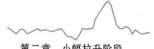

而且 MACD 技术指标的空头趋势被其逐渐削减，绿柱体逐渐缩短并脱离趋势线，DIF 趋势线开始拐头运行，DEA 趋势线趋向钝化。这种位置的"连阳推动"状态是庄家持续吸筹的护盘信号，也是普通投资者持续跟风抄底的信号。股价受到 10 日均线反压，连阴回撤取代了"五连阳"推动，及时清洗跟风抄底浮筹。9 月 15 日，跳空大阴线接近跌停板价格收盘，又创出了自"股灾"以来的回调新低，表面看这根跳空大阴线极具杀跌威力。可是，跳空大阴线又蕴含了多种趋好因子：①股价反压下行以后形成逐渐缩量状态，说明庄家压制股价下行，场内投资者不断地抛出筹码，这是庄家惯用的诱空手段；②MACD 技术指标处于低位区间且已形成飘柱诱空趋势，说明股价进入超跌超卖区域，预示股价随时都有可能实现超跌反弹趋势；③飘柱诱空过程收出一根留有跳空缺口的大阴线，说明庄家采取"破釜沉舟，背水一战"的技术手段实施诱空震慑，预示股价可能在此形成最后一跌，也有可能在此收出底部价格（寻底特征）。做了这些假设性和技术性分析以后，股价能否趋好发展呢？还有待后市走势的及时确认。

（5）2015 年 9 月 16 日，开盘价成为当日的最低价，量价齐升并推起光头光脚涨停板，且与昨日 K 线图形成一组探底 K 线组合，名字叫作"鸾凤和鸣，琴瑟和谐"的寻底特征，如果这种 K 线组合图出现在区间盘整阶段，可以把它叫作支撑特征。一般情况下，超跌超卖区域或飘柱诱空的末端区域收出底部价格（寻底特征）比较真实，抄底风险相对来说小一些。话虽如此，战略布局最好还是耐心等待股价确立转势，指标由弱趋强运行，再动手也不迟，短线投机就看个人的把握能力了！

（6）次日，受到昨日涨停板反扑以及探底 K 线组合的止跌带动，当日实现大幅跳空高开 9.8%，可是，开盘价成为当日的最高价，收盘又形成了冲高回落阴线，而且留有跳空缺口且呈现出明显放量状态，说明庄家采取"出其不意，攻其不备"的技术手段大肆掠夺筹码，只不过是以阴线面目呈现罢了。随后两周停留在缺口之上、20 日均线之下展开窄幅震荡趋势，MACD 技术指标转入金叉状态以后，红柱体不断拉长，趋势线持续抬升，说明指标弱势逐渐削减。

◆ **操盘要点**

如图 2-11 所示：

（1）2015 年 10 月 8 日，股价经历低位区间的窄幅震荡趋势以后，采取跳空起势并留有缺口收盘且站稳 20 日均线，确立复合类型的转势特征："拨开迷雾，重见光明"和"出其不意，攻其不备"。经历"四连阳"推高以后，股价到达震荡筑底平台附近，回调时间较短。股价继续向上反弹并快速越过 60 日均线，随之采取并排星阳线实施抬高震仓，DIF 趋势线开始跃入零轴线之上运行。10 月 26 日，经历"七连阳"的连续推高以后，股价不仅回补了前期第三波回调的首

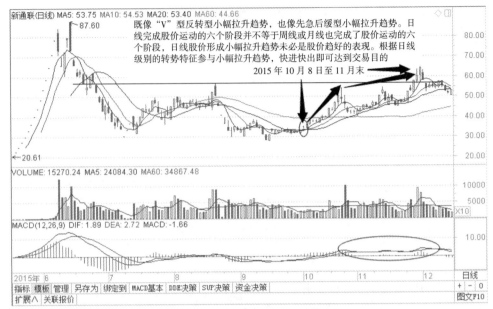

图 2-11 既像"V"型反转型，也像先急后缓型小幅拉升趋势

个跳空缺口，也已形成持续缩量的推高特征，而且当日股价冲高回落收盘，说明它们及时确立<对望格局>双轨。由此可见，股价可能在此形成小幅拉升趋势的阶段性顶部，随后股价也有可能经历回调趋势，止跌以后继续向上反弹，然后才形成小幅拉升趋势的阶段性顶部。无论如何，股价受压已经明显，继续大涨的可能性很小。此外，股价和均线系统的发散状态明显，红柱体持续拉长也难以为继。对望即调整，调整即回避，如果参与了这一波脱离低位区间的转势行情（小幅拉升趋势），要求做到及时高抛筹码。

（2）2015 年 10 月 26~30 日，经历"五连阴"的快速回调并跌至 20 日均线附近，趋势线拐头以后开始脱离缩短的红柱体内部。11 月 2 日，获得 20 日均线支撑并形成反扑阳线，及时止住了连阴式的回调趋势。这种"上大回中"格局不够规范，因为回调幅度大了些，而且趋势线和零轴线之间存在较大的悬空距离。11月 12 日，股价实现震荡反弹以后，当日创出小幅拉升趋势的新高。可是，这根K 线图存在诸多问题：①受到明显阻压且留有上影线收盘，说明这是"冲高回落，单针见顶"的探顶特征；②跳空高开且留有缺口收盘，说明它又是"悬空而行，危在旦夕"的探顶特征；③MACD 技术指标没有跟随股价创出小幅拉升趋势的新高，说明股价和指标走势已经有了背离特征，两者成功构筑"顶背离"形态。因此，这个顶部属于小幅拉升趋势的明显顶部。

（3）所有人都以为股价由此进入区间盘整趋势，殊不知，股价经历短暂回调

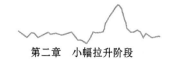

并触及 20 日均线又获得止跌，横盘调整特征开始变得清晰起来。股价获得止跌以后实现快速反弹，突破横盘上轨以后又创出小幅拉升趋势的新高。2015 年 11 月 30 日，缩量阳线已经接近前期大幅下挫阶段的首轮回调的跳空缺口，说明突破趋势转虚且已明显受阻，及时确立<对望格局>双轨。通过股价和指标的二次背离走势可以明白，庄家构筑了一种"顶上顶"的探顶格局。这就意味着，小幅拉升趋势的阶段性顶部需要上移至此。

（4）通过这一段小幅拉升趋势可以看出，既像先急后缓型小幅拉升趋势，也像"V"型反转型小幅拉升趋势。不管它属于哪种构筑类型，市场意义大于实战价值。股价脱离低位区间的急速反弹趋势，这是庄家大量收集筹码、普通投资者持续跟风追涨的典型特征；股价经历急速反弹以后转向震荡反弹趋势，虽然股价反复创出小幅拉升趋势的新高，但股价和指标走势汇合却形成了一种"顶上顶"的探顶格局，那么庄家逃脱不了虚拉诱多嫌疑。小幅拉升趋势不仅修复了长期趋弱的股价和指标趋势，而且庄家通过这一段小幅拉升趋势的持续吸筹，已为将来控盘做好能量积累。

（5）小幅拉升阶段能做的行情并不多，即使能做也是短线投机，要求快进快出，绝不恋战。阶段性顶部既是结束小幅拉升趋势的典型标志，也是区间盘整趋势开始的典型标志。先急后缓型小幅拉升趋势的阶段性顶部，常常体现出背离特征的"顶背离"或"顶上顶"格局，也有可能构筑"头肩顶"形态，但不多见。股价脱离低位区间并实现急速反弹或形成"V"型反转型趋势，最后顶部可能就是急速反弹以后的某根探顶 K 线。由此可见，不管股价是由哪种阶段性顶部结束小幅拉升趋势，股价明显受压以后就要实施逢高减筹策略。根本没有必要贪婪最后虚拉诱多趋势的差价，而且及时回避探顶回落以及后市长期的反复震荡，还能把握更好的低吸和增筹时机。即使看好个股后市，也要先把仓位降至轻而又轻的状态，那么心态自然放松。

（6）日线趋势完成股价运动的六个阶段，并不等于周线或月线趋势也完成了股价运动的六个阶段，所以说日线级别的小幅拉升趋势未必是股价趋好的表现。月线或周线股价处于大幅下挫趋势及其回调三浪的过程，日线收出的寻底价格（寻底特征）往往是假底特征，而且日线推起的反弹趋势往往是一波诱多趋势，日线形成的强攻特征往往是假攻特征。因此，日线经历震荡筑底趋势并确立转势以后，实现的小幅拉升趋势对应着周线或月线的反弹中继行情，那么这一波日线级别的小幅拉升趋势，可以看成是周线或月线级别的虚拉诱多趋势。这就意味着，后市还有更大级别（或周期）的回调趋势。根据日线级别的转势特征参与小幅拉升趋势，快进快出即可达到交易目的，大级别的趋势及其行情拐点尚未确立，为何迟迟不愿放手呢？

（7）交易理念必须清晰，不然趋势难明。波段就是波段，短线就是短线，做好了都可以赚钱。虽然波段蕴含了短线投机，但不要把短线投机和波段投资混为一谈，波段投资中的短线投机只是一种手段而已，并非目的，两者是对立统一的关系。首先需要想好是做短线投机还是做波段投资，然后根据短线投机和波段投资的技术要求实施不同的操盘策略。交易理念混淆不清，自然看不明白趋势，更做不好盘。把短线投机做成了波段投资，无非是因为亏损了而舍不得出局，这是一种极其无奈的波段行为；把波段投资做成了短线投机，无非是因为赚了钱而草草了结，这是一种目光如豆的短线行为。一会纠结于短线投机，一会又想做波段投资，一会儿还想做"巴菲特"，最终做成短不短，长不长，最后连自己都不知道该怎么做！结局都很悲哀！

★ 本章小结

（1）虽然控盘个股的庄家不同，控盘手段及其技巧也有差异，但万变不离其宗。常见的小幅拉升趋势有以下这六种反弹特征（构筑类型）。第一种，持续反弹型小幅拉升趋势；第二种，"V"型反转型小幅拉升趋势；第三种，牛皮型小幅拉升趋势；第四种，先缓后急型小幅拉升趋势；第五种，先急后缓型小幅拉升趋势；第六种，一个区间包含了三个阶段趋势。这六种小幅拉升趋势都是比较常见的，除此以外，还有一些包含了两三种趋势特征的复合类型，这里不再赘述。

（2）小幅拉升阶段的堆量情形比较明显，间歇性增量也很常见。庄家收集筹码常常采取稳步增量的"连阳推动"进行，或者采取不计成本的激增方式拔高股价，这些都是小幅拉升阶段的常见的量价表现。量增价涨以后虽然总是伴随缩量调整趋势，但调整趋势往往较小，而且调整时间也短。

（3）艾氏《波浪理论》所讲的五波推动浪，第一波驱动浪就是指小幅拉升阶段，所以它对于五波推动浪的整体趋势来说，小幅拉升趋势只是股价脱离低位区间的首轮反弹，而且这一波小幅拉升趋势的反弹幅度往往不如后市启动的主升浪（大幅拉升趋势）。小幅拉升趋势虽然只是五波推动浪的第一波驱动浪，但它并非表达股价涨幅小的意思，而且一段规律明显的小幅拉升趋势，又往往蕴含了五波子浪推动。小幅拉升阶段对于股价运动的六个阶段来说，它是股价脱离低位区间、庄家持续吸筹、普通投资者持续跟风追涨的一段转势行情，市场意义大于实战意义。

（4）对于股价运动的六个阶段来说，小幅拉升阶段虽然只是股价运动的六个阶段中的第二阶段，但它发挥了承前启后的作用。小幅拉升趋势的开始是震荡筑

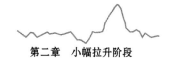

底趋势的结束，小幅拉升趋势的结束是区间盘整趋势的开始。小幅拉升趋势对于股价运动的整体趋势来说，其作用不言而喻，修复长期偏弱趋势，逐渐积累多头，起着至关重要的作用。

（5）日线的小幅拉升趋势只是周线或月线趋势的反弹中继，那么日线的小幅拉升趋势对于它们而言，只是构筑一段诱多行情，所以它只有市场意义，而无实战价值，即使有也是短线投机。虽然小幅拉升趋势只是牛市行情的起涨阶段，但庄家实施大量收集筹码，小幅拉升趋势也有可能实现翻番或多倍涨幅。确定趋势大小必须按照"以大指小"原则为导向，这样才能做到理念清晰，趋势自明。发现日线股价推起一段小幅拉升趋势并被区间盘整趋势取代以后，认真观察周线或月线股价的调整趋势，寻找一个比较明确的止跌特征，进而指导并从日线的回调低点伺机低吸。

（6）总体而言，小幅拉升趋势的市场意义大于实战价值。建议投资者回避小幅拉升趋势，除非小幅拉升趋势构筑一段"上大回中"的横盘调整格局。此外，如果参与小幅拉升趋势，尽量做到回调吸筹、逢高减筹策略。除了避免反弹过程追高，也要做好随时减筹或撤离的准备。经历小幅拉升趋势并收出一个明显的阶段性顶部，最好顺势减掉大部分筹码，毕竟区间盘整趋势取代了小幅拉升趋势，后市股价必须经历长期的反复震荡，才能重新趋好。机会并非扛出来的，而是等出来的。

（7）股指脱离低位区间并形成小幅拉升趋势，绝大部分个股受其带动并向上反弹。先知先觉的强势恒强个股，不仅比股指提前完成震荡筑底趋势和小幅拉升趋势，而且股指形成小幅拉升趋势时，这些提前发生异动的强势恒强个股往往实现了大幅拉升趋势。根据庄控系统的技术要求精选个股，不仅可以做到提前精选出强势恒强个股，而且可以跟随庄家提前实施布局，最终享受强势恒强的超额收益。

（8）小幅拉升趋势划分为六种构筑类型，分不清也没有关系，大不了不参与小幅拉升趋势，即使放弃日线级别的先缓后急型小幅拉升趋势也未尝不可，总好过追高被套。当然，最好还是弄懂它，尤其是先缓后急型小幅拉升趋势，毕竟它还涉及周线、月线和季线级别，对应的周期趋势往往是涨幅巨大的大幅拉升趋势，放弃它也就等于放弃了无数次强势行情。

第三章　区间盘整阶段

一、图例和阶段趋势分析

（一）图例（冀东水泥，000401）

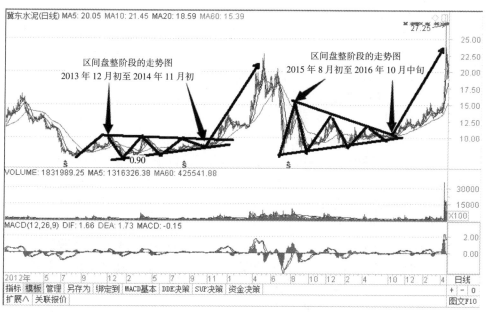

图 3-1　区间盘整阶段的走势图

（二）阶段趋势分析

（1）股价脱离低位区间并实现小幅拉升趋势，完成【预期】并确立<对望格局>双轨，或者说股价明显受压并收出一个阶段性顶部，结束小幅拉升趋势并转

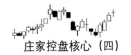
向区间盘整趋势。一般情况下，小幅拉升趋势的阶段性顶部成为区间盘整趋势的首个上轨（A 点上轨）。

（2）股价由小幅拉升趋势的顶部区域形成回调趋势以后，先后跌破 20 日均线和 60 日均线（均线系统）支撑，MACD 技术指标的悬空抬升状态逐渐缩小以后，趋势线重新落入零轴线之下运行。回调趋势跌至小幅拉升阶段的中继区域或起势区域，获得明显支撑并确立区间盘整趋势的首个下轨（B 点下轨）。如果回调幅度大了，股价可能跌回震荡筑底阶段的底部区域，甚至跌破前期底部并构筑双底或多底支撑的下轨特征。

（3）股价长期处于上、下轨道之内展开反复震荡，时而上蹿下跳，时而伏低蹿高，反复震荡始终没有明显脱离它的上轨阻压和下轨支撑。有的个股波动呈现出逐渐收敛的压缩形态，有的个股波动呈现出上、下轨道基本平行的形态特征（宽幅震荡的扩散形态）。MACD 技术指标跟随股价经历反复震荡，时而金叉、时而死叉，重新落入零轴线以后并缠绕零轴线波动。

（4）不论是符合逐渐收敛的压缩形态，还是符合宽幅震荡的扩散形态，股价都经历了长期的反复震荡趋势，A 点上轨以后存在 C 点上轨、E 点上轨……；B 点下轨以后存在 D 点下轨、F 点下轨……这一段反复震荡趋势可以划分为前期阶段和后期阶段，前期阶段的震荡趋势往往呈现出比较宽幅的震荡特征，后期阶段的震荡趋势往往呈现出相对窄幅的震荡特征。

（5）构筑逐渐收敛的压缩形态，股价由前期阶段转入后期阶段，股价波动的收窄特征尤为明显，均线系统逐渐趋于收拢，趋势线总是贴着零轴线附近波动。构筑宽幅震荡的扩散形态，前期阶段和后期阶段的波动幅度基本保持一致，前期阶段主要出于化解和修复不利因素的目的，后期阶段主要出于彻底清洗浮筹和充分蓄势的目的。

（6）长期的反复震荡往往体现出反弹时有量支撑，回调时逐渐缩量。庄家采取佯攻手段并推高股价，每一波回升趋势都有可能构筑一个上轨（平台），而且股价经历长期的反复震荡，就有可能构筑多个上轨和下轨（轨道符合收敛形态或扩散形态都有可能）。佯攻过程伴随巨量或天量状态，这是庄家不计成本地大肆掠夺筹码的典型标志，暗示后市行情绝非一般。庄家采取顺势打压手段并形成挖坑下蹲趋势，虽然股价出现明显下跌，但打压趋势往往呈现出缩量回调状态，说明这是庄家刻意为之的一段洗盘趋势。

（7）长期的反复震荡只要进入后期阶段，说明 MACD 技术指标的悬空抬升状态已经修复完毕，趋势线又贴着零轴线反复波动，此时只要收出强攻特征或转势特征，它们都是真实的，而且表达股价进入真正的强势范畴。

（8）通过上述可以明白，不管是构筑逐渐收敛的压缩形态，还是构筑宽幅震

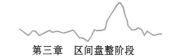

荡的扩散形态，长期的反复震荡始终围绕它的上、下轨道（或在上轨切线和下轨切线之内）展开。这一段上蹿下跳、伏低蹿高的反复走势叫作区间盘整趋势（阶段），也叫步履蹒跚趋势（阶段），实战价值大。

（9）各种不利因素完成化解和修复以后，确立强攻特征或转势特征时，根据对应的小周期实现提前狙击；确立强攻特征或转势特征以后，只要出现缩量调整趋势，不妨大胆地根据对应的小周期实施逢低吸筹；强势回调并获得支撑，股价携量突破形态轨道（上轨切线），立即投入重仓抬轿。

区间盘整阶段的趋势总结：小幅拉升趋势的阶段性顶部成为区间盘整趋势的首个上轨（A 点上轨），经历回调并获得支撑以后收出首个下轨（B 点下轨）；长期的反复震荡始终围绕首个上轨或下轨之间波动，或者围绕上轨切线和下轨切线之间波动，区间盘整趋势形成逐渐收敛的压缩形态或形成宽幅震荡的扩散形态；A 点上轨以后存在 C 点上轨、E 点上轨……，B 点下轨以后存在 D 点下轨、F 点下轨……；后期阶段的震荡趋势不管是逐渐收窄还是宽幅震荡，收出强攻特征或实现转势，都是表达股价进入真正的强势攻击范畴；股价携量突破形态轨道（上轨切线），这是区间盘整趋势结束并开启大幅拉升趋势的典型标志。

二、深层剖析和技术要领

（1）区间盘整趋势虽然划分为前期阶段和后期阶段，但前期阶段和后期阶段的趋势并没有一个绝对的界限，而且都是相对的。股价和均线系统的发散状态明显，MACD 技术指标也存在悬空抬升状态或有虚力状态，说明股价处于区间盘整趋势的前期阶段。股价和均线系统的发散状态完成化解，股价重新落入 60 日均线下方（附近）波动，MACD 技术指标的悬空抬升状态或虚力状态修复完毕，趋势线重新落入零轴线下方或贴着零轴线缠绕，说明区间盘整趋势进入后期阶段。

（2）区间盘整趋势主要有两种震荡特征：一种是股价处于上轨切线和下轨切线之间，形成先宽幅后收窄的反复震荡，两线由左向右逐渐收敛并构筑压缩形态，而且两线最终有相交的可能性；另一种是股价处于上轨切线和下轨切线之间，始终保持基本一致的宽幅震荡趋势，上轨切线和下轨切线之间也始终保持一定距离，每一波回升趋势和调整趋势及其幅度基本一致，两线平行推进并构筑扩散形态，说明两线无法实现相交。

（3）构筑逐渐收敛的压缩形态，上轨切线和下轨切线往往符合以下几种角度：①上轨切线保持平行，下轨切线逐渐上行；②上轨切线逐渐下行，下轨切线保持平行；③上轨切线逐渐下行，下轨切线逐渐上行，下行和上行角度基本同

步；④上轨切线逐渐上行的角度小于下轨切线逐渐上行的角度；⑤上轨切线逐渐向下的角度大于下轨切线逐渐下行的角度。

（4）构筑宽幅震荡的扩散形态，上轨切线和下轨切线往往符合以下几种角度：①上轨切线和下轨切线始终保持一定距离，由左向右平行地推进；②上轨切线和下轨切线始终保持一定距离，同步实现逐渐上行角度；③上轨切线和下轨切线始终保持一定距离，同步实现逐渐下行角度。

（5）构筑逐渐收敛的压缩形态，股价由强攻到突破形态轨道之间，距离较小且有可能同步实现，所以狙击和加仓必须盯紧，以免错过最佳的狙击和加仓时机。构筑宽幅震荡的扩散形态，股价由强攻到突破形态轨道之间，距离较大且有可能受到区间盘整阶段的首个上轨阻压，也有可能再走一趟或多趟震荡趋势（一波回升趋势和一波调整趋势视为一趟），所以必须做好随时高抛低吸的准备，以免陷入长期的反复震荡。构筑宽幅震荡的扩散形态，可能构筑复合的形态构造，也就是说，前期震荡可能符合宽幅震荡的形态构筑，后期震荡可能符合逐渐收敛的压缩形态。

（6）股价由小幅拉升趋势的阶段性顶部（A点上轨）展开回调，先后跌破20日均线和60日均线（均线系统）支撑，这是一段非常典型的诱空趋势（也叫砸盘手段和诱空手段），常常体现出回调三浪特征，往往产生区间盘整趋势的首个下轨（B点下轨）。这一波调整趋势的主要目的是化解和修复各种不利因素，同时震慑并清洗小幅拉升阶段的跟风追涨浮筹。股价获得支撑以后虽然实现快速回升，但这是一段非常典型的诱多趋势（也叫佯攻手段和诱多手段），说明庄家实现大量吸筹并促使股价实现快速回升，同时又完成了诱多目的。由此可见，庄家首先通过宽幅震荡趋势，不仅及时清洗小幅拉升阶段的跟风追涨浮筹，而且完成大量吸筹目的。区间盘整趋势只要处于宽幅震荡的前期阶段，股价实现强攻并形成大涨的可能性较低，也从侧面反映出，区间盘整阶段的前期震荡，收出强攻特征以及调整趋势，市场意义大于实战价值。

（7）区间盘整趋势只要进入后期阶段，股价获得止跌并实现企稳反转，这是真实的强攻特征，预示股价由此进入真正的强势攻击范畴。出现强攻以后形成缩量调整趋势，这是散户抛筹、庄家吸筹的有力证据。庄家通过长期的反复震荡趋势，不断地清洗场内浮筹并实现大量吸筹目的，其实也是为了酝酿一个成熟的质变时机，而且货源归边以后，抓住质变时机就等于抓住了暴利机会。区间盘整趋势进入后期阶段，只要各种条件符合技术要求，实战价值大，逢低吸筹的安全系数高。就算存在短期被套风险，市场和庄家也会给予自动修正的机会，而且还会重现低吸良机，实战价值更大。

（8）小幅拉升趋势的阶段性顶部常常成为区间盘整趋势的首个上轨（A点上

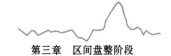

轨），有的个股以大幅下挫阶段的反弹中继平台或跳空缺口，作为区间盘整趋势的首个上轨（A点上轨），说明反弹中继行情演变为小幅拉升趋势，区间盘整趋势由反弹中继平台的阶段性顶部开始。不管哪个技术平台最终成为区间盘整趋势的首个上轨，随后构筑的上轨（价格）要么与之形成平行状态，要么与之形成逐渐下行角度，要么与之形成逐渐上行角度，要么与之形成中间高两边低的菱形特征。不论区间盘整趋势构筑什么形态构造，逐渐下行的上轨切线和逐渐上行的下轨切线都很常见。

（9）买卖双方的力量对比，往往在区间盘整阶段达到势均力敌的多空平衡状态。股价获得支撑并实现回升趋势以后，由于买方力量对后市并没有太大的信心，又或者说对前景感到犹豫，因此股价未能回升至前期高点，或未能突破上轨切线已告结束，再次出现回调趋势。股价在回调过程中，那些惜售的投资者并不愿意低价贱卖，或对个股前景存有希望，所以股价回调压力不大，股价未能有效跌破前期低点，或未能有效跌破下轨切线便又告回升。惜售筹码越多，区间盘整趋势需要经历的时间越长，因为只有经历长期的反复震荡，才能彻底驱赶这些惜售筹码出局，进而减轻未来拉抬过程的抛压阻力。由于买卖力量的持续相持，使得上蹿下跳、伏低蹿高趋势日渐收窄，交投氛围日渐沉寂。

（10）小幅拉升趋势的阶段性顶部成为区间盘整趋势的首个上轨（A点上轨），展开回调以后并先后跌破中、大均线（均线系统）支撑，接近或触及小幅拉升阶段的抵抗平台或跳空缺口，股价获得明显止跌并确立区间盘整趋势的首个下轨（B点下轨）。如果回调幅度大了，股价回调至前期震荡筑底阶段的底部区域，甚至跌破前期大底才获得支撑，进而确立区间盘整趋势的首个下轨，而且下轨和下轨之间往往呈现出"双重底"或"多重底"的支撑特征。一般情况下，股价处于相对的低位区间展开长期的反复震荡，区间盘整趋势呈现出"双重底"或"多重底"的支撑特征，往往包含了震荡筑底趋势、小幅拉升趋势和区间盘整趋势这三个阶段趋势，区间盘整趋势的意图更为明显。

（11）股价围绕上、下轨道之间或在两条切线之间展开长期的反复震荡，受到上轨（切线）和下轨（切线）支撑非常明显，往往呈现出多种整理形态。按照《形态理论》的说法，股价处于区间震荡至少经历一次上轨对望和一次下轨对望，才算成功构筑区间整理形态，其实这也是构筑区间盘整趋势的硬性要求。现实中却不然，庄家常常构筑多个上轨阻压和多个下轨支撑的反复震荡，即使是构筑逐渐收敛的压缩形态，上轨切线阻压和下轨切线支撑也很明显。

（12）区间盘整阶段的转势特征较多。形成小幅回挡或采取顺势打压的挖坑跌势，庄家常常通过"顺水推舟，事半功倍"、"塞翁失马，焉知非福"和"顺水抽风再顺水"等调整方式进行向下洗盘。股价实现止跌回升或企稳反转过程，庄

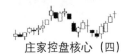
家常常通过"连阳推动，必有所图"和"旱地拔葱，避其锋芒"等转势特征进行推升。庄家通过这些洗盘特征和转势特征，构筑一段上蹿下跳、伏低蹿高的反复走势，不仅及时清洗场内浮筹，而且通过反复震荡实现大量收集筹码，最终完成化解、修复、洗盘和蓄势目的。

（13）区间盘整趋势进入后期阶段波动，多数强攻特征都是真实的，如"反攻三线"、"短回中"、"反攻四线"、"短回长"、"腾空而起"和"石破天惊"等强攻特征。获得大周期的强势保护下，就算日线趋势出现一个不够完美的强攻特征，股价也会按照大周期的既定方向运动。实现强攻以后伴随缩量调整趋势，庄家往往通过"顺水推舟、事半功倍"、"击鼓传花，连绵不绝"、"围点打援，连成一片"、"塞翁失马，焉知非福"和"项庄舞剑，意在沛公"等调整手段进行洗盘。符合强势恒强的个股（领头羊），多在区间盘整趋势的后期阶段提前产生明显的异动迹象。

（14）区间盘整趋势经历时间越长越好，这样不仅容易收拢均线系统，而且庄家容易通过长期的反复震荡收集控盘筹码和酝酿行情，暗示后市行情绝非一般。股价由宽幅震荡转向窄幅震荡，始终没有明显脱离上、下轨道（切线），区间盘整趋势就像构筑一段"长期横向盘整"格局。股价携量突破"长期横向盘整"上轨，往往开启一段"横空出世，势不可当"的大幅拉升趋势。有关"长期横向盘整"格局的操盘策略和技术要点，请您参阅《强势股狙击法》。

（15）区间盘整趋势进入后期阶段，股价还没有突破形态轨道之前，有了强攻特征或转势特征，必须关注它所对应的大周期。月线或周线趋好（强）的情况下，日线也在强势攻击范畴，说明它们处于共振多头状态，后市实现大幅拉升的概率极高。突破之际或已突破形态轨道，缩量调整趋势紧随而至，这是验证股价突破轨道的技术要求。股价向上冲击形态轨道而未能有效突破它，要求做好高抛低吸。避免陷入再走一趟或多趟的反复震荡趋势，除了降低持筹风险和持筹成本，还能把握新的低吸机会，一旦有了再次携量突破特征，要求重仓抬轿。

（16）股价突破形态轨道之际，或刚好突破形态轨道时，伴随而至的缩量调整趋势越长越好，而且这样的验证趋势越真实，狙击时机越充裕。不妨利用缩量调整趋势大胆地逢低布局，尤其是战略投资，更应把握难得的低吸时机，短线投机或动态布局，借助（参考）分时趋势的反转节点实施狙击。

三、构筑类型和操盘策略

按照《形态理论》的理解，股价处于箱体运动有多种区间整理形态（中继整

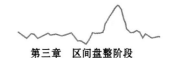

理形态)：三角形、旗形、矩形、楔形和菱形。每一种区间整理形态又包含了多种分类，如三角形可以划分为对称三角形、上升三角形和下降三角形；旗形可以划分为上升旗形和下降旗形；矩形可以划分为上升矩形和下降矩形；楔形可以划分为上升楔形和下降楔形；菱形可以划分为上升菱形和下降菱形。

　　不论是上涨趋势的区间整理形态，还是下跌趋势的区间整理形态，股价处于一个箱体运动都是一种区间整理形态，只不过它们出现的位置不同，市场意义不同，最终选择的方向不同。本章主要讲述上涨趋势的区间整理形态，下跌趋势的区间整理形态于大幅下挫阶段再叙述。根据《形态理论》的形态分类，上涨趋势的区间整理形态，常见的有以下这六种：对称三角形、上升三角形、上升楔形、上升旗形、上升矩形和上升菱形。

（一）对称三角形（又称等边三角形或正三角形）

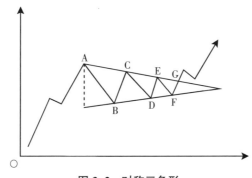

图 3-2　对称三角形

（二）上升三角形

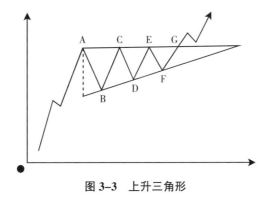

图 3-3　上升三角形

（三）上升楔形

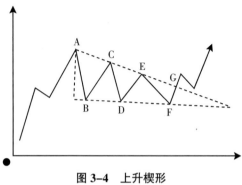

图 3-4　上升楔形

（四）上升旗形

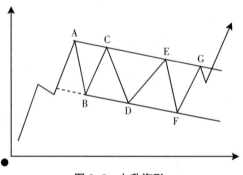

图 3-5　上升旗形

（五）上升矩形

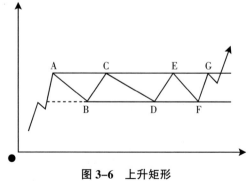

图 3-6　上升矩形

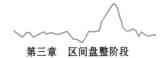

（六）上升菱形

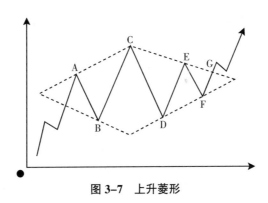

图 3-7　上升菱形

按照艾氏《波浪理论》的说法，回调趋势包括五波推动浪中的第二波调整浪和第四波调整浪，还有下跌趋势的三波回调浪。艾氏《波浪理论》讲述的调整趋势主要根据黄金分割率确定，黄金分割率采取了费氏数列的比率结果：0.146、0.382、0.5、0.618、1.0、1.382、1.618、2.618。可是，回调趋势并非千篇一律，有时候多些，有时候少些。黄金分割率的比率结果只是告诉我们股价回调趋势的大概幅度，却没有告诉我们明确的买卖点，所以运用这些比率结果，股价回调趋势只能做出一个大概判断，而无法精确买卖点。因此，可以借鉴比率结果对于回调趋势的判断，但不能唯它是从。

股价处于大幅下挫阶段（回调三浪），最好不要参考黄金分割率的比率结果，因为这个时候的下跌趋势又快又急，甚至是一波断崖式暴跌趋势，比率结果的参考价值很小，甚至没有参考价值，参考了反而容易导致发生错判、误判，按照比率结果操作可能陷入长期套牢。股价处于区间盘整阶段运行，这个过程的回调趋势常常蕴含回调三浪（子浪），比率结果的参考价值大。区间盘整阶段属于上涨趋势的区间整理形态，参考艾氏《波浪理论》的回调三浪以及黄金分割率的比率结果，逢低吸筹也有可能被套，但这往往是短期风险，而且市场和庄家将会给予自动修正的机会，所以区间盘整阶段不必恐惧回调趋势。

按照《形态理论》的说法，股价处于一个区间反复震荡，至少经历一次上轨对望和一次下轨对望的过程，才算形成一种区间整理形态，其实这也是构筑区间盘整趋势的硬性要求。现实中却不然，庄家常常构筑多个上轨阻压和多个下轨支撑的反复震荡，即使是构筑逐渐收敛的压缩形态，上轨切线阻压和下轨切线支撑也很明显。

每个轨道之间画出的直线称之为切线（也叫颈线），所以有上轨切线和下轨

切线之分。股价处于一个区间做箱体运动，不论构筑多少个上轨阻压和下轨支撑，也不管这些轨道是平行的还是倾斜的，更不用在乎它是收敛形态还是扩散形态，最终股价选择突破方向，必然突破区间整理形态的轨道（上轨切线或下轨切线）。一般情况下，股价携量突破区间形态轨道（上轨切线）以后，往往存在或长或短的调整趋势，验证股价突破轨道（上轨切线）的真实性，而且区间形态轨道（上轨切线）由原来的阻压特征转变为支撑特征。

有一点是必须注意的，实战中根本不必在乎它是什么区间整理形态，也不要过分在意它的浪型结构，构筑什么区间整理形态和浪型结构并不是特别重要，学会简单画图即可。股价运动处于哪个阶段趋势？又处于区间盘整趋势的什么位置？区间盘整阶段的强攻特征和转势特征都有什么？上轨阻压和下轨支撑在哪里？股价突破区间形态轨道（上轨切线）的方式有哪些？股价突破区间形态轨道（上轨切线）以后，伴随而至的调整趋势如何验证？股价经历调整趋势验证以后，再次选择突破又有哪些方式？只有弄清楚了这些知识点，才是认识并掌握区间整理形态的关键。

为了使区间整理形态和浪型结构识别清晰，又使趋势变化及其表达直观，实战运用简单易懂，庄控系统不仅融入了《波浪理论》、《形态理论》、《K线理论》、《指标理论》、《切线理论》和《均线理论》等经典投资理论，而且又将它们与实战总结融为一体。除了上述六种主要的区间整理形态以外，有的区间盘整趋势符合并蕴含了多种区间整理形态，有的可能是由趋势演变而来。下面总共介绍八种区间整理形态。

※ 第一种，对称三角形的区间盘整趋势。方大炭素（600516）

对称三角形又称等边三角形或正三角形，这是一种比较常见的区间整理形态。对称三角形由一系列的价格变动点组成，其变动幅度呈现出逐渐缩小特征。股价处于区间盘整过程，每一波回升趋势的最高价，都低于前期上轨的最高价，而且上轨与上轨之间的直线呈现出向下倾斜角度（逐渐下行角度），上轨切线的倾斜角度由每一波回升趋势及其价格高点决定。股价每经历一波回调趋势以后，后一个下轨的最低价又比前期下轨的最低价要高，而且下轨与下轨之间的直线呈现出向上倾斜角度（逐渐上行角度），下轨切线的倾斜角度由每一波回调趋势及其价格低点决定。上轨切线和下轨切线的倾斜角度向着相反的方向收敛，双轨长度基本一致，最终呈现出逐渐收敛的压缩形态，所以把这样的区间整理形态叫作对称三角形。

正规的对称三角形，上轨价格逐渐降低，下轨价格逐渐上移，上轨切线向下倾斜，下轨切线向上倾斜。简而言之，对称三角形的上轨切线向下，下轨切线向上，双轨长度又基本一致，完全符合逐渐收敛的压缩形态。正规的对称三角形走

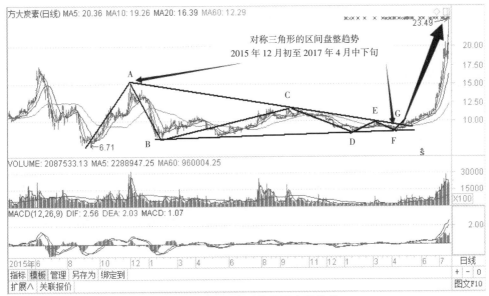

图 3-8 对称三角形的区间盘整趋势

势，由左向右的波动幅度越来越窄，最终双轨往往汇聚于一点（见图 3-2 和图 3-8）。股价由小幅拉升趋势的阶段性顶部（A 点上轨）回调至 B 点下轨区域，这一段回调趋势往往是区间盘整阶段回调速度最快、回调幅度最大的一段；由 C 点上轨到 D 点下轨的回调速度和幅度次之；由 E 点上轨到 F 点下轨的回调速度和幅度继续收窄。

由于庄家及其构成各异，股价走势并非千篇一律，所以构筑对称三角形及其走势也有差异。有的上轨切线的下行角度比下轨切线的上行角度要倾斜一些，有的下轨切线的上行角度比上轨切线的下行角度要倾斜一些，最正规的自然是双轨切线保持基本相同的倾斜角度向着相反的方向收敛，但完全相反的倾斜角度不易保持完全一致，所以倾斜角度谁大谁小都有可能。有的对称三角形少了一两个上、下轨的价格变动点，股价直接由 E 点向上突破，也有可能出现 G 点以后还有更多的上、下轨的价格变动点，或者说 G 点以后还有更多的上、下轨道，区间盘整趋势的窄幅震荡特征更趋明显。不管如何，只要双轨切线的倾斜角度基本符合对称三角形即可，股价沿着原来的趋势运动是大概率。其中一个轨道价格稍微向上突出或向下凹陷或与前期上轨价格基本相等，只要不影响轨道的整体的倾斜角度即可。通过上述可以明白，学习千万不要一根筋，灵活运用是关键。

构筑对称三角形的区间盘整趋势，成交量由于越来越小的价格变动而呈现出逐渐递减特征，反映出多空力量对于后市犹豫不决的观望态度。买卖双方的力量在这个阶段往往达到势均力敌的暂时平衡。股价由小幅拉升趋势的阶段性顶部 A

点上轨开始回调，经历快速回调以后获得买方支撑，随之形成对称三角形的首个下轨（B 点下轨）。股价重新向上回升以后，买方力量对于后市依然没有太大的信心，抑或是对于前景感到犹豫，因此股价未能回升至 A 点顶部便告结束，再次出现回调趋势。股价在回调的过程中，惜售的投资者并不愿意低价贱卖或对前景存有希望，所以股价回调压力并不大，而且股价往往未能跌至前期下轨便告回升。上轨的价格变动点越来越低，上轨切线发挥了阻压作用；下轨的价格变动点越来越高，下轨切线发挥了支撑作用，从而促使区间盘整趋势越来越窄，双轨越来越近。对称三角形的区间盘整趋势经历时间越长，蓄势效果越好，惜售筹码（场内浮筹）越少，庄家控盘筹码越集中。

一般情况下，构筑对称三角形的区间盘整趋势，股价至少形成一次上轨对望和下轨对望的震荡趋势，也就是说，对称三角形起码要有两个上轨价格和两个下轨价格。最终的上轨和下轨数量，取决于庄家控盘手段以及股指走势。双轨向着相反的角度逐渐收敛并呈现出压缩形态，说明区间盘整趋势越来越窄，均线系统越来越收拢，区间整理越充分。MACD 技术指标的两条趋势线重新落入零轴线以后，跟随逐渐收敛的窄幅震荡趋势反复缠绕零轴线，说明趋势线不再远离零轴线，表明指标随时迎合股价的突破方向。

买卖力量在这个阶段长期相持（拉锯），促使上蹿下跳、伏低蹿高的反复走势日渐收窄，交投氛围日趋沉寂。无论对称三角形构筑了多少个上、下轨的价格变动点，突破点总是在双轨角度（股价）收窄以后才会产生。最后股价实现企稳反转并进入强势攻击范畴，要么与"短回中"或"反攻三线"的强攻特征结合，要么与"短回长"或"反攻四线"强攻特征结合。

股价处于区间并经历长期的反复震荡，每一波回升趋势和回调趋势都可以参考黄金分割率的比率结果，逢低吸筹不必求绝对精准，只要做到相对精准即可。对称三角形属于上涨趋势的区间整理形态，所以股价沿着原来的趋势运动是大概率。双轨切线的角度越收越小，不仅容易产生各种强攻特征和转势特征，而且可信度高，实战价值大。股价首次突破对称三角形的上轨切线时，要求采取分批狙击。突破上轨切线以后形成缩量调整趋势，这是正常的趋势转换，而且这是验证股价确认突破轨道的技术回调，此时不妨大胆地逢低吸筹（增筹）。股价突破上轨切线时，必须获得量能支持，缩量回调以后也要获得量能支持。简而言之，上涨时必须有量支撑，调整时最好缩量呈现，不然后市容易形成一段推倒重来趋势（股价再走一趟或多趟反复震荡）。

股价突破对称三角形的上轨切线以后，经历调整趋势验证并再次向上突破轨道，股价上涨至少到达对称三角形的首个上轨（A 点）。也就是说，小幅拉升趋势的阶段性顶部，往往成为股价突破上轨切线以后的首个【预期】。一般情况下，

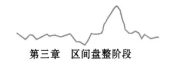

股价向上到达这个【预期】位置，面临的阻压往往不大，毕竟股价经历过长期的窄幅震荡压缩，该出局的已经出局，没有兴趣的也不会买入。强势反转以后到达A点上轨并与之确立<对望格局>双轨，对望调整趋势往往呈现出逐渐缩量特征，不仅及时清洗前期套牢盘和跟风追涨浮筹，同时减轻了未来拉抬过程的抛压阻力。由此可见，股价沿着原来的趋势运动是大概率，对望调整趋势只是验证股价突破A点上轨的暂时停滞。

有一点必须引起大家注意，股价处于对称三角形的双轨内部展开反复震荡，某段回调趋势出现快速下探并跌破下轨切线，同时伴随较大的成交量，这很有可能是一个向下突破的假信号，而且庄家常常采取"塞翁失马，焉知非福"大阴棒狠狠地向下砸盘，震慑那些恋恋不舍的场内浮筹。发现股价跌破对称三角形的下轨切线以后，股价并没有继续向下回调，而且股价在短期内获得止跌回升，那么股价快速跌破对称三角形的下轨切线，也就可以把它定义为这是一种庄家诱空洗盘的技术手段，重新低吸应当耐心等待企稳反转特征。

※ 第二种，上升三角形的区间盘整趋势。金洲管道（002443）

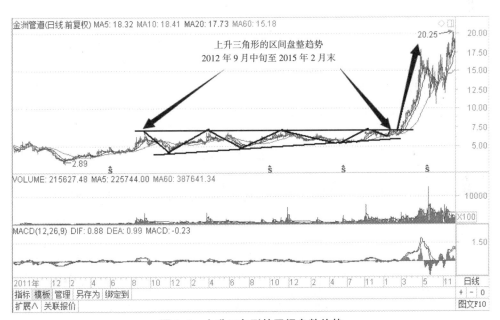

图3-9 上升三角形的区间盘整趋势

上升三角形由一系列的价格变动点组成，其变动幅度比对称三角形略大，也是一种比较常见的区间整理形态。股价处于区间盘整过程，每一波回升趋势的最高价，总与前期上轨价格基本接近（稍稍凸出或凹陷都有可能），说明上轨与上

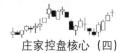

轨之间的直线呈现出基本平行状态。每一波回调趋势的最低价，总是高于前期下轨的最低价，说明下轨与下轨之间的直线呈现出向上倾斜角度（逐渐上行角度），下轨切线的逐渐上行角度由每个下轨的低点决定。上轨切线保持基本平行状态，下轨切线保持逐渐上行角度，说明双轨逐渐靠近并呈现出逐渐收敛的压缩形态，所以把这样的区间整理形态叫作上升三角形。

上升三角形的每一个上轨价格基本接近，促成了上轨切线的基本平行状态，而它的每一个下轨价格又有所抬高，促成了下轨切线的逐渐上行角度，说明反复震荡趋势符合逐渐收窄的形态构造。正规的上升三角形走势，虽然股价波动幅度趋于收窄，但它的整体波动幅度比对称三角形要大一些，所以双轨切线汇聚于一点，所用时间也比对称三角形要长一些（见图3-3和图3-9）。股价由小幅拉升趋势的顶部A点回调至B点，不仅回调速度较快，而且回调幅度较宽；由C点到D点的回调速度和幅度次之；由E点到F点的回调速度和幅度继续收窄。正规的上升三角形由A点到G点的价格变动，其中A、C和E点的上轨价格基本接近（稍稍凸出或凹陷都有可能），其中B、D和F点的回调低点呈现出逐渐抬升角度。

构筑上升三角形的上轨和下轨，分别出现两个即可。因此，股价有可能从E点直接向上突破，也有可能构筑多个价格变动点，G点以后还有更多的上、下轨。无论如何，只要双轨切线的运行角度基本符合上升三角形的形态构造，不会改变股价沿着原来的趋势运动。后一个上轨价格比前一个上轨价格略高或略低，都是有可能发生的，但这并不会影响上轨切线的基本平行状态。构筑下轨及其切线角度，也有可能发生不规则的情形。股价走势和形态构造并非千篇一律，所以形成不规则的上升三角形，并不代表它不是区间整理形态，实战必须活学活用，使招也要求变。

对称三角形和上升三角形的主要区别：①对称三角形的上轨价格向下倾斜，下轨价格向上倾斜，上升三角形的上轨价格保持基本平行状态，下轨价格向上倾斜；②对称三角形的双轨切线由左向右收拢并呈现出逐渐收敛的压缩形态，上升三角形则是通过下轨由左向右的逐渐抬升进行趋势收拢；③对称三角形的反复震荡趋势明显趋于逐渐收窄，上升三角形的反复震荡趋势虽然也是趋于逐渐收窄，但它的波动幅度比对称三角形要大一些；④对称三角形的双轨切线汇聚于一点比较容易，上升三角形的双轨切线汇聚于一点所需时间稍长。

如果说对称三角形的反复震荡趋势倾向于逐渐收窄状态，那么上升三角形的反复震荡趋势则倾向于上蹿下跳、伏低蹿高的反复特征。哪一种波动趋势及其形态构造更好呢？无法做出判断。两者没有孰好孰坏之分，也没有孰强孰弱之别，非要分出一个好坏和强弱，愚者也！虽然对称三角形和上升三角形的波动趋势及

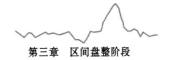

其形态构造存在差异，但它们同样具备较大的实战价值。

股价由小幅拉升趋势的阶段性顶部（A点上轨）开始回调，经历快速回调以后获得买方支撑，随之形成上升三角形的首个下轨（B点下轨）。每一个上轨价格基本接近，说明上轨切线保持基本平行的推进状态，表明后一个上轨总是受到前一个上轨的明显阻压。每一个下轨价格又有所抬高，促成下轨切线的逐渐上行并发挥着支撑作用。一般情况下，构筑上升三角形的反复震荡趋势，至少要形成两个上轨和两个下轨。最终的上轨和下轨数量，取决于庄家控盘手段以及股指走势。MACD技术指标的两条趋势线重新落入零轴线以后，跟随反复震荡趋势并围绕零轴线反复波动，说明趋势线不再远离零轴线，表明指标随时迎合股价选择方向。

股价处于区间盘整阶段，每一波回升趋势和回调趋势都可以参考前期轨道或切线，也可以参考黄金分割率的比率结果，高抛低吸不必苛求绝对的精确，只要做到相对精准即可。上升三角形属于上涨趋势的区间整理形态，所以股价往往沿着原来的趋势运动。股价进入区间盘整趋势的后期阶段，股价波动幅度趋于逐渐收窄，双轨角度经历压缩并趋于变小，这样容易产生各种强攻特征和转势特征，可信度高，实战价值大。

股价经历充分整理以后，收出强攻特征或转势特征，且有缩量调整趋势伴随，要求做到逢低吸筹（增筹），买入时不妨大胆一些。股价突破上轨切线以后（实质上股价突破了基本平行的所有上轨），缩量调整趋势往往伴随而至，说明庄家清洗前期套牢盘和跟风追涨浮筹的同时，通过技术回调验证股价突破上轨切线的真实性，此时参与不可犹豫，还要大量买入。如果股价突破时机不对（不成熟），那么庄家往往通过"拨乱反正"趋势进行化解，后市股价再走一趟或多趟反复震荡也很正常，逢高减筹以后伺机低吸（增筹）。

※ 第三种，上升楔形的区间盘整趋势。新华保险（601336）

上升楔形由一系列的价格变动点组成，其变动幅度逐渐缩小，也是一种比较常见的区间整理形态。股价处于区间盘整过程，每一波回升趋势的最高价，总是低于前期上轨价格，说明上轨与上轨之间的直线呈现出向下倾斜角度（逐渐下行角度），上轨切线的上行角度取决于每一波回升趋势及其回升高点。股价回调以后的最低价总是低于前期下轨的最低价，说明下轨与下轨之间的直线呈现出向下倾斜角度（逐渐下行角度），下轨切线的下行角度取决于每一波回调趋势及其回调低点。由于上轨切线的下行角度大于下轨切线的下行角度，促使上轨切线逐渐靠近下轨切线的同时，也在收拢趋势并呈现出逐渐收敛的压缩形态，所以把这样的区间整理形态叫作上升楔形。

虽然每一波回调趋势的低点（下轨）逐渐下移，但上轨切线的向下倾斜角度

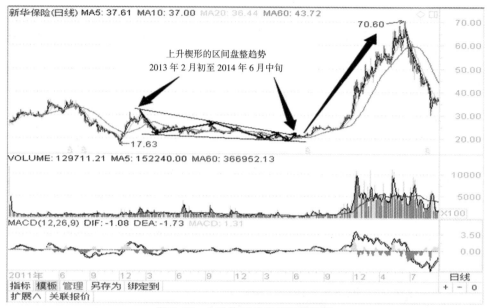

图 3-10　上升楔形的区间盘整趋势

总是大于下轨切线的向下倾斜角度，说明上轨切线逐渐靠近下轨切线的同时，股价波动幅度也在逐渐收窄。标准的上升楔形走势，双轨切线逐渐靠近以后将汇聚于一点（见图 3-4 和图 3-10）。股价由小幅拉升趋势的顶部 A 点回调至 B 点下轨，回调速度较快，回调幅度较宽；股价获得止跌并实现回升趋势以后，C 点平台比 A 点平台略低一些；股价受到阻压并重新向下回调以后，D 点下轨又比 B 点下轨略低一些。由 A 点和 C 点所构筑的上轨切线呈现出较大的向下倾斜角度，由 B 点和 D 点所构筑的下轨切线虽然也是向下倾斜角度，但上轨切线的倾斜角度明显大于下轨切线的倾斜角度。股价围绕双轨内部展开震荡且不断走低，不仅构筑了多个逐渐下行的上轨平台和下轨平台，而且双轨距离越来越近，预示股价波动幅度越来越小。

　　一些不规则的上升楔形，可能少了一两个上、下轨的价格变动点，股价直接从 E 点向上突破，也有可能出现超过三个上、下轨的价格变动点，说明 G 点后面还有更多的上、下轨。轨道多了并非是坏事，反而是好事，因为股价处于双轨内部的整理愈加充分，由左向右的双轨角度更小，不仅容易形成变盘节点，而且可信度高。只要双轨切线的运行角度基本符合上升楔形，股价将会沿着原来的趋势运动。上升楔形的上轨切线并非一分不差，其中一个上轨价格出现稍微凸出或凹陷或接近前期上轨价格，只要没有影响上轨切线的整体的向下倾斜角度即可。构筑下轨及其切线角度，也有可能发生类似的不规则情形。

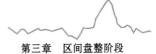

构筑上升楔形的反复震荡过程，双轨内部最终出现的上轨和下轨数量，取决于庄家控盘手段以及股指走势。MACD 技术指标虽然多数时间处于零轴线下方运行，但它随着长期的反复震荡趋势不断地缠绕零轴线，说明指标随时迎合股价的方向选择。买卖力量在这个阶段长期相持，促使上蹿下跳、伏低蹿高的反复趋势日渐收窄，交投氛围日趋沉寂。不管上升楔形构筑了多少个上、下轨的价格变动点，最终股价往往由相对的低位区间实现回升，而且强攻特征和突破点总在双轨（股价）收窄以后出现。不管股价进入何种强势攻击范畴，要么与"短回中"或"反攻三线"的强攻特征结合，要么与"短回长"或"反攻四线"的强攻特征结合。

构筑上升楔形的反复震荡过程，强攻特征和转势特征频繁出现，前期阶段的多属假攻特征（佯攻特征）。也可以这么理解，只要股价还没有突破上升楔形的上轨切线，即使收出强攻特征或转势特征，也不能排除后市股价继续保持震荡趋势的可能性，所以资金量小的投资者必须把握好参与时机，波段投资应当逢低布局。股价携量突破上轨切线以后，总是伴随缩量调整趋势，说明庄家清洗套牢盘和跟风追涨浮筹的同时，调整趋势也是验证股价突破上轨切线的真实性的技术过程。此时参与的成本虽然高了一些，但安全系数高，资金量小的投资者最好由此开始，波段投资不妨加大吸筹量。

周期越大的上升楔形，实战价值越大，最终实现的行情级别越大。周线或月线趋势只要成功构筑上升楔形，后市行情绝非一般。尤其是月线趋势构筑双轨收敛的上升楔形，股价由双轨压缩末端的相对的低位区间实现回升，突破上轨切线以后总是引出一波牛市行情。深证成指从 1991 年至 2014 年这 20 多年，月线趋势分别构筑了三个极其明显的上升楔形：1993 年 2 月至 1996 年 4 月，1997 年 5 月至 2006 年 1 月，2009 年 12 月至 2014 年 7 月。每一个上升楔形的成功构筑，股指走势都经历了几年时间的双轨收敛，最终也由相对的低位区间实现回升，而且股指突破上轨切线以后都引发了牛市行情，牛股更是遍地开花。

※ 第四种，上升旗形的区间盘整趋势。广联达（002410）

上升旗形由一系列的价格变动点组成，其变动幅度呈现出同步下移的宽幅震荡趋势，也是一种比较常见的区间整理形态。股价处于区间盘整过程，每一波回升趋势的最高价，总是低于前期上轨价格，说明上轨与上轨之间的直线呈现出向下倾斜角度（逐渐下行角度），上轨切线的倾斜角度取决于每一波回升趋势及其回升高点。股价回调以后的最低价总是低于前期下轨的最低价，说明下轨与下轨之间的直线呈现出向下倾斜角度（逐渐下行角度），下轨切线的倾斜角度取决于每一波回调趋势及其回调低点。由于上轨切线的向下倾斜角度与下轨切线的向下倾斜角度大致相同，说明双轨切线始终保持着同步下行的平行状态，所以把这样的区间整理形态叫作上升旗形，它是一种扩散形态。

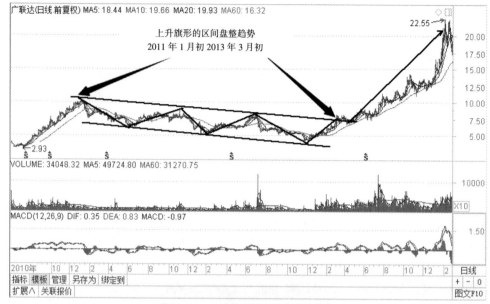

图 3-11　上升旗形的区间盘整趋势

　　上升旗形的双轨切线同时保持着向下倾斜角度，就像构筑一个向右下方倾斜的平行四边形，说明股价不仅经历长期的宽幅震荡趋势，每一波回升趋势和回调趋势的幅度基本保持一致，而且宽幅震荡趋势处于同步下行的双轨内部展开。标准的上升旗形走势，由于双轨切线始终保持同步下行的平行状态，双轨扩散且无法汇聚于一点（见图 3-5 和图 3-11）。股价由小幅拉升趋势的顶部 A 点回调至 B 点下轨，回调趋势逐渐下移，回调幅度较宽，回调时间较长；股价获得止跌以后实现回升趋势，C 点平台比 A 点平台略低一些；股价受到阻压以后向下回调，D 点下轨又比 B 点下轨略低一些。由 A 点和 C 点构筑的上轨切线呈现出向下倾斜角度（逐渐下行角度），由 B 点和 D 点构筑的下轨切线也是呈现出向下倾斜角度（逐渐下行角度），而且双轨切线的倾斜角度基本保持同步下行的平行状态，表明股价不仅经历了上蹿下跳、伏低蹿高的宽幅震荡趋势，而且逐渐下行过程的每一波回升趋势和回调趋势，波动幅度基本接近。

　　正规的上升旗形与其他区间整理形态一样，都需要经历由 A 点到 G 点的构筑过程。可是，上升旗形的每一波回升趋势和回调趋势都要耗费较长时间，而且呈现出宽幅震荡特征，所以上升旗形的价格变动点往往不如其他区间整理形态的价格变动点多，股价由 E 点直接突破上轨切线比较常见。轨道少了也好，多了也罢，只要宽幅震荡趋势没有明显脱离同步下行的双轨内部，都不能确定趋势实现反转。上升旗形的形态构造并非千篇一律，只要宽幅震荡趋势没有改变双轨同步

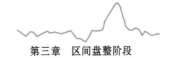

下行的平行状态，中途出现稍稍凸出或凹陷或与前期轨道接近，也是可以接受的。

上升旗形和上升楔形的主要区别：①上升旗形的上轨切线和下轨切线始终保持着同步下行的平行角度，上升楔形的上轨和下轨虽然都有向下倾斜角度，但上轨切线的倾斜角度比下轨的倾斜角度明显要大；②上升旗形的宽幅震荡趋势就像构筑一个向右下方倾斜的平行四边形，上升楔形则是通过上轨切线的较大的向下倾斜，逐渐靠近倾斜角度较小的下轨切线，最终呈现出逐渐收敛的压缩形态；③上升旗形的双轨平行扩散，始终无法汇聚于一点，上升楔形的双轨通过角度压缩以后将汇聚于一点；④上升旗形的波动趋势始终保持着宽幅震荡趋势，双轨切线既是平行的，也是扩散的，上升楔形的波动趋势日渐收窄，最终呈现出逐渐收敛的压缩状态。

构筑上升旗形的宽幅震荡过程，最终的上轨和下轨数量，取决于庄家控盘手段以及股指走势。宽幅震荡过程的转势特征较多，连阳和连阴特征往往交替出现。宽幅震荡过程的每一波回升趋势，往往蕴含了五波子浪推动，每一波回调趋势，往往蕴含了三波子浪回调，黄金分割率的比率结果值得参考。股价处于宽幅震荡过程，参与不必操之过急，参与量也不要一次过大。发现股价即将突破或已突破上轨切线时，缩量调整趋势伴随而至，高度关注股价获得止跌以后的量价反扑特征，同时借助（参考）分时趋势的强势反转实施狙击。

上升旗形的股价即将突破或已突破上轨切线，受到明显阻压并展开缩量调整趋势，除了驱赶跟风追涨浮筹，也是验证突破信号的技术要求。股价真实突破上升旗形的上轨切线并实现回升以后，上升旗形的首个上轨（A点上轨）往往成为突破趋势的【第一预期】，但这个上轨阻压已经不大，毕竟股价经历长期的宽幅震荡趋势，耐受不住的已经出局，抛压主要是跟风追涨浮筹的获利了结，所以对望调整趋势往往不长。懂得如何抬轿的炼金者，肯定不会在此大量杀跌股价，采取顺势减筹除了降低持筹风险和持筹成本，也是为了新的低吸。

※ 第五种，上升矩形的区间盘整趋势。顺网科技（300113）

上升矩形由一系列的价格变动点组成，其变动幅度呈现出长期的宽幅震荡趋势。股价处于区间盘整过程，每一波回升趋势的最高价与前期上轨基本接近，说明上轨与上轨之间的直线呈现出平行状态。股价回调以后的最低价与前期下轨基本接近，说明下轨与下轨之间的直线也是呈现出平行状态。上轨切线和下轨切线始终保持着基本平行状态，说明股价处于平行的双轨内部经历了几次大致相同的宽幅震荡趋势，所以把这样的区间整理形态叫作上升矩形，它是一种扩散形态。

标准的上升矩形走势，双轨平行推进且无法汇聚于一点（见图3-6和图3-12）。股价由小幅拉升趋势的顶部A点回调至B点下轨，回调时间较长，回调幅度较宽；股价获得止跌以后实现回升趋势，C点平台与A点平台基本接近；股价

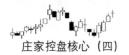

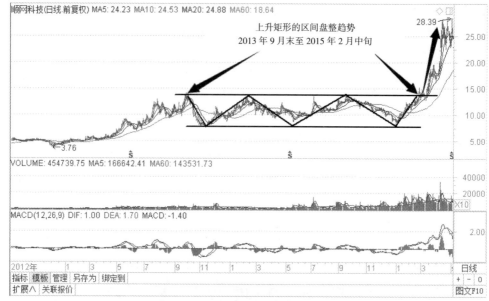

图 3-12　上升矩形的区间盘整趋势

受到明显阻压并形成回调趋势以后，D 点下轨与 B 点下轨基本接近。由 A 点和 C 点构筑的上轨切线基本平行，D 点和 B 点构筑的下轨切线也是基本平行，从而促成双轨切线呈现出平行状态推进。股价处于平行的双轨内部始终保持着宽幅震荡趋势，构筑了多个上、下轨道。虽然上蹿下跳、伏低蹿高的反复特征不尽相同，但每一波回升趋势和回调趋势的幅度基本一致，所以宽幅震荡趋势就像构筑一个矩形特征。

　　上升矩形的双轨切线始终保持着平行状态推进，这是它与上升旗形最大的区别。正规的上升矩形与其他区间整理形态一样，都要经历由 A 点到 G 点的反复震荡。不仅如此，构筑上升矩形往往需要耗费更长的时间，而且上蹿下跳、伏低蹿高的宽幅震荡趋势非常明显，每一波回升趋势和回调趋势的幅度大致相同。双轨切线平行推进不管轨道少了，还是多了，只要股价波动及其形态构造基本符合上升矩形即可。平行推进的上轨切线由多个基本相等的回升平台构成，说明股价反复地确立<对望格局>双轨，又反复地展开对望调整趋势。平行推进的下轨切线则由多个基本相等的回调低点构成，说明股价反复地获得前期下轨支撑，又反复地展开止跌回升趋势。通过上述可以明白，上升矩形虽然经历了宽幅震荡趋势，但基本相等的回升平台和回调低点都很明显。

　　双轨切线始终保持着平行状态推进，不仅要求庄家拥有高超的控盘能力和资金实力，而且时间短了也不行，所以庄家必须事先做好严密的战略部署，每一步战术

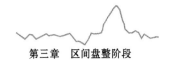

细节也要罗列清楚，真正做好并非易事。上升矩形不如其他区间整理形态那么常见，毕竟它的构筑要求较高。日线趋势构筑上升矩形，时间长了将会演变为"长期横向盘整"格局，周线趋势也有可能如此波动，月线级别的上升矩形非常罕见。

不管股价处于相对的低位区间展开长期的反复震荡，还是小幅拉升趋势以后构筑区间盘整趋势，抑或是由震荡筑顶趋势演变为区间盘整趋势，都有可能构筑上升矩形。宽幅震荡的每一波回升趋势，往往蕴含了五波子浪推动，每一波回调趋势，也有可能蕴含了三波子浪回调。宽幅震荡的回升趋势和回调趋势，往往符合黄金分割率的比率结果。宽幅震荡过程的强攻特征和转势特征较多，连阳和连阴特征占了多数。高抛低吸技术精湛的投资者，应当参与这种宽幅震荡的区间盘整趋势，战略布局更应逢低吸筹。每一波回升趋势接近前期上轨，总是无法成功突破轨道阻压，采取顺势减筹（高抛）并不难；每一波回调趋势接近前期下轨，又总是受到前期回调低点支撑，借助止跌特征和分时趋势不难实现低吸。

日线趋势构筑上升矩形，股价什么时候结束宽幅震荡趋势？什么时候突破上轨切线？应当根据周线或月线趋势进行指导。股价即将突破或已突破上升矩形的上轨切线，缩量调整趋势总是伴随而至，实质上这是验证股价突破轨道的技术要求。股价经历缩量调整趋势以后，获得止跌并再次向上突破形态轨道，这是股价确认突破形态轨道的真实信号。

※ 第六种，上升菱形的区间盘整趋势。兔宝宝（002043）

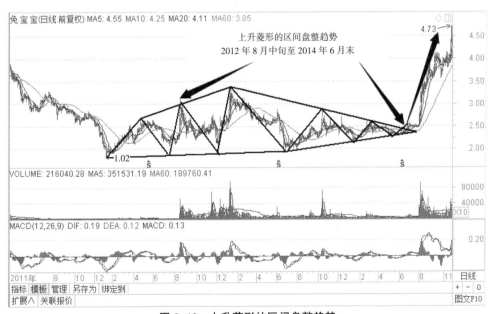

图3-13　上升菱形的区间盘整趋势

上升菱形由一系列的价格变动点组成，其变动幅度呈现出中间高两边低的宽幅震荡趋势。上升菱形可以看成是由扩散喇叭形态和对称三角形的合并图形。图形的左边属于扩散喇叭形态，它的第二个上轨比首个上轨明显要高，而股价由第二个上轨形成回调以后，获得止跌的第二个下轨与首个下轨的价格基本接近。图形的右边属于逐渐收敛的对称三角形，上轨价格逐渐下行，下轨价格逐渐上行，双轨切线向着相反的方向收拢。虽然上升菱形的形态构造比较特殊，但它是一种不可或缺的区间整理形态。上升菱形既像宝盖形状（宝盖形态），也像钻石形状（钻石形态）。

表面看上升菱形的走势及其形态构造比较复杂，而且有别于正常的区间整理形态，但实质上它的规律明显，实战价值大。股价由小幅拉升趋势的顶部 A 点回调至 B 点下轨，获得止跌以后实现快速回升；快速回升趋势完全越过前期 A 点高价，明显受阻以后才确立 C 点平台，C 点平台比 A 点平台明显要高，构成上升菱形左边部分的扩散喇叭形态。随后股价进入构筑对称三角形的反复盘整趋势。股价由 C 点平台形成快速回调趋势，跌至前期 B 点下轨附近，获得止跌以后开始确立 D 点下轨。按照传统的说法，D 点下轨要求比 B 点下轨略低一些，但在笔者看来，D 点下轨比 B 点下轨略高、略低都可以，只要不影响构筑对称三角形的形态构造即可。股价实现重新回升以后，还没有到达 C 点上轨，回升趋势便告结束，说明 E 点上轨比 C 点上轨明显低了；再次形成回调趋势以后，股价在前期 D 点下轨的上方附近获得止跌，说明 F 点下轨比 D 点下轨高了；再次形成回升趋势以后，股价可能从 G 点直接突破，也有可能在 G 点以后保持逐渐收敛的窄幅震荡趋势，促使双轨切线逐渐靠近，最终汇聚于一点（见图 3-7 和图 3-13）。

一般情况下，构筑上升菱形与其他区间整理形态一样，股价都要经历由 A 点到 G 点的反复震荡，只不过上升菱形符合中间高两边低的钻石形状。左边部分的扩散喇叭形态必不可少，C 点平台比 A 点平台明显要高，而且这是构筑上升菱形左侧部分的硬性要求。右边部分构筑对称三角形的形态构造，上、下轨道多一个少一个都无所谓，只要符合对称三角形的形态构造即可。

普通投资者受到市场的热烈氛围感染，发现股价实现回升便跟风追涨，出现下跌时又盲目杀跌股价。构筑左边部分的扩散喇叭形态，股价明显快上快下，导致普通投资者无所适从，从而产生极度冲动和混乱无序的操盘行为，所以这个过程的量能放大也不足为奇。构筑对称三角形的震荡趋势趋于收窄，双轨切线逐渐压缩且趋于靠近，说明看好后市的波段投资者开始成为市场主流，耐不住性子的投资者已对逐渐收敛的压缩趋势失去了兴趣，所以说冲动的短线浮筹日渐减少，量能趋于明显萎缩。

股价经历后半部分的双轨压缩并在窄幅震荡以后，突破上升菱形的上轨切线轻而易举。一般情况下，股价站稳均线系统且没有突破上轨切线时，强攻特征提示股价进入强势攻击范畴，应当考虑如何展开布局。发现股价携量突破上轨切线时，应当考虑重仓抬轿。股价突破上轨切线以后伴随缩量调整趋势，不妨大胆地实施低吸，因为缩量调整趋势是验证突破趋势的技术过程，也是大幅拉升趋势行将启动的最后清洗。

※ 第七种，震荡筑顶趋势演变为区间盘整趋势。东华能源（002221）

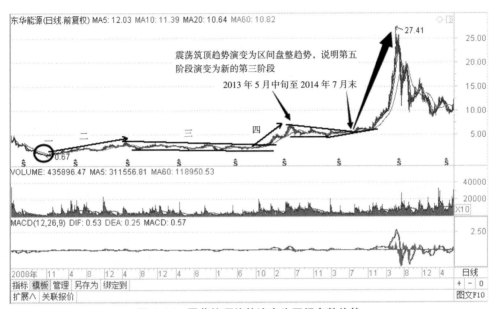

图 3–14 震荡筑顶趋势演变为区间盘整趋势

震荡筑顶趋势演变为区间盘整趋势，是说股价经历大幅拉升趋势以后，停留在高位区域展开长期的反复震荡。前期阶段的高位震荡构筑了一段明显的震荡筑顶趋势，随着震荡筑顶趋势的逐渐推进，股价也没有出现过明显的大起大落，使其逐渐符合并满足区间盘整趋势的走势特征。说明股价运动的第五阶段演变为新的第三阶段，阶段趋势以及行情级别发生了新的演变和发展。震荡筑顶趋势演变为区间盘整趋势，也是由一系列的价格变动点组成，构筑任何一种区间整理形态都有可能。

严格意义上说，震荡筑顶趋势演变为区间盘整趋势，并非只有一段震荡筑顶趋势，其中还包括了大幅下挫趋势的首轮回调在内，所以也可以这么说，震荡筑顶趋势和大幅下挫趋势的首轮回调演变为区间盘整趋势，而且这两个阶段趋势只是形成区间盘整趋势的前期阶段。为了表述精练，理解简单，易懂易学，遂将它们表述为：震荡筑顶趋势演变为区间盘整趋势（股价运动的第五阶段演变为新的第三阶段）。以后只要涉及这种趋势演变和发展，不再多做解释，大家记住这一点即可。

一般情况下，震荡筑顶趋势演变为区间盘整趋势，区间整理形态的上、下轨

道不仅比单纯的区间整理形态要多，而且长期的高位震荡也比单纯的区间盘整趋势要长，但这并非绝对。股价经历大幅拉升趋势以后，最后形成虚拉诱多的顶部特征，常常作为区间盘整趋势的首个上轨（A 点上轨）。股价经历高位震荡并形成探顶回调趋势以后，破位特征于探顶回落过程产生，或在高位盘顶过程产生，股价先后跌破中线和大线支撑。股价跌至 60 日均线下方（附近）获得止跌，随之确立区间盘整趋势的首个下轨（B 点下轨）。随后股价围绕 60 日均线（均线系统）展开反复震荡，上蹿下跳、伏低蹿高的反复走势产生了更多的上轨和下轨，形态构造逐渐符合区间整理形态。震荡筑顶趋势演变为区间盘整趋势，就像构筑一段"长期横向盘整"格局。"长期横向盘整"格局的构筑要点及其实战价值，请您参阅《强势股狙击法》。

震荡筑顶趋势属于股价运动的六个阶段中的第五阶段，第六阶段取代第五阶段，这是正常的阶段趋势轮回。震荡筑顶趋势演变为区间盘整趋势，说明股价运动的第五阶段演变为新的第三阶段，表明阶段趋势以及行情级别发生了新的演变和发展。由此可见，前期实现的大幅拉升趋势（第四阶段）降低了行情级别并成为小幅拉升趋势（第二阶段），震荡筑顶趋势（第五阶段）演变为区间盘整趋势（第三阶段）。这就意味着，阶段趋势发生演变并酝酿出更大的行情级别，预示后市存在更大级别的大幅拉升趋势。阶段趋势发生质的改变，原本属于日线级别的行情，由于震荡筑顶趋势演变为区间盘整趋势，长期涨势符合了多段明显的拉升趋势和充分整理趋势构成，最终呈现出一种经历长期盘升的牛皮市道。与此同时，由于周期级别得到提升，日线级别向周线级别提升，周线级别向月线级别提升，实战价值大。

震荡筑顶趋势演变为区间盘整趋势，实质上这是一种区间盘整趋势的特殊构造，不仅有可能构筑任何一种区间整理形态，而且趋势发生演变使其具备了更大的实战价值。震荡筑顶趋势演变为区间盘整趋势，演变成功至少需要满足两个条件：①个股提前股指起势，也已提前实现大幅拉升趋势；②个股趋势发生演变的过程，股指往往处于震荡筑底阶段或区间盘整阶段，促使个股趋势由震荡筑顶趋势演变为区间盘整趋势。也就是说，不仅要求个股提前股指起势，也已提前实现大幅拉升趋势，还提前进入震荡筑顶趋势，而且股指处于长期的反复震荡趋势（处于大底区间震荡或区间盘整阶段都有可能），促使个股的震荡筑顶趋势有所延长，使其逐渐满足并符合区间盘整趋势的形态构造。最终趋势发生质的改变，同时提升了周期级别。

股价由震荡筑顶趋势演变为区间盘整趋势，什么时候结束区间盘整趋势？什么时候重启多头攻势？哪些强攻特征是假攻特征？哪些强攻特征具备实战价值？哪些突破信号是真实的？应当调入它所对应的上一个周期（大周期），寻找大周期获得止跌企稳或向趋强方向运行的强攻特征。按照"以大指小"原则理解，只要大周期

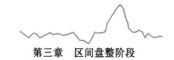

获得止跌企稳或向趋强方向运行，即可指导它所对应的下一个周期（小周期），即使小周期存在这样那样的缺陷，股价也会沿着大周期的既定方向移动。因此，大周期获得止跌企稳或向趋强方向运行，小周期经历充分整理并实现企稳反转，追涨无可厚非，强攻以后伴随缩量调整趋势，验证过程不妨大胆地采取逢低吸筹策略。

　　※　第八种，一个区间包含了三个阶段趋势。晓程科技（300139）

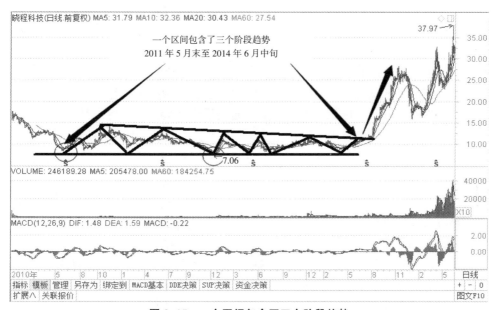

图 3-15　一个区间包含了三个阶段趋势

　　一个区间包含了三个阶段趋势，是说股价由一个明显的底部区间开始展开反弹，快速触及或越过 60 日均线以后，反弹趋势出现停滞并立即形成回调趋势；随后股价停留在相对的低位区间展开长期的反复震荡，以它的首个底部价格作为下轨支撑，以股价触及或越过 60 日均线的阶段性顶部作为上轨阻压。通过上述走势可以明白，股价处于相对的低位区间并经历长期的反复震荡，包含了震荡筑底趋势、小幅拉升趋势和区间盘整趋势这三个阶段趋势在内，也可以这么理解，这三个阶段趋势更像是一种区间盘整趋势。

　　一个区间包含了三个阶段趋势，构筑什么形态都有可能，也有可能构筑符合"双重底"或"多重底"支撑的形态特征。这种区间盘整趋势表面看杂乱无序，实质上蕴含了极其丰富的内在原理：①上轨阻压和下轨支撑非常明显，构筑什么形态都有可能；②形态构造的多样化，促成了上轨阻压和下轨支撑的多样化，有的符合逐渐收敛的压缩形态，有的符合宽幅震荡的扩散形态，有的同时包含了这两种形态构造在内；③股价处于相对的低位区间并经历长期的反复震荡，除了表

达庄家控盘能力和资金实力的强大以外，同时还说明股价经历充分整理，洗盘和蓄势都很充分。

一个区间包含了三个阶段趋势，往往体现出这些特征：①股价实现首次探底以后，立即展开快速反弹或形成"V"型反转趋势，说明股价缺失一段震荡筑底趋势；②股价处于相对的低位区间展开长期的反复震荡，可能形成多个上轨阻压和多个下轨支撑的特征，或者说上轨切线阻压和下轨切线支撑很明显；③反复震荡过程可能探出回调新低，区间整理形态符合"双重底"或"多重底"支撑的形态构造；④相对来说，每一波回升趋势和调整趋势都在相对的低位区间反复呈现，使其逐渐符合区间盘整趋势的形态构造。

量价特征呈现出反弹时有量支撑，回调时逐渐缩量。庄家常常采取"连阳推动"状态进行推升，且以稳步放量为主。如果采取巨量方式拔高，那么这是庄家试盘的明显信号，主要是为了测试当前盘面的跟风和抛压力度。如果采取天量方式拔高，除了表达庄家不计成本地大肆掠夺筹码以外，往往预示着市涨幅。回调趋势呈现出逐渐缩量状态，这是普通投资者在抛筹、庄家暗中吸筹的有力证据，而且庄家常常通过连阴式或"顺水抽风再顺水"或"塞翁失马，焉知非福"等调整方式实施打压，不仅起到了化解和修复不利因素的作用，而且达到了充分洗盘和蓄势的效果。

长期的反复震荡处于相对的低位区间，上蹿下跳过程创出此轮回调新低的概率极高（包括历史新低），但股价获得支撑也很明显，说明股价继续大跌的可能性不大。股价获得明显支撑以后，实现回升趋势也快。因此，股价经历长期的反复震荡并创出此轮回调新低，这样反而容易构筑"双重底"或"多重底"支撑的区间整理形态。区间盘整趋势越反复，时间越长，洗盘和蓄势效果越好，说明场内浮筹越少，庄家吸筹越多，后市抛压越小，暗示后市涨幅绝非一般。

长期盘整的前期阶段，主要目的是为了化解和修复各种不利因素，尤其是要化解股价和均线系统的发散状态，修复指标的悬空抬升状态。化解和修复这些不利因素的震荡过程，强攻特征和转势特征往往是诱多性质的假攻特征，只有市场意义。随着盘整趋势的逐渐延伸，股价跌至 60 日均线下方（附近）波动，趋势线重新下穿零轴线并处于临界点附近反复缠绕。这是不利因素得到化解和修复的明显信号，也是股价进入区间盘整趋势的后期阶段的技术信号。相对来说，后期阶段的震荡趋势比较窄幅，即使呈现出反复震荡也是为了继续收拢股价和均线系统，利用窄幅震荡的反复趋势实现充分清洗和蓄势。由此可见，庄家一切工作的展开，都是为了控盘并酝酿一个成熟的变盘时机，预示大幅拉升趋势随时启动，指标随时迎合股价选择方向。

股价只要进入区间盘整趋势的后期阶段，出现小幅回挡也好，采取顺势挖坑

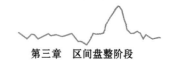
也罢，借用（参考）分时趋势的反转买点不难实现狙击（低吸），而且总有意想不到的效果。回调趋势获得明显支撑并实现企稳反转以后，回升过程收出强攻特征或转势特征，多数是真实的质变节点。大周期配合的情况下，即使小周期的强攻特征和转势特征存在这样那样的不利因素，也阻挡不了股价沿着既定的方向移动。长期的反复震荡存在较多的买卖点，容易实现低吸和增筹。发现股价携量突破形态轨道（上轨切线），必须投入重仓抬轿，突破轨道以后出现缩量调整趋势，必须拒绝杀跌股价，验证过程不妨大胆地逢低吸筹。

日线股价处于相对的低位区间展开长期的反复震荡，通过日线趋势观察可以发现，"长期横向盘整"格局逐渐清晰，对应的周线和月线趋势往往呈现出横盘调整特征。正所谓"横有多长，竖有多高"，虽然这并不是一个绝对真理，但庄家运作总是万变不离其宗，就是表达此理的最好证明。

四、实例分析和运用技巧

实例一　宝色股份（300402）

◆ 图形识别

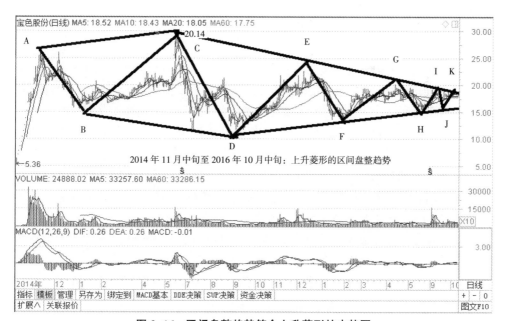

2014 年 11 月中旬至 2016 年 10 月中旬：上升菱形的区间盘整趋势

图 3-16　区间盘整趋势符合上升菱形的走势图

◆ **技术回放**

如图 3-16 所示：

（1）通过宝色股份（300402）上市以后的长期走势可以看出，反复震荡符合上升菱形的形态构造。2014 年 10 月 10 日上市以后，连续涨停的凌厉攻势虽然占据了多数时间，但从它的后市走势及其形态构造可以看出，上市以后这一波连续涨停可以看成小幅拉升趋势，随后接近两年的区间盘整趋势及其形态构造，符合上升菱形的区间整理形态。

（2）2014 年 11 月 10 日，上市以后的顶部特征看成构筑上升菱形的 A 点上轨。由 A 点顶部回落一个半月以后，股价于 12 月末获得止跌，回调低点确立上升菱形的 B 点下轨。股价实现回升并于半年以后的 2015 年 6 月中旬突破 A 点上轨，创出该股自上市以来的历史新高，并成功构筑一个新的阻压平台，确立上升菱形的 C 点上轨。随后一波断崖式暴跌趋势用了不到一个月时间，股价不仅跌破了 B 点下轨，而且下挫幅度几乎腰斩。2015 年 7 月 9 日，"低开高走，釜底抽薪"式的涨停板才止住断崖式跌势。随后股价先是急速反弹并靠近 20 日均线波动，接着缓慢盘升并越过 60 日均线。8 月 18 日，股价越过 60 日均线的第三天，冲高回落的跌停板不仅结束大幅下挫趋势的反弹中继行情，而且股价开始进入大幅下挫趋势的第三波回调。第三波回调虽然深入首轮回调的低点，但股价并没有跌破首轮回调的低点。9 月初开始，股价于首轮回调的低点上方获得支撑以后，确立上升菱形的 D 点下轨，预示大幅下挫趋势的反弹中继行情演变为小幅拉升趋势。股价由 A 点到 D 点的波动趋势，符合上升菱形左边部分的扩散喇叭形态，也是构筑上升菱形必不可少的前期趋势。

（3）下面介绍构筑上升菱形右边部分的对称三角形及其走势。2015 年 9 月中旬开始，股价经历了先缓后急型的回升趋势，最终受到前期反弹中继平台阻压，确立上升菱形的 E 点上轨。2016 年新年伊始，熔断机制的磁吸效应导致股指回调加速下挫，该股虽然跟随股指回调，但股价并没有跌破前期低点（D 点下轨），而且股价在前期低点之上获得明显支撑。1 月末，飘柱诱空特征不仅及时止住了熔断跌势，并成功确立上升菱形的 F 点下轨。2 月初开始，股价又经历一波先急后缓型回升趋势，重新企稳均线系统以后并处于 60 日均线之上震荡推进，并于 4 月中旬收出回升高点，确立上升菱形的 G 点上轨。

（4）通过 D 点下轨和 F 点下轨的直线可以看出，下轨切线呈现出逐渐上行角度，而 E 点上轨和 G 点上轨连线以后呈现出逐渐下行角度，说明股价震荡处于逐渐压缩的双轨内部展开，对称三角形的双轨切线发挥着阻压和支撑作用。2015 年 5 月中旬，股价再次形成回调趋势，受到下轨切线支撑并确立了 H 点下轨。9 月初，股价获得止跌以后经历了 3 个月停牌时间，重新开牌采取跳空上攻并快速

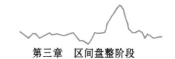

跃至均线系统之上，说明股价开始进入"短回长"强势攻击范畴。虽然股价快速站稳在 60 日均线之上，但股价却无法越过逐渐下行的上轨切线，受到明显阻压并确立 I 点上轨。

（5）通过 H 点至 I 点的回升趋势可以明白，区间整理形态仍然呈现出逐渐收敛的压缩形态，说明股价波动始终处于对称三角形的双轨内部展开。2015 年 9 月初开始，股价明显受阻并展开回调以后，成功构筑"上大回中"式的横盘调整格局。这一段窄幅震荡趋势不仅促使股价和均线系统日渐收拢，而且趋势线贴着零轴线上方（附近）波动，股价受到 20 日均线止跌并确立 J 点下轨。虽然MACD 技术指标存在失真状态，但这是横盘调整趋势造成，说明它不会影响指标迎合股价选择方向。

◆ **操盘要点**

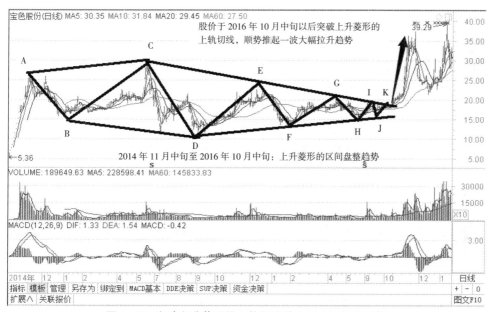

图 3-17　突破上升菱形的上轨切线并实现大幅拉升趋势

如图 3-17 所示：

（1）2016 年 9 月 21 日和 27 日，股价两次向上冲击上轨切线都未获成功，说明庄家只是做了两次佯攻动作，表明股价依然处于横盘调整过程，预示短线跟风追涨浮筹根本讨不到好处，还要跟随横盘调整趋势割肉出局，阴线和星线的萎缩量能，就是普通投资者在抛筹、庄家暗中吸筹的有力证据。10 月 12 日，携量阳线突破对称三角形（上升菱形）的上轨切线，说明股价开始进入大幅拉升趋势，

这一点毋庸置疑。可是，股价虽然突破上升菱形的上轨切线，但股价却没有突破横盘平台，而且分时趋势还处于虚拉诱多的悬空状态，说明股价短期内仍有调整需要。一般情况下，股价突破任何区间整理形态的上轨切线，往往存在一个验证突破趋势的技术回调，及时清洗跟风追涨浮筹，确认股价突破上轨切线的真实性。次日开始，庄家虽然采取"三连阴"进行持续回调，但股价仍然没有脱离横盘调整格局，预示跟风追涨浮筹还是没有讨到好处，割肉出局并立即转换为庄家控盘筹码。

（2）2016年10月18日，日线股价虽然形成反扑特征，但指标仍然处于临界点，分时趋势还是处于死叉状态，而且分时趋势的反转买点尚未真正确立，严格买点的情况下，暂时不能买入。如果操盘格局足够大，发现股价进入强势攻击范畴，逢低吸筹就是对的，短期被套根本不足为惧，只要控制好仓位即可。次日，量增价涨不仅确认股价突破上轨切线的真实性，而且带动红柱体重新露头并确认"凤凰涅槃，浴火重生"的反转特征，分时趋势的反转特征也已明确，吸筹也好，增筹也罢，理由都很充分。美中不足的是，盘中攻势虽然突破了横盘上轨，但收盘价却在横盘上轨之下，而且量增价涨又未能将开口上勾的趋势线重新藏入红柱体内部，说明日线趋势的突破力度还是不够，所以不排除日线后市还有短期调整的可能性。

（3）构筑一个完整的上升菱形，股价必须经历扩散喇叭形态和对称三角形的长期盘整。该股由A点到D点的扩散喇叭趋势比较宽泛，由E点到K点的对称三角形趋势则是逐渐收敛的压缩形态。将该股调入周线趋势分析，不难看出，周线趋势的反复震荡也符合了上升菱形的形态构造。周线股价经历长期的反复震荡以后，2016年9月初确立"内腾空"强攻特征，说明周线股价由此进入强势攻击范畴，这与日线趋势的强攻时间基本接近，说明日线和周线趋势形成共振合力。10月21日，周线股价经历"两连阴"缩量调整以后，携量突破对称三角形的上轨切线，说明周线股价由此进入大幅拉升阶段。寻找强势恒强的节点，每一位投资者都想这样做，可是最终做到的又有几人！

（4）对称三角形虽然纳入上升菱形的构筑过程，但它也可以作为一个独立的区间整理形态。因此，前期阶段的宽幅震荡趋势呈现出扩散喇叭形态，可以不关注它，毕竟收拢趋势需要较长时间，而且最终股价走向未明。后期阶段的反复震荡呈现出对称三角形的收敛形态，双轨切线逐渐压缩以后必须引起高度关注。即使不懂得上升菱形的形态构造及其画法，对称三角形的形态构造及其画法也是要了解的。实在不懂的，那就赶紧拿起笔来，或者利用炒股软件的画图工具，画一画各种区间的整理形态，百利而无一害。

（5）不喜欢读书的人，读起书来总是觉得枯燥乏味，读完了扔在一边，说明

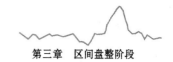

这种人根本没有用心读书，也没有静下心来细细品味书中的"黄金屋"和"颜如玉"。喜欢读书的人，每读一本书都会觉得自身知识的匮乏，潜心书海，浸润心灵。能够深入了解各种经典投资理论，并将它们融合一体，不仅需要耐着性子读懂它们，而且要有丰富的实战经验作为支撑。千万不要以为捧起书来，眼睛过一遍就已经读懂它，即使读懂了某种理论或指标，也远未达到通达的境界。初读一本书，多半出于猎奇的心态，往往不能深味；重读一遍，便能领会书中道理，开始得到启发；再读之时，则犹如人置高处，洞悉一切。读书百遍，其义自见。有了见解还不行，还要经历市场的千锤百炼，犹如行万里路。

实例二　宋城演艺（300144）

◆ 图形识别

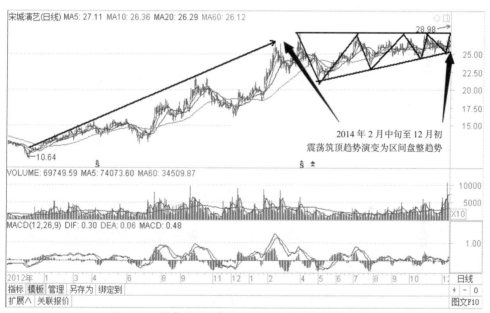

图 3-18　震荡筑顶趋势演变为区间盘整趋势的走势图

◆ 技术回放

如图 3-18 所示：

（1）通过宋城演艺（300144）走势可以发现，股价于 2012 年 12 月 4 日完成寻底以后，随之形成符合五波推动浪的明显多势。2012 年 12 月 4 日至 2013 年 5 月 9 日，这是股价脱离底部区间的第一波驱动浪。这一波驱动浪与股指走势既有相同之处，也有不同之处。股价反弹速度虽然缓慢，但驱动浪经历了 5 个月时

间，同期股指实现两个月急速反弹以后，立即转向持续调整趋势。通过两者区别可以明白，该股的持续反弹明显有别于股指走势，这是该股提前获得强庄进驻的异动迹象。由此往后，该股与股指走势重叠的地方逐渐减少，该股获得强庄控盘及其强势恒强的异动迹象，从未有过如此明显。

（2）2013 年 5 月 9 日至 6 月 25 日，这是五波推动浪的第二波调整浪。6 月 25 日至 9 月 25 日，这是五波推动浪的第三波驱动浪。9 月 25 日至 12 月 3 日，这是五波推动浪的第四波调整浪。12 月 3 日至次年的 2 月 17 日，这是五波推动浪的第五波驱动浪。2014 年 2 月 17 日至 3 月 27 日，这是艾氏《波浪理论》所讲的延伸浪（调整趋势和上涨趋势合并为延伸浪的趋势范畴）。虽然逐波盘升的涨幅不大，但它与股指跌跌不休且不断走低的趋势完全相反。宋城演艺于 2012 年 12 月 4 日收出明显大底（寻底特征）以后，随后用了一年多时间实现了五波推动浪及其延伸浪，深证成指于 2014 年 3 月 21 日才收出长期熊市的大底，这意味着什么呢？答案很明显，强庄提前进驻该股，并对该股实施了强势控盘，所以说强势恒强有它的理由。

（3）2014 年 3 月末，长期盘升趋势不仅完成了五波推动浪及其延伸浪，而且股价不断地创出复权状态下的历史新高。延伸浪呈现出一段虚拉诱多趋势，说明股价于高位区间震荡并成功构筑震荡筑顶趋势。通过股价和指标的背离走势可以明白，延伸浪构筑的震荡筑顶趋势，完全符合"顶背离"形态。不论是按照艾氏《波浪理论》的延伸浪对其分析，还是按照虚拉诱多的震荡筑顶趋势展开论述，多头趋势至此完结。调入除权状态可以发现，经历虚拉诱多以后的顶部高价虽然越过了 2011 年 8 月中旬的上轨价格，但冲高回落收盘说明它们又及时确立"破而后落，顶部反转"的探顶特征。通过五波推动浪及其延伸浪和股价运动的六个阶段分析以后可以明白，后市股价必然转向对望调整趋势，而且常常体现出回调三浪特征。

（4）2014 年 3 月末至 4 月末，股价由"顶背离"区域形成回落以后，虽然获得 60 日均线支撑并展开抵抗趋势，但指标处于悬空状态下的中继过程，采取"反攻三线"实施佯攻，根本改变不了股价破位下行，而且这样反而促使股价加速回调。股价快速跌破 60 日均线并形成"三连阴"跌势，趋势线快速向下并开始插入零轴线下方，MACD 技术指标的死叉状态虽然更加明显，但它的悬空状态得到了化解。4 月 29 日开始，"四连阳"稳步推起并将绿柱体缩短。虽然股价受到两次反压，但股价并没有跌破前方"三连阴"的低价，而且趋势线开始脱离逐渐缩短的绿柱体内部。已经缩短了的绿柱体虽然受到反压趋势重新拉长，但却无法插入趋势线内部，说明股价处于飘柱诱空的回调过程，预示股价下跌动能已经不足。即使后市股价还有大幅下挫的可能性，但飘柱诱空特征出现以后，股价不

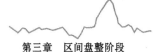

仅容易获得止跌，而且常常推起一波中继趋势，说明中继以后确立再破特征，股价才有可能重新进入大幅下挫趋势。

（5）2014年5月19~26日，温和放量的"六连阳"推动开始向上触及60日均线。股价经历短暂回撤以后，开始企稳60日均线之上运行（均线系统），说明股价重新进入"短回长"强势攻击范畴。5月30日至6月5日，稳步放量的"四连阳"继续向上推动，股价开始触及前期抵抗平台。随后股价展开对望调整趋势，"顺水抽风再顺水"的调整方式促成了持续回调趋势。6月20~25日，稳步放量的"四连阳"从60日均线附近重新推起。股价经历短暂回撤以后，量能明显放大并鼓动股价快速回升。6月27日至7月2日，一根明显放量的大阳线以后推起了"三连阳"特征，股价开始接近前期历史大顶。7月3日，阴线收盘说明它与前期历史大顶确立<对望格局>双轨，而且体现出横跨3个月的"双重顶"特征。

（6）那么，股价是否从这里重新进入大幅下挫趋势呢？有这个可能性，继续往下看。对望调整趋势展开以后，"顺水抽风再顺水"的调整方式促成了持续回调趋势，股价先后跌破中、大均线支撑，大幅下挫趋势好像不可避免了。跌势量能明显放大，说明场内筹码不断外流。2014年7月24日，也就是股价跌破60日均线的次日，早盘股价经历快速下探以后，虽然跌破了前期回升趋势的中继平台，但早盘尾段实现震荡回升趋势，最终促使股价收于前期中继平台的低价之上，最终确立一种"破而后立，底部反转"的止跌特征。这个支撑特征真实吗？股价是否不再下跌呢？暂时无法做出准确的预判，毕竟股价还是收阴状态，需要止跌企稳趋势进一步确认。

（7）2014年7月25日开始，稳步放量的"四连阳"向上运行，既对前期股价下跌做出了止跌企稳的确认，也对阴线支撑特征给予了真实确认。既然如此，立即画出震荡趋势的上轨切线和下轨切线，股价波动到底符合哪一种形态构造？由于"双重顶"的顶部价格相差不大，所以上轨切线可以画成基本平行的直线。由于下轨符合逐渐上行角度，所以下轨切线可以画成向上倾斜的直线。上轨切线平行，下轨切线上行，说明它符合上升三角形的形态构造。暂时可以做出这样的预判：股价停留在高位区间展开反复震荡，震荡筑顶趋势可能演变为区间盘整趋势。为何说暂时，而不是确定？因为高位股价可能经历宽幅震荡并构筑"多重顶"格局，选择向下突破将会形成大幅下挫趋势及其回调三浪，高位股价也有可能处于高位区间展开反复震荡，最终符合"长期横向盘整"格局，选择向上突破将会形成新的大幅拉升趋势。由此可见，无论是做空趋势还是做多趋势，首先必须设置好止损位，毕竟股价一旦选择了突破方向，只要不是假的突破，后市股价将会沿着突破的既定方向长期移动，那么这样的【预期】行情绝非一般。

◆ **操盘要点**

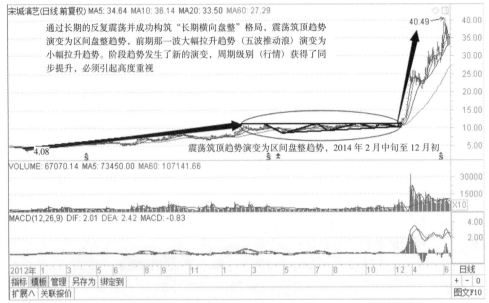

通过长期的反复震荡并成功构筑"长期横向盘整"格局，震荡筑顶趋势演变为区间盘整趋势，前期那一波大幅拉升趋势（五波推动浪）演变为小幅拉升趋势。阶段趋势发生了新的演变，周期级别（行情）获得了同步提升，必须引起高度重视

震荡筑顶趋势演变为区间盘整趋势，2014年2月中旬至12月初

图 3-19　阶段趋势发生新的演变，周期级别（行情）获得同步提升

如图 3-19 所示：

（1）震荡筑顶趋势演变为区间盘整趋势，不仅符合区间整理形态，而且趋势发生转变使其具备较大的实战价值。震荡筑顶趋势演变为区间盘整趋势，构筑什么形态都有可能，这一点不必纠结。一般情况下，震荡筑顶趋势演变为区间盘整趋势，股价最终选择向上突破，那么趋势发生转变至少需要满足两个条件，这样才有可能构筑成功。第一个条件，要求个股提前股指起势，也已提前实现大幅拉升趋势（五波推动浪），宋城演艺符合这个条件。第二个条件，个股趋势发生转变的过程，股指处于震荡筑底阶段或在区间盘整阶段运行，促使个股的震荡筑顶趋势有所延长，最终逐渐演变为区间盘整趋势，宋城演艺符合这个条件的概率极高（预判）。阶段趋势发生了新的演变，周期级别（行情）获得了同步提升，必须引起高度重视。

（2）2014 年 3 月末至 10 月末，股价停留在高位区间展开"长期横向盘整"格局，也符合了上升三角形的形态构造。每一个上轨价格基本接近，说明上轨切线长期保持着平行的直线状态，这是区间股价回升以后受到上轨切线阻压的典型特征。后一个下轨总比前一个下轨略高，说明区间回调低点逐渐抬升，下轨切线长期保持着逐渐上行角度，这是区间股价回调以后受到下轨切线支撑的典型特征。周线趋势呈现出横盘调整特征，有过之而无不及，所以指标失真也阻挡不了股价最终选择的突破方向。

（3）2014年12月4日和10日，这两个"反攻四线"强攻特征都是开启强攻模式的攻击信号。12月12日，携量阳线不仅突破了对称三角形的上轨切线，而且突破了3年多以来的对望平台，这就意味着，阶段趋势发生了新的演变，所以最终股价推起一波强势恒强的大幅拉升趋势。前期实现的大幅拉升趋势（五波推动浪）演变为小幅拉升趋势，震荡筑顶趋势演变为区间盘整趋势。与此同时，周线股价携量突破横盘上轨以后，"乘风破浪"攻势一发不可收拾。月线股价突破9个月的横盘上轨以后，"乘风破浪"攻势更加明显。大幅拉升趋势、震荡筑顶趋势和大幅下挫趋势，这些趋势又有哪些技术要领需要把握，后面章节再详细叙述。

（4）本章采取较大篇幅介绍区间盘整趋势及其形态构造，包括阶段趋势的发生、积聚、演变和发展，无非是想告诉大家两点。第一点，趋势并非静止不变（也非一成不变），任何一个周期趋势的发生、积聚、演变和发展，都有它的客观规律，从不以人的意志为转移。只要存在的总有存在的理由，意识必须服从存在。第二点，区间盘整趋势的实战价值大，也可以这么说，它是股价运动的六个阶段的核心阶段，必须引起高度重视。

（5）通过交易模式精选个股也好，按照技术条件买股也罢，都由区间盘整阶段开始。股价运动的六个阶段，赋予了不同的市场意义和实战价值。区间盘整阶段既适合长线投资的战略布局，也适合波段投资的战术布局，还适合短线投机的动态布局。投资也好，投机也罢，区间盘整阶段总有您要的东西，除非您不喜欢它。长期的反复震荡除了化解和修复各种不利因素以外，主要目的还是酝酿强攻和启动大幅拉升趋势。

★ 本章小结

（1）区间整理形态除了前面介绍的八种以外，还有一些形态构造比较特殊，或者说形态构造相对复杂一些。

1）B点下轨确立以后，股价并没有形成明显的回升趋势，长期处于B点下轨（附近）展开窄幅震荡趋势，也没有构筑特别明显的C点、D点、E点……股价长期围绕B点下轨窄幅震荡，最终呈现出一种"长期横向盘整"格局。如果从A点上轨画一条向下倾斜的上轨切线，上轨切线根本画不出来，即使画出来了也不够准确，毕竟没有明显的C点或E点承接上轨切线。因此，只能从B点下轨

的窄幅震荡趋势入手，画出"长期横向盘整"格局的上轨切线和下轨切线。这种区间整理形态应当重点关注 B 点下轨以后的窄幅震荡趋势，只要股价突破"长期横向盘整"格局的上轨切线，即可表达股价进入大幅拉升趋势，它的 A 点上轨往往成为大幅拉升趋势的【第一预期】。例如：方正证券（601901）2013 年 7 月初至 2014 年 11 月初的区间盘整趋势。

2）C 点上轨确立以后，股价并没有形成明显的回调趋势，长期处于 C 点上轨（附近）展开窄幅震荡趋势，也没有构筑特别明显的 D 点、E 点、F 点……。股价长期围绕 C 点上轨窄幅震荡，最终呈现出一种"长期横向盘整"格局。如果从 B 点下轨画一条向上倾斜的下轨切线，下轨切线根本画不出来，即使画出来也不够准确，毕竟没有明显的 D 点或 F 点承接下轨切线。因此，只能从 C 点上轨的窄幅震荡趋势入手，画出"长期横向盘整"格局的上轨切线和下轨切线。这种区间整理形态应当重点关注 C 点上轨以后的窄幅震荡趋势，只要股价突破"长期横向盘整"格局的上轨切线，即可表达股价进入大幅拉升趋势。例如：洛阳钼业（603993）2014 年 7 月末至 11 月中旬的区间盘整趋势。

3）股价经历小幅拉升并收出明显的阶段性顶部（A 点上轨）以后，不仅经历了持续回调，而且挖坑途中出现过明显反弹，股价回调至前期小幅拉升阶段的中继区域，才获得支撑并确立 B 点下轨，或者说股价回调至前期震荡筑底阶段的底部区间，才获得支撑并确立 B 点下轨。股价获得支撑以后实现持续回升，到达前期平台（A 点上轨）附近才受到明显阻压，随之确立 C 点上轨和<对望格局>双轨。股价由 A 点上轨到 B 点下轨再到 C 点上轨的过程，分别形成了一波持续回调和一波持续回升，这种伏低蹿高趋势就像构筑一个半圆弧形的形态特征，横跨时间较长。严格意义上说，这种区间整理形态的下轨往往只有 B 点和 D 点下轨，半圆弧形的左边顶端和右边顶端分别是 A 点上轨和 C 点上轨，这两个上轨多半呈现出基本平行的对望特征，两个下轨亦然。不管随后股价如何展开对望调整趋势，股价没有获得明显止跌（支撑）之前，吸筹不宜过大，毕竟不能排除股价再走一趟或多趟挖坑趋势。股价获得明显支撑并实现企稳反转，逐步增加买入量。股价即将突破轨道或已突破轨道时，高度关注验证突破趋势的技术回调，此时可以大胆吸筹。股价获得止跌并再次携量突破轨道，要求重仓抬轿。例如：美锦能源（000723）2013 年 10 月末至 2015 年 2 月初的区间盘整趋势。

4）区间盘整趋势的横跨时间足够长，大级别的区间整理形态包含了小级别的区间整理形态，小级别的区间整理形态又有可能包含了更小级别的区间整理形态。相对来说，大级别的区间整理形态可能构筑宽幅震荡的扩散形态，小级别（更小级别）的区间整理形态则有可能构筑逐渐收敛的压缩形态，但这并非绝对。因此，不论是宽幅震荡的扩散形态包含小级别的扩散形态或压缩形态，还是逐渐

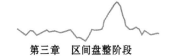

收敛的压缩形态包含小级别的扩散形态或压缩形态，它们都有可能发生。符合这种区间整理形态的长期趋势，极有可能由日线趋势提升为周线趋势，再由周线趋势提升为月线趋势。虽然区间整理形态不断发生演变且变化多端，但却提升了实战价值。例如：华联控股（000036）2009 年 11 月末至 2014 年 7 月初的区间盘整趋势。

5）长期盘跌式的区间盘整趋势，就像构筑一个经历宽幅震荡的上升旗形，但它与正规的上升旗形又有很大区别。两者最大的区别：正规的上升旗形很少出现跌破前期大底的情形，长期盘跌式的上升旗形总是不断地创出回调新低（包括历史新低）。这种区间整理形态的上轨和下轨往往同步保持着下降角度，双轨切线基本同步向下倾斜并呈现出平行状态。由此可见，首个下轨往往是阶段性底部，也有可能是首轮回调的低点，首个上轨往往是阶段性顶部，也有可能是反弹中继平台的阶段性顶部。虽然股价形成长期盘跌趋势，但这种盘跌趋势比熊皮市道的盘跌趋势明显要小。每一波回调趋势都不大，只是稍微跌破前期下轨，立即获得逐渐下行的下轨切线支撑，每一波回升趋势也不大，受到上轨切线阻压并保持逐渐下行角度，所以说上轨切线和下轨切线的下行角度相对平缓。长期盘跌式的上升旗形虽然不易构筑也很少见，但它也符合区间整理形态。最终股价强势突破上轨切线，不管后市股价如何拉升，实现巨大涨幅是大概率。例如：启明星辰（002439）2010 年 11 月末至 2013 年 5 月末，符合长期盘跌式的区间盘整趋势。

6）长期盘升式的区间盘整趋势，就像构筑一个经历高位震荡的下降旗形，但它与正规的下降旗形又有很大区别。两者最大的区别：正规的下降旗形属于高位震荡的反转形态，且多运用顶部反转的破位趋势，长期盘升式的下降旗形多在小幅拉升趋势以后出现。这种区间整理形态的上轨和下轨往往同步保持着上行角度，双轨切线基本同步向上倾斜并呈现出平行状态。由此可见，首个上轨可能是小幅拉升趋势的阶段性顶部，也有可能是"顶背离"形态，首个下轨可能是大底价格，也有可能是次底部价格。虽然股价形成长期盘升趋势，但这种盘升趋势比牛皮市道的盘升趋势明显要小。每一波回升趋势都不大，只是稍微突出前期上轨，立即受到逐渐上行的上轨切线阻压，每一波回调趋势也不大，获得下轨切线支撑并保持逐渐上行角度，所以说上轨切线和下轨切线的上行角度相对平缓。最终股价强势突破上轨切线，不仅容易推起快速的猛烈攻势，而且这一波涨幅十分惊人。下降旗形运用于上涨趋势的区间整理，虽然比较少见，但它也是成立的，也从侧面反映出，沽空风险永远比做多风险要大。例如：泰格医药（300347）2013 年 5 月初至 2015 年 2 月初，符合长期盘升式的区间盘整趋势。

（2）本章开头介绍了八种，这里又补充了六种，总共讲述了十四种区间整理形态，而且这些都是比较常见的。没有其他类型的区间整理形态了吗？不是的，

涉及大周期观察和分析，其实还有更多更复杂的区间整理形态。由于篇幅限制，这里不再赘述。有的投资者可能已经看烦看腻了，还是就此打住吧！如果想要有所突破，必须对区间整理形态深入了解，闲暇之余可以在盘面上画一画，渐悟以后或许能收到意想不到的效果。

（3）符合长期盘升式的区间盘整趋势，MACD 技术指标往往长期处于失真状态，但它不会影响股价携量突破上轨切线，也阻挡不了一波快速的猛烈攻势。一般情况下，股价突破上轨切线之前，庄家常常采取一段快速打压的挖坑跌势，而且这一段挖坑跌势往往呈现出向下突破的征兆，最终证明这是一种假的突破，其主要作用是震慑那些顽固持筹者。符合月线或周线级别的牛皮市道，说明股价长期向上移动，中途往往只有一些短暂的调整趋势，即使形成横盘调整特征，股价获得止跌以后也能实现快速反转，而且容易形成"乘风破浪，纵横驰骋"式的一波接一波的牛皮市道。

（4）市场整体趋势处于明显弱势（人气低迷），那么庄家控盘个股非常谨慎，绝不会盲目拉升股价。有的庄家控盘一只股票长达几年时间，所以有时看见某只股票的区间盘整趋势也长达几年时间；有的老庄构筑长达十几年的区间盘整趋势，技术之高、实力之强、耐心之巨，实属罕见。如果庄家实力不强，个股股性也不活跃，即使是强势行情下也难掀起巨大波浪。千万不要小看区间盘整趋势，尤其是月线级别的区间盘整趋势，往往蕴含了涨幅巨大的后市行情。高抛低吸技术精湛，根据月线趋势的反复震荡实施战术投资和动态布局，最终斩获的利润可能比大幅拉升趋势还要多。

（5）精选强势恒强个股并非易事，首先需要掌握一套完善的成熟且稳定的交易模式。先知先觉者从来不会为了找不到机会而苦恼，后知后觉者却总是悔不当初，劫难不断。区间盘整趋势只要进入后期阶段波动，除了表达股价进入强势攻击范畴，先知先觉者也已开始进入精选个股模式。只要是能够纳入强势股股票池的个股，都不要轻易增减，尤其是那些符合月线级别的强势股，高度关注股价运动的每一波涨跌。千万不要因为回调趋势而不关注它，也不要因为回调趋势而恐惧它，更不要因为反复震荡而剔除它。企稳反转过程实施追涨也好，回调过程实施逢低吸筹也罢，最终将会产生常人无法想象的结果。符合强势恒强的题材股（领头羊），往往在区间盘整阶段的末端区域产生一个或多个绝佳的变盘机会。

（6）日线股价经历一段长期的反复震荡，后市实现的大幅拉升趋势并不会小，即使小也是那些股性不够活跃、庄家实力不济的个股。周线或月线股价经历一段充分整理趋势，后市实现的大幅拉升趋势绝非日线级别可比。区间盘整趋势不仅给了我们一个极好的建仓（低吸）机会，而且常胜赢家总是从这个阶段开始淘金、炼金。不管资金量大小，都可以在这个阶段寻找强势恒强的买入机会，至

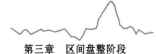

于能不能发掘到暴利机会，这就涉及每个人的战略眼光和布局。区间盘整趋势的周期级别越大，后市涨幅往往越大。

（7）月线股价确立强攻趋势以后，或者说月线股价处于强势推升范畴时，调整趋势致使周线的股价和均线系统出现发散状态，趋势线和零轴线呈现出悬空抬升状态，即使这些不利因素没有获得完全化解和修复，月线股价选择继续向上推动，必然带动周线和日线股价实现大幅拉升趋势，毕竟这是月线级别行情。周线指导日线亦然。由此可见，获得大周期保护下的选股和操盘才是正道，就算小周期存在这样那样的技术缺陷，即使小周期展开调整趋势，调整幅度往往不大，调整时间往往也不长，而且股价获得明显止跌（支撑）以后，实现企稳反转还会形成强势恒强的突破趋势。

（8）千万不要一厢情愿地认为，股价只要构筑一段区间盘整趋势（符合区间整理形态），就会有大行情。任何时候都要采取"以大指小"原则指导选股和操盘，不然钱没挣到，还被套住，甚至是被长期套牢。大幅下挫趋势经历首轮回调并构筑一段反弹中继行情，尤其是月线趋势构筑反弹中继行情，反弹趋势和区间盘整趋势再好看，也不是真正的做多机会，采取逢高出局或伺机沽空，才是明智的选择。

（9）区间盘整阶段对于股价运动的六个阶段来说，只是处于第三阶段，它是上涨趋势的区间整理形态（也叫中继整理形态）。也就是说，区间盘整趋势是衔接小幅拉升趋势和大幅拉升趋势的一段桥梁，所以说它是六个阶段中实战价值最大的一段趋势（做多方向）。区间整理形态有其明显的走势特征：股价时而上蹿下跳、时而伏低蹿高，构筑逐渐收敛的压缩形态或经历宽幅震荡的扩散形态。股价往往无法在短期内完成区间盘整趋势，而且股价突破上轨切线也有验证趋势，所以说区间盘整趋势就像"步履蹒跚"，"突出重围"需要验证趋势的确认。

（10）牛市总是批量产生强势恒强个股，随便抓一个就能实现超额收益，就算追高也有挣钱机会，您想怎么做都行。可是，熊长牛短的现实告诉我们，股指也好，个股也罢，多数时间都是处于熊市或震荡市，即使牛市也只有一两年行情，尤其是 A 股市场。股指长期处于熊市或震荡市，大部分个股都会跟随股指波动，所以真正能做的个股行情并不多。虽然如此，根据交易模式精选强势恒强个股反而变得容易，毕竟只有小部分个股符合并体现出强势恒强的异动迹象。先知先觉的战略投资者总能将其发掘出来，后知后觉的投资者不是埋怨市场不给力，就是感叹命运不济！

第四章 大幅拉升阶段

一、图例和阶段趋势分析

（一）图例（粤高速 A，000429）

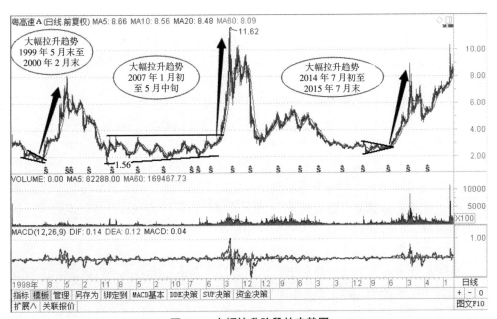

图 4-1 大幅拉升阶段的走势图

（二）阶段趋势分析

（1）股价经历长期的上蹿下跳、伏低蹿高的反复走势，成功构筑一段区间盘整趋势。由于庄家控盘手段及其变化的差异，股价围绕区间盘整的方式不同，构

筑的区间整理形态不同，最终发生质变的强攻特征和突破特征也不同。

（2）对称三角形的上轨价格保持着逐渐下行角度、下轨价格保持着逐渐上行角度，说明区间盘整趋势经历了宽幅震荡至窄幅震荡的收拢过程。股价由左向右推进并处于轨道内部运行，双轨切线逐渐收敛并趋于相交。最后的窄幅震荡过程只要收出强攻特征或转势特征，即可表达股价进入强势攻击范畴；股价携量突破对称三角形的上轨切线，即可表达股价进入大幅拉升阶段。

（3）上升三角形的上轨价格保持着基本平行的直线状态、下轨价格保持着逐渐上行角度，说明区间盘整趋势经历了宽幅震荡至窄幅震荡的收拢过程。每一波回升趋势的平台高点基本接近，上轨切线呈现出基本平行的直线状态，每一波回调低点都高于前期低点，下轨切线呈现出逐渐上行角度。股价处于逐渐上行的下轨切线和基本平行的上轨切线由左向右推进，双轨切线逐渐收敛并趋于相交。最后的窄幅震荡过程只要收出强攻特征或转势特征，即可表达股价进入强势攻击范畴；股价携量突破上升三角形的上轨切线，即可表示股价进入大幅拉升阶段。

（4）上升楔形的上轨价格和下轨价格虽然都保持着逐渐下行角度，但上轨切线的下行角度明显大于下轨切线的下行角度，说明股价不仅经历了宽幅震荡至窄幅震荡的收拢过程，而且双轨切线最终趋于相交。最后的窄幅震荡过程只要收出强攻特征或转势特征，即可表示股价进入强势攻击范畴；股价携量突破上升楔形的上轨切线，即可表达股价进入大幅拉升阶段。

（5）上升旗形的上轨价格和下轨价格不仅保持着同步下行角度，而且双轨切线同步向下倾斜也保持着平行状态。说明区间盘整趋势始终保持着上蹿下跳、伏低蹿高的反复走势，而且呈现出一种宽幅震荡的扩散形态，表明双轨切线无法实现相交。由左向右的宽幅震荡趋势处于平行向下的双轨内部展开，说明股价始终受上轨切线阻压和下轨切线支撑。只要形成两个同步下行的上轨和下轨，上升旗形的形态构造就算成立。成功构筑 D 点下轨以后，股价实现回升并收出强攻特征或转势特征，即可表达股价进入强势攻击范畴；股价携量突破上升旗形的上轨切线，即可表达股价进入大幅拉升阶段。

（6）上升矩形的上轨价格和下轨价格都保持着由左向右的平行状态。说明股价不仅经历了长期的上蹿下跳、伏低蹿高的反复走势，而且股价始终处于双轨内部保持宽幅震荡趋势，扩散形态表达双轨无法实现相交。只要上轨价格和下轨价格分别构筑一次对望特征，上升矩形的形态构造就算成立。成功构筑 D 点下轨以后，股价实现回升趋势并收出强攻特征或转势特征，即可表示股价进入强势攻击范畴；股价携量突破上升矩形的上轨切线，即可表示股价进入大幅拉升阶段。

（7）上升菱形由扩散喇叭形态和对称三角形这两种形态构成。构筑上升菱形与构筑其他区间整理形态一样，股价往往经历了多个价格变动点的区间盘整趋

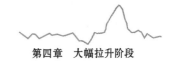

势，只不过上升菱形构筑了中间高两边低的钻石形状，也像宝盖形状。左边部分的扩散喇叭形态（趋势）不可或缺，要求 C 点上轨比 A 点平台高一些，这是构筑上升菱形左边部分的扩散喇叭形态的硬性要求。右边部分符合对称三角形及其逐渐收拢趋势，对称三角形的上、下轨道多一个少一个都无所谓，只要逐渐收敛的压缩形态符合对称三角形的形态构造即可。上升菱形的重点在于右边部分的对称三角形，实战价值参考对称三角形。

（8）由于趋势不断演变和发展，以及周期级别（行情）不断提升，庄家控盘手段及其变化存在差异，大幅拉升趋势往往呈现出不同的拉升特征，常见大幅拉升趋势有以下四种拉升特征：第一种，连续"一"字缩量涨停为主的急拉攻势，呈现出一波急拉攻势直接到顶的大幅拉升趋势；第二种，股价上涨不仅经历了多段明显的快速拉升趋势和横盘调整趋势，而且每一波快速拉升趋势都以涨停板或大阳线为主，长期涨势呈现出一波接一波的循环登顶趋势；第三种，长期涨势由稳步拉升趋势和基本横调趋势的交替状态构成，最终呈现出一种台阶式的长期盘升特征，也叫牛皮市道的大幅拉升趋势；第四种，长期涨势由多段明显的拉升趋势和充分整理趋势构成，最终呈现出一种长达数年之久、数十年之久、几十年之久的长期盘升，而且所有周期的长期盘升都符合牛皮市道。

大幅拉升阶段的趋势总结：不管是构筑逐渐收敛的压缩形态，还是构筑宽幅震荡的扩散形态，化解股价和均线系统的发散状态，修复趋势线和零轴线的悬空状态，由 A 点至 D 点的两个上轨和两个下轨的反复震荡完成，而且这只是区间盘整趋势的前期阶段；从 D 点下轨开始，股价进入区间盘整趋势的后期阶段；股价获得 D 点下轨止跌并实现回升趋势以后，只要收出强攻特征或转势特征，即可表示股价进入强势攻击范畴，精选强势个股以及第一买点就在这里；正常情况下，D 点以后还有反复震荡的上轨和下轨，强攻特征以及回调趋势反复呈现，逢低吸筹和增筹都在这个过程实施；股价携量突破区间形态的上轨切线，表达股价真正进入大幅拉升趋势，必须采取重仓抬轿；常见的大幅拉升趋势有四种拉升特征。

二、深层剖析和技术要领

（1）大幅拉升阶段属于股价运动的六个阶段中的第四阶段，还是五波推动浪中的第三波驱动浪（主升浪）。

（2）不管区间盘整趋势符合哪种区间整理形态，都有一个逐渐从量变到质变再由新的量变到新的质变的循环过程。区间整理形态符合逐渐收敛的压缩形态，

说明股价不仅经历了由左向右的区间盘整趋势，而且股价波动由宽幅震荡向窄幅震荡转变。双轨切线的尖端角度越小，说明股价波动越小，变盘（突破）越容易。窄幅震荡过程获得止跌并实现回升趋势，不仅容易收出强攻特征和转势特征，而且这是确认股价进入强势攻击范畴的信号。股价携量突破压缩形态的上轨切线，这是确认股价真正进入大幅拉升趋势的信号。

（3）区间整理形态符合宽幅震荡的扩散形态，说明股价不仅经历了长期的上蹿下跳、伏低蹿高的反复趋势，而且每一波趋势的阻压和支撑都很明显。上升旗形的双轨切线呈现出同步向下的倾斜角度；上升矩形的双轨保持着平行状态推进。一般情况下，不管是构筑倾斜角度的上轨和下轨，还是构筑平行状态的上轨和下轨，符合压缩形态也好，符合扩散形态也罢，至少形成两个上轨和下轨以后，股价才算完成区间盘整趋势的前期阶段。股价由第二个下轨获得止跌并实现回升趋势以后，才算进入强势攻击范畴。股价携量突破区间形态的上轨切线，确认股价进入大幅拉升趋势。

（4）不管区间整理形态符合哪种形态构造，区间盘整趋势进入后期阶段，只要收出强攻特征或转势特征，精选强势个股由此开始，而且这里往往是第一买点（也叫强势买点）。实现强攻并经历回调趋势以后，反扑特征往往形成第二买点（也叫低吸买点或增筹买点）。股价携量突破区间形态的上轨切线，这是第三买点（也叫突破买点）。股价即将突破形态轨道之际或突破形态轨道以后，立即形成缩量调整趋势，这是验证股价突破轨道的技术回调，验证趋势的回调时间越长越可信，而且逢低吸筹的安全系数高，期间买入属于第四买点。经历验证趋势回调以后，股价获得止跌并再次向上突破形态轨道，突破趋势往往一发不可收拾，所以说股价再次突破轨道是最后一个买点。不管根据哪个买点买入（增筹）股票，就算买入成本高了些，只要买入了也是股市赢家。一旦错过了验证以后的突破买点，再买就是追高行为！追涨倒无可厚非，毕竟强势就是买点，追高则不然，不仅扩大了止损位（止损幅度），而且股价出现回调容易造成杀跌，这样势必破坏原本就不稳的操盘心态，影响到实战结果。

（5）股价经历充分整理并实现企稳反转趋势，或者说股价即将突破或已突破形态的上轨切线，这是区间盘整趋势结束并开启大幅拉升趋势的典型标志。股价即将突破或已突破形态的上轨切线时，缩量调整趋势伴随而至，主要目的如下：①及时清洗企稳反转过程的跟风追涨浮筹；②驱赶前期被套且已获得解套的浮筹；③验证股价实现企稳反转或突破形态轨道的真实性；④缩量调整趋势不仅具备洗盘和蓄势的作用，而且酝酿了一个更加成熟的质变时机。因此，股价即将突破或已突破形态的上轨切线，展开缩量调整趋势并不可怕，而且这一段缩量调整趋势越长越好，时间越长验证趋势越可信。所以说这一段缩量调整趋势的实战价

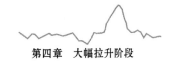

值极大，逢低吸筹即使短期有被套风险，也要大胆买入，再次突破形态轨道之际，最后买点必须投至重仓范畴。

（6）长期的反复震荡不仅符合区间整理形态，而且通过长期的反复震荡化解和修复各种不利因素。股价和均线系统的发散状态是不利因素之一，趋势线和零轴线的悬空状态是不利因素之二。不利因素除了牵制股价回升，也将促使股价再走一趟或多趟推倒重来趋势。因此，反复震荡过程只要存在不利因素，除了表达区间盘整趋势还没有完成以外，真实的强攻和大幅拉升时机还要耐心等待。如果大周期已经进入强势攻击范畴，那么对应的小周期即使存在这样那样的不利因素，股价也会跟随大周期的既定方向移动，所以在"以大指小"原则的指导下，战略投资只要做到相对精准的动态布局即可，不必过分在意买入点是否完美，就算短期有被套风险，也要大胆买入。战术投机或许更难，不仅需要把握精准的买入点，而且还要做好随时撤离（止损）的准备。

（7）区间盘整趋势不管是构筑逐渐收敛的压缩形态，还是构筑宽幅震荡的扩散形态，上轨切线的制高点往往成为大幅拉升趋势的【第一预期】。这个【预期】的阻力往往不大，毕竟股价经历了长期的充分整理，场内浮筹已经不多。此时股价面临的阻压主要来自于，股价实现强攻并确认大幅拉升趋势的跟风追涨浮筹。获利了结必然对拉升趋势和突破趋势形成阻力，所以庄家常常采取对望调整趋势进行洗盘。虽然暂时延缓了大幅拉升趋势，却酝酿出更强的爆发能量，高度关注对望调整以后的止跌特征。

（8）大幅拉升趋势如何拉升？最终能够实现多大涨幅？除了参考复权和除权这两种状态下的【预期】以外，同时还要参考各个周期趋势所处的位置，以及趋势演变和发展的结果。理念不清，趋势不明，容易发生错判、误判和漏判。

三、构筑类型和操盘策略

日线、周线和月线级别的大幅拉升趋势，虽然周期趋势及其演变不同，但它们的大幅拉升趋势及其类型基本一致，所以不同周期的大幅拉升趋势，也可以按照相同的技术原理进行观察和分析。大幅拉升趋势属于股价运动的第四阶段，它和《波浪理论》的五波推动浪的主升浪重合。

根据大幅拉升趋势的不同涨速和趋势变化，下面介绍四种大幅拉升趋势的拉升特征。

※ 第一种，连续"一"字缩量涨停为主的急拉攻势，最终呈现出一波急拉攻势直接到顶的大幅拉升趋势。海航投资（000616）

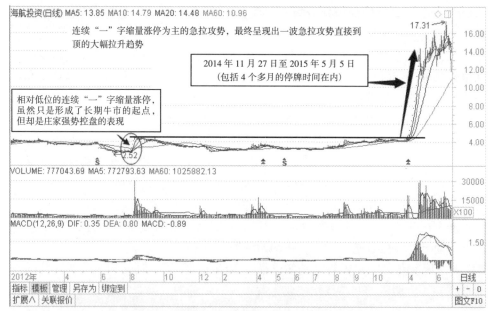

图 4-2　一波急拉攻势直接到顶的大幅拉升趋势

连续"一"字缩量涨停为主的急拉攻势，最终呈现出一波急拉攻势直接到顶的大幅拉升趋势。顾名思义，股价确立强攻并突破形态的上轨切线以后，大幅拉升趋势以连续"一"字缩量涨停为主，拉升角度几乎形成一条直线。大幅拉升中途根本没有停留，即使有过停留，也是非常短暂的调整趋势，所以说股价连续拔高并到达一个明显顶部以后，大幅拉升趋势才停止攻击。

这种连续"一"字缩量涨停为主的大幅拉升趋势比较特殊，体现为周线趋势可能只有几根光头光脚的急拉大阳线，体现为月线趋势可能只有一两根实现巨大涨幅的大阳线。大幅拉升趋势不仅在短期内实现巨大涨幅，而且完成了多段【预期】，甚至创出历史新高。这种大幅拉升趋势往往是那些经历停牌且重新开牌以后的个股才会出现，突发重大利好也有可能形成这种急拉攻势，但不多见，而且多数涨停板带有 K 线实体。有一种情况比较极端且非常罕见，在庄家毫无准备的情况下，个股（板块）突发重大利好且成为当前市场热点，那么连续急拉的涨停板不仅带有 K 线实体，而且多数涨停板呈现出携量状态，可能这一波急速攻势只是长期牛市的首轮涨势。

连续"一"字缩量涨停呈现出直线攻势，买入机会甚微，除非资金量（交易量）足够大，同时拥有实力强大的券商提供的 VIP 交易通道（权限），才有可能比别人领先千分之几秒的挂单（买入）机会。普通投资者下手再快，也快不过这些自动挂单的交易通道，即使挂单排队，也几乎没有成功买入的可能性。一般情

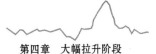

况下，"一"字涨停板的量能极度萎缩，甚至可以说是无量的"一"字涨停板。最后几个"一"字涨停板的量能往往呈现出逐渐放量状态，这是场内筹码开始逐步获利了结的表现。如果"一"字涨停板出现下影线且有量放出，或者出现巨量交投，说明场内筹码开始大量兑现利润，那么这一波连续"一"字缩量涨停的直线攻势，离最后顶部已经不远。

个股蕴含某种利好消息（题材），往往在停牌前存在一段提前异动的强势恒强特征，即使是突发利好，核心庄家提前几天获知消息也已埋伏进去，而且盘面总会留下一些强势恒强的蛛丝马迹。先知先觉者从来不会羡慕别人，也总能从技术层面找出领先于普通投资者的理由，成为股市赢家总有不同于常人的炼金术。庄家要么通过提前构筑区间盘整趋势进行提示，要么通过提前出现的强攻特征或转势特征进行提示，要么通过比股指提前实现强攻及其调整趋势进行提示。几乎所有具备强势恒强特征的个股，不仅比同类板块的个股提前进入强势攻击范畴，而且又比股指走势强得多，形成逆势而动也不奇怪。

连续涨停的拔高攻势呈现出直线角度，说明拉升中途根本没有停留，即使有过调整趋势，也是非常短暂的缩量调整。常见的调整特征有："顺水推舟，事半功倍"、"项庄舞剑，意在沛公"、"击鼓传花、连绵不绝"、"围点打援，连成一片"和"塞翁失马，焉知非福"等。出现调整趋势并非坏事，实现换手使其拥有更加猛烈的劲道。尽量不要在连续涨停的急拉中途实施增减筹，即使出现过短暂调整趋势，高抛低吸的难度极大，而且减了未必能够捡回来，一不小心就把牛股放跑了！

经历连续涨停的急拉攻势以后，首个明显顶部（首次探顶）往往不是大幅拉升趋势的最终大顶，而且这些顶部后面往往由震荡筑顶趋势取代大幅拉升趋势，所以最终大顶多产于震荡筑顶阶段的虚拉诱多过程。震荡筑顶趋势属于延伸浪的技术范畴，后面章节有详细介绍，将其单列并归为股价运动的第五阶段。股价由首次探顶至震荡筑顶趋势结束，虚拉诱多趋势不断呈现，探顶特征也是一个接一个，说明庄家通过虚拉诱多趋势和探顶特征不断地提示股价大顶，同时利用它们实现逐步派发。就算这些探顶特征只是形成一个次顶部，即使虚拉诱多趋势构筑了"顶上顶"格局，也要由股价首次探出明显顶部时开始减筹，震荡筑顶过程实施逢高减筹策略。

震荡筑顶趋势除了构筑常见的"顶背离"或"顶上顶"或"头肩顶"等顶部特征，有的个股停留在高位区间展开长期的反复震荡，构筑"双重顶"或"多重顶"特征才结束震荡筑顶趋势。庄家投入巨量资金控盘股价并实现巨大涨幅，为了顺利撤退往往通过震荡筑顶趋势实现诱多派发。震荡筑顶过程收出各种探顶特征，除了提示我们不能留恋虚拉诱多趋势，同时提示我们做好逢高减筹策略。大

幅拉升趋势的最终顶部在哪里？震荡筑顶趋势是真是假？需要根据"以大指小"原则指导。不要因为贪婪震荡筑顶的虚拉诱多趋势，也不要因为贪图诱多趋势的差额收益，错过了极佳的减筹（撤离）机会，根本不值得如此冒险，重仓留守更是愚不可及。

　　股价处于相对低位并推起一波以"一"字缩量涨停为主的急拉趋势，可能只是形成长期牛市的起点（首轮涨势），而且这是庄家强势控盘的表现。随后股价停留在相对的高位区间展开充分整理，使其逐渐符合并满足区间盘整趋势，或者构筑一段"长期横向盘整"格局，或者形成一段"蜻蜓点水"式的换挡趋势，那么股价重新强势以后，又将推起一波涨幅巨大的明显涨势，而且这一波明显涨势可以形成任何一种大幅拉升特征，长期牛市则呈现出一波接一波的大幅拉升趋势。促成如此强悍的大幅拉升趋势，除了受到股指持续走好带动以外，也不排除个股蕴藏的利好消息（题材）非常重大，可能个股还存在较多的炒作题材，所以庄家长期控盘其中，促使趋势不断地发生演变和发展，或促使周期级别（行情）不断提升。

　　※ 第二种，股价上涨不仅经历了多段明显的快速拉升趋势，而且每一波调整趋势的横盘调整特征都很明显，每一波快速拉升趋势又以涨停板或大阳线为主，长期涨势呈现出一波接一波的循环登顶趋势，最终实现了巨大涨幅的拉升趋势。中环装备（300140）

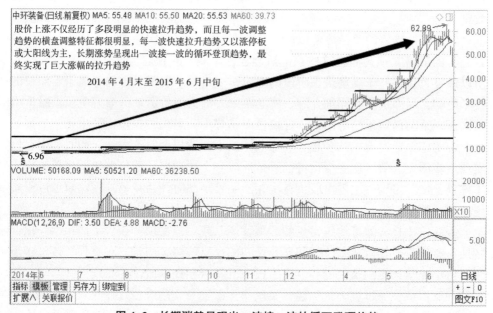

图4-3　长期涨势呈现出一波接一波的循环登顶趋势

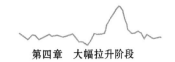

这种大幅拉升趋势与上述第一种大幅拉升趋势既有相同的地方，也有很大的差异。首先，上述第一种大幅拉升趋势是以连续"一"字缩量涨停为主的急拉攻势，这种大幅拉升趋势只是以涨停板或大阳线为主，并不是连续涨停攻势；其次，上述第一种大幅拉升趋势往往形成一波急拉攻势直接到顶，这种大幅拉升趋势经历了多段明显的快速拉升趋势和横盘调整趋势的循环交替；再次，上述第一种大幅拉升趋势的中途几乎没有调整，即使有也是极其短暂的调整趋势，这种大幅拉升趋势的中途总是采取横盘调整特征进行洗盘和换挡；最后，上述第一种大幅拉升趋势往往是那些消化利好且重新复牌以后的急拉攻势，成功买入机会甚微，这种大幅拉升趋势多数属于那些比股指涨得快，又比同类个股涨幅要大的牛市行情，买入机会多，时机也好把握。

股价上涨不仅经历了多段明显的快速拉升趋势，而且每一波快速拉升趋势都以涨停板或大阳线为主，每一波调整趋势又是短期的横盘调整特征，长期涨势形成一波接一波的循环登顶趋势，最终实现巨大涨幅的拉升趋势。虽然每一波快速拉升趋势在短期内都实现了较大涨幅，但假顶特征以及横盘调整特征又如影随形，及时实现洗盘和换手。虽然这种大幅拉升趋势不如一波急拉攻势直接到顶那么猛烈，但通过循环登顶趋势实现的长期涨势，涨幅未必比它小。

连续"一"字缩量涨停的急拉过程很难参与进去，所以说实战价值巨大也只有理论价值，除非停牌前或急拉前发现强势恒强的蛛丝马迹，又提前埋伏其中，不然根本无法享受如此暴利。形成一波接一波的循环登顶趋势，虽然买入成本高了不少，但在每一波快速拉升的衔接处，横盘调整趋势总是存在参与机会，哪怕短线做一把动态投机，也能博取一波短线暴利。已窥上乘法门的先知先觉者，自然无须如此激进，只要能够静下心来，严格按照交易模式精选个股，不难甄别出强庄控盘的强势恒强个股，又能在快速拉升之前完成吸筹。

循环交替的快速拉升趋势和横盘调整趋势，不仅导致指标失真严重，而且假顶特征以及横盘调整特征又不断地造成干扰，所以说准确判断股价的最终顶部绝非易事，所以必须根据对应的大周期进行指导。不管大幅拉升趋势是从低位区间的转势区域开始，还是从区间盘整的末端区域开始，长期涨势都有可能形成这种一波接一波的大幅拉升趋势。一般情况下，这种大幅拉升趋势到达大顶之前，往往形成一波直线拔高的猛烈攻势，而且最后这一波猛烈攻势比前期任何一波快速拉升趋势都要大。

量价特征总是随着趋势而变，快速拉升过程往往呈现出明显的携量拔高特征，涨速较快，横盘调整过程往往呈现出明显的缩量调整状态，常以 5 日均线或 10 日均线或 20 日均线作为支撑。横盘调整趋势除了及时清洗跟风追涨浮筹以外，同时实现场内筹码和场外资金的充分换手，从而提高市场整体持筹成本，进

而减轻后市拉抬的抛压阻力。

循环交替的一波接一波的长期涨势，由多段明显的快速拉升趋势和横盘调整趋势构成。股价携量突破横盘上轨往往由"乘风破浪，纵横驰骋"的强攻特征衔接，涨停板或大阳线突破横盘上轨最为强势。快速拉升以后往往由假顶特征以及横盘调整趋势衔接，缩量的横盘调整趋势实现洗盘和换手。如此趋势经历反复多次以后，大幅拉升趋势实现了巨大涨幅。这种循环登顶的大幅拉升特征，多发生于日线和周线级别的牛市行情。

※ 第三种，长期涨势由稳步拉升趋势和基本横调趋势的交替状态构成，最终呈现出一种台阶式的长期盘升特征，也可以把它理解为牛皮市道的大幅拉升趋势。双塔食品（002481）

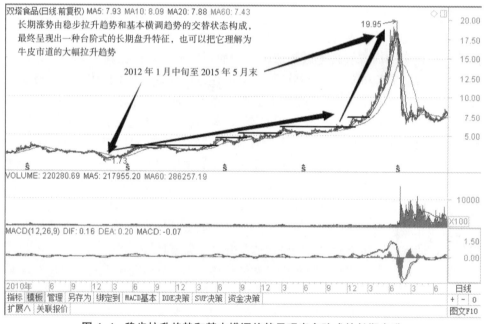

图 4-4　稳步拉升趋势和基本横调趋势呈现出台阶式的长期盘升

稳步拉升以携量推动的中、小阳线为主，调整趋势则以缩量的基本横调为主。每一波稳步拉升趋势的涨速都不快，涨幅也不大，每一波基本横调趋势往往寻求大线作为支撑。如此趋势经历反复多次以后，稳步拉升趋势和基本横调趋势的交替状态最终呈现出台阶式的长期盘升特征，也叫牛皮市道的趋势特征。最后股价经历一波猛烈攻势，收出一个明显的顶部价格（探顶特征）以后，才结束长期盘升的牛皮市道。

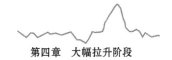

　　长期盘升的牛皮市道与上述第二种大幅拉升趋势有相似的地方，也有很大的区别。首先，长期盘升的每一波上涨都是以中、小阳线为主的稳步拉升，而且涨幅不大，上述第二种大幅拉升趋势中的每一波上涨都是以涨停板或大阳线为主的快速拉升趋势，涨幅较大；其次，长期盘升的每一波调整趋势基本保持横盘调整特征，且多以大线作为支撑，上述第二种大幅拉升趋势中的每一波调整趋势虽然也是横盘调整特征，但调整时间非常短暂，常以5日均线或10日均线或20日均线作为支撑；再次，长期盘升的稳步拉升趋势和基本横调趋势交替出现，最终呈现出一个接一个的台阶涨势，上述第二种大幅拉升趋势中的快速拉升趋势和横盘调整趋势虽然也是交替出现，但它呈现出一波接一波的循环登顶趋势；最后，长期盘升的牛皮市道往往由低位区间的转势区域开始，上述第二种大幅拉升趋势往往由区间盘整的末端区域开始。

　　不论是复权状态还是除权状态，拉升中途只要出现调整趋势，往往是受到前期技术平台或跳空缺口阻压所致。股价实现稳步拉升以后触及前期技术平台或跳空缺口，量能明显萎缩或有激增迹象，分时趋势又有探顶特征，或已形成虚拉诱多趋势，采取一个相对的高价实现高抛（减筹）并不难。每一波基本横调趋势的量能往往呈现出逐渐萎缩状态，股价回碰至大线附近获得止跌。每次经历一波稳步拉升趋势和基本横调趋势以后，股价向上抬高一个台阶。基本横调趋势造成指标失真，所以不必过分关注它，毕竟股价重拾升势以后，容易带动指标实现强势反转，而且这是强势恒强的拉升特征。

　　稳步拉升趋势以中、小阳线为主，"连阳推动"特征比较常见，说明股价涨速虽慢，但向上推升的连续性好，促成明显的稳步拉升趋势。长期盘升虽然不如一波急拉攻势那么猛烈，也不如一波接一波的快速拉升趋势，但股价经历台阶式的长期盘升以后，最终实现的涨幅未必比它们小。每一波调整趋势不管是回碰中线，还是寻求大线作为支撑，庄家往往通过一个小平台展开基本横调趋势，且以逐渐缩量为主，不仅及时清洗前期套牢盘和跟风追涨浮筹，而且减轻后市拉抬的抛压阻力。基本横调趋势的跌幅一般不大，急下急上的调整趋势并不多见，庄家往往采取"顺水抽风再顺水"、"蜻蜓点水"、"两点一线"、"三顾茅庐"、"接三连四"等调整方式展开，实现充分洗盘和换手。高度关注股价经历调整以后的止跌特征，尤其是分时趋势提前出现的企稳反转特征，蕴含极佳的低吸机会。股价携量突破横盘上轨或对望轨道，可能同步形成"乘风破浪，纵横驰骋"和"乘胜追击，扩大战果"这两种强势恒强特征，减了的必须把握好捡筹（增筹）时机。

　　长期盘升过程不仅指标失真成为常态，而且盘升途中的假顶特征也多，所以准确判断股价的最终顶部绝非易事，最好采取"以大指小"原则进行指导。如果

周线股价形成这种长期盘升的牛皮市道，那么大幅拉升趋势实现的最终涨幅十分惊人。月线股价不易形成这种长期盘升的牛皮市道，所以说月线级别的牛皮市道非常罕见。

不管长期盘升趋势从哪里开始，股价经历长期盘升并呈现出台阶式的牛皮市道，它的最终顶部往往由一波快速急拉攻势结束。也就是说，股价经历台阶式的长期盘升以后，最后出现一波快速急拉攻势并收出明显的探顶特征，牛皮市道才算结束。

※ 第四种，长期涨势由多段明显的拉升趋势和充分整理趋势构成，最终呈现出一种长达数年之久、数十年之久甚至几十年之久的长期盘升特征，大幅拉升趋势不仅符合牛皮市道，而且所有周期的大幅拉升趋势也都符合牛皮市道。云南白药（000538）

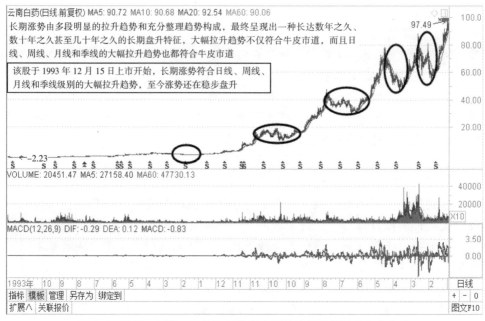

图4-5 日线、周线、月线和季线的大幅拉升趋势都符合牛皮市道

长期涨势由多段明显的拉升趋势和充分整理趋势构成，最终呈现出一种长达数年之久、数十年之久甚至几十年之久的长期盘升特征，大幅拉升趋势不仅符合牛皮市道，而且所有周期的大幅拉升趋势也都符合牛皮市道。A股市场由20世纪90年代初期至今，接近30年时间，说短不短，说长也只有成熟市场的零头而已，所以A股市场中完全符合这种趋势特征的个股极少。

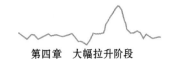

　　仅从日线级别的复权涨势来看，一段明显的拉升趋势和充分整理趋势构成了股价运动的六个阶段。长期涨势经历多段明显的拉升趋势和充分整理趋势，股价运动不断地演绎出更大级别的六个阶段。股价每次推起一波明显的大幅拉升趋势以后，虽然大幅下挫趋势及其回调三浪紧随而至，但回调趋势总是小于大幅拉升趋势，而且回调趋势经历了充分整理，股价重新走强以后，大幅拉升趋势又创出历史新高。

　　不论哪个周期的长期涨势，至少形成两波明显的大幅拉升趋势和一波充分整理趋势，才算成功构筑长期盘升的大幅拉升趋势，这是最起码的趋势要求。股价经历两三年、数年之久的长期盘升，日线、周线级别的拉升趋势和充分整理趋势还能数得过来；股价经历数十年之久、几十年之久的长期盘升，日线、周线级别往往已经数不清形成了多少次拉升趋势和充分整理趋势，就算数出来也没有多大意义，采用字母 N 代替即可。月线或季线级别的拉升趋势和充分整理趋势虽然数得清楚，但也远远超过了最起码的趋势要求，所以也没有数出来的必要，还是采用字母 N 代替。

　　日线和周线级别的长期涨势经历了多段明显的拉升趋势和充分整理趋势，月线或季线趋势往往呈现出台阶式的长期盘升。虽然每个周期的拉升趋势和调整趋势都不同，但每个周期都符合牛皮市道的大幅拉升趋势。构筑日线和周线级别的牛皮市道，一轮牛市行情就可以完成，构筑月线或季线级别的牛皮市道，往往需要经历两轮牛市和一轮熊市，甚至需要更多。周期级别越大的牛皮市道，越能体现出庄家的控盘能力和资金实力，往往发生于那些优质的上市公司。

　　长期盘升的其中一段拉升趋势，可能符合一波急拉攻势直接到顶的趋势特征，也有可能符合一波接一波的快速拉升趋势，还有可能符合稳步拉升和基本横调趋势，蕴含多种拉升特征也不足为奇。不管大幅拉升趋势如何变化，长期盘升经历了多段明显拉升和充分整理趋势，必须把握好每一波拉升行情的进退时机。阶段趋势的产生、积聚、演变和发展并非千篇一律，每一波拉升趋势和充分整理趋势也未必如出一辙，实战运用必须灵活应变。

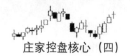

四、实例分析和运用技巧

实例一　三七互娱（002555）

◆ 图形识别

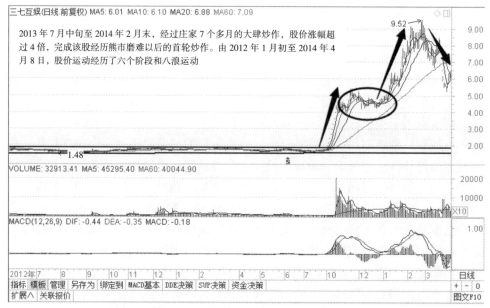

2013年7月中旬至2014年2月末，经过庄家7个多月的大肆炒作，股价涨幅超过4倍，完成该股经历熊市磨难以后的首轮炒作。由2012年1月初至2014年4月8日，股价运动经历了六个阶段和八浪运动

图4-6　首轮炒作包含股价运动的六个阶段和八浪运动

◆ 技术回放

如图4-6所示：

（1）大幅拉升趋势属于五波推动浪中的第三波驱动浪（也叫主升浪），也是股价运动的六个阶段中的第四阶段，获取大幅收益必须由这个阶段实现。大幅拉升趋势的技术要领并不深奥，构筑类型也不复杂。认识大幅拉升趋势之前，首先要弄懂区间盘整趋势以及区间整理形态，这是精选个股并实现低吸的先决条件。股价运行至区间盘整趋势的后期阶段，各种不利因素已经完成化解和修复，也已形成强攻特征或转势特征，必须高度关注盘面变化，寻找一个合适时机实施狙击。强攻特征或转势特征既是结束区间盘整趋势的典型标志，也是启动强攻趋势的典型标志，所以说区间盘整趋势具备极大的实战价值，甚至可以这样说，区间

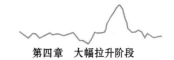

盘整趋势是六个阶段的核心阶段。股价携量突破形态轨道（上轨切线），这是股价真正进入大幅拉升趋势的信号。股价突破形态轨道之际或突破形态轨道以后，缩量调整趋势是验证突破趋势的技术要求。股价由确立强攻到突破形态轨道之间，形成强势反转的持续攻势，即使涨幅还不大，往往把它看成是大幅拉升趋势的前期阶段，并与突破形态轨道后的大幅拉升趋势连成一个整体。

（2）该股上市初期的名字叫作顺荣股份（002555），2015年2月3日更名为顺荣三七，2016年1月19日又更名为三七互娱。上市公司的名字变更虽然只有一纸公告，但隐藏于背后的重大事项，却是庄家所需并引发反复炒作的导火索。2013年下半年，发行股份及支付现金方式购买三七玩60%股权并募集配套资金，构成重大利好并进入停牌程序。2013年7月中旬至2014年2月末，经过庄家7个多月（包括两个半月停牌时间）的大肆炒作，日线和周线股价涨幅超过4倍，完成该股经历熊市磨难以后的首轮炒作。2014年2月末至2015年1月末，股价停留在高位区间展开长达11个月的震荡筑顶趋势，最终促使震荡筑顶趋势演变为区间盘整趋势，这是股价得以重新强势的核心依据，也是周线趋势向月线趋势提升的量变累积过程。2015月1月末至5月末，经过庄家4个月（包括两个半月停牌时间）的疯狂炒作，大幅拉升趋势接近3倍，这是该股两年以内的第二轮行情炒作。资本运作手段娴熟，庄家配合度堪称完美，各方利益都得到了满足。

（3）下面从技术面分析该股先知先觉的强势恒强特征。该股自2011年3月2日上市以来，上市日成为它的制高点，随后不仅长期跟随股指回调，而且回调趋势逐渐下降，从未形成一波像模像样的反弹趋势。回调低点越来越低，一年以后的破发幅度已经超过两成。2012年1月初和7月末，这两个相隔半年的大底价格（寻底特征），不仅成功构筑一个"双重底"支撑特征，而且股价由此开始终结逐渐下降的长期弱势。量能明显萎缩，不断地刷新地量交投。说明割肉浮筹已经变得稀少，场外资金此时也不敢贸然进场抄底（补仓），表明空头能量极度衰竭，预示股价已经不再具备大幅下挫的可能性，即使下挫也是缓慢的微跌态势。

（4）2012年7月末至9月末，股价停留在低位区间并经历两个月的震荡筑底趋势以后，"反抽四线"转势特征不仅终结了震荡筑底趋势，同步开启小幅拉升趋势，预示股价由此展开反弹趋势并开始脱离震荡筑底区间。11月初，股价经历多组连续阳线的间隔推动以后，小幅拉升趋势已经接近前期反压下行的跳空缺口，冲高回落收盘确立<对望格局>双轨。12月初，股价经历对望调整并形成震荡反弹以后，还是无法越过前期跳空缺口，而且股价和指标走势呈现出明显的背离特征，说明两者成功构筑"顶背离"形态，随之成为小幅拉升趋势的阶段性顶部。小幅拉升阶段的"连阳推动"状态，属于庄家连续增仓控盘筹码、酝酿大幅

拉升的变盘时机以及完善技术系统的综合特征。小幅拉升趋势虽然实现一波脱离低位区间的反弹趋势，但它对于经历长期大幅下挫（长期熊市）的股价来说，这一波小幅拉升趋势的反弹幅度还是很有限。虽然反弹幅度有限，但不能漠视小幅拉升趋势的阶段性顶部，毕竟它的阻压和提示作用非常清楚。因此，只要参与了小幅拉升趋势，必须根据阶段性顶部获利了结，避免陷入不必要的调整趋势。当然，这样做除了回避调整风险以外，也是为了寻找更好的低吸机会，提高资金利用率。

（5）通过 2012 年 12 月初至 2013 年 7 月中旬的长期震荡可以看出，区间盘整趋势及其形态构造虽然有些特殊，但区间整理形态基本符合上升矩形的形态构造。小幅拉升趋势由 2012 年 12 月初的"顶背离"形态结束，同时这个阶段性顶部也是区间盘整趋势的首个上轨（A 点上轨）。2013 年 2 月 26 日，这个回升高点属于区间整理形态的第二个上轨（C 点上轨）。5 月 31 日，这个回升高点属于区间整理形态的第三个上轨（E 点上轨）。严格意义上说，2013 年 5 月 2 日的回调低点，算是区间整理形态的首个下轨（B 点下轨），6 月 26 日的"平底支撑"属于区间整理形态的第二个下轨（D 点下轨）。区间盘整趋势由 2012 年 12 月初的"顶背离"形态开始，至 2013 年 7 月中旬的强攻特征结束，区间整理形态构筑了一个比较特殊的上升矩形，它的特殊之处体现于：上轨的数量和下轨的数量并不相等。

（6）此外，股价长期处于相对的低位区间展开长期的反复震荡，还有另外一种特殊特征。2013 年 5 月 2 日的下轨价格和 2012 年 7 月 30 日的历史低点接近，2012 年 1 月 6 日和 7 月 30 日、2013 年 5 月 2 日和 6 月 25 日这四个下轨价格相差也不大，说明它们成功构筑一个"四重底"支撑特征，而且这四个下轨连线又保持着一种基本平行状态。由此可见，2012 年 1 月初至 2013 年 7 月中旬的长期震荡，可以看成是一个区间包含了三个阶段趋势。由于阶段趋势的不断演变和发展，促使区间整理形态也发生了多样变化。这种融合了多种形态构造的区间盘整趋势，表面看乱而无序，实质上它蕴含了巨大的实战价值，常人无法理解它，也不足为奇！

（7）实战价值大，不仅体现于该股的区间盘整趋势，而且股指还处于不断走低的回调过程，说明该股比股指提前完成寻底，也已提前进入区间盘整趋势。什么是异动迹象？什么是强势恒强？庄家已经透过这些提前异动的先知先觉走势，通过盘面完整地呈现出来。最终股价实现提前强攻和突破形态轨道，又提前实现大幅拉升趋势，情理之中自然成为股市赢家，意料之外只能感叹命运不济！该股实现首轮大肆炒作，除了符合技术面和重大利好题材以外，实质上它还蕴含了其他炒作题材：次新股和破发股的题材炒作。不管庄家通过什么题材进行炒作，实

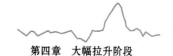

施题材炒作之前，总能让人找到强势恒强的异动迹象，而且这些异动迹象总是提前出现。先知先觉的技术者，肯定不会漠视它，还会深度配合庄家并与庄家一起完成炼金。

（8）2013年5月末，周线股价获得止跌并实现企稳反转趋势，经历稳步增量的"五连阳"推动以后，股价顺利进入"短回中"强势攻击范畴。与此同时，日线股价完成化解和修复不利因素以后，经历持续回升以后进入"短回长"强势攻击范畴。为何股价无法突破上轨且再次形成回调趋势呢？原因不复杂。周线股价经历"五连阳"推动虽然同步确立"短回中"强攻特征，但稳步增量除了表达庄家持续买入，普通投资者也在跟风追涨，连阳K线越多，跟风追涨浮筹越多，缩量回调的技术意图越浓。日线股价完成化解和修复不利因素以后，处于区间下轨附近的震荡时间不足，而且形成一波持续回升趋势，致使MACD技术指标的金叉状态持续向上并越过零轴线，说明MACD技术指标根本无法长期维持这种金叉状态，持续回升同时导致股价和均线系统发散运行。由此可见，日线股价经历这一波持续回升以后，化解和修复不利因素成为当务之急。

（9）2013年5月末至6月末，周线和日线股价不仅同步形成"顺水抽风再顺水"的调整趋势，而且股价重新落入大线之下运行，但它并非表达股价破位，这是一段正常的回调趋势（也叫推倒重来趋势）。根据月线和周线趋势分析以后应当做出决定，将其纳入强势股股票池。6月25日，虽然盘中股价经历剧烈波动，但盘中低价与前期低价完全相等，而且"十字星"的收盘价处于两者的低价之上，独立看待这是一根"触底回升，金针探底"止跌K线，前后低点结合着看则是"平底支撑，底部反转"止跌特征。说明回调趋势获得区间下轨的强力支撑，这是盘整阶段逢低吸筹的理想区域。7月4日，股价逐渐回升以后重新企稳均线系统之上，携量阳线同时向上穿透四线并确立"反攻四线"强攻特征。这个"反攻四线"强攻特征存在缺陷：中线下穿大线导致均线系统出现错乱状态。这就意味着，后市存在拨乱反正的调整趋势，所以庄家常常采取推倒重来趋势进行修复，暗示后市还有低吸机会。

（10）2013年7月11日，只是经历"两连阴"的缩量回调以后，"红三兵"快速推起并重新企稳均线系统之上，又及时带动指标重新转入金叉状态。大线在上、中线在下，说明日线股价进入"短回长"强势攻击范畴。"红三兵"的最后一根阳线出现缩量特征，说明股价回升力度开始不足，预示后市还有调整要求。随后股价展开调整趋势，且呈现出"上大回中"的横盘调整格局，暗示庄家随时启动一波"石破天惊，雷霆万钧"的暴利攻势，要求做好狙击准备。7月22日，特殊状态的"反攻三线"不仅形成止跌反转，而且借助（参考）分时趋势的反转买点不难实现低吸。7月26日，日线股价经历短暂的缩量"两连阴"以后，当

日低开的价格恰好获得中线支撑，携量收阳并形成强势反扑特征。恰好又是周末，周线股价形成携量反转并确立"反攻四线"强攻特征，又及时带动指标重新转入金叉状态。不管是根据周线趋势进行分析，还是根据日线趋势进行预判，新的强攻特征不仅孕育了强势恒强机会，而且参考分时趋势实施精准狙击也是轻而易举。晚间一纸公告，进入为期两个半月的重大事项停牌期，想参与都难了！

（11）2013年10月10日，重新开牌且以"一"字缩量涨停启动大幅拉升趋势。11月1日，日线股价经历连续涨停的急速拔高以后，9个交易日（包括当日在内）的直线攻势接近150%涨幅，除了当日的涨停板裂开缺口且放出巨量以外，其他涨停板都是清一色的"一"字缩量涨停板。随后股价停留在狭小的平台上展开横盘调整趋势，趋势线逐渐脱离红柱体内部并缓慢向下掉头。11月18日，日线股价经历10个交易日的横盘调整以后，携量涨停板不仅快速突破横盘上轨，而且同时突破前期高送转缺口（2011年6月16日）。如果从大幅拉升趋势的行情延续考虑，这种突破横盘上轨的携量涨停板，属于一波接一波的大幅拉升趋势的重新启动，可以把它叫作"乘风破浪，纵横驰骋"的强攻特征。如果从股价和指标的运行状态考虑，两者的背离特征构筑了"顶背离"形态。由此可见，这根涨停板表达了两层意思：第一层意思是表达股价突破横盘上轨，股价存在继续推高的强势动力；第二层意思是表达股价向上冲高属于虚拉诱多性质，只有惯性推力。那么，到底应该相信哪一个呢？两个都相信，也不能尽信。

（12）携量涨停板突破横盘上轨而具备强势动力是事实，可是，不能忘记这是虚拉诱多性质，所以做好惯性推高以后的快速撤离。按照"以大指小"原则理解，参考分时趋势的反转买点实施短线狙击，即使是惯性推高也不难获取一波短线暴利。2013年11月19日和20日，虽然这两根K线的涨幅不同，一根收涨停板一根收小阳线，但通过这两根K线的缩量推升（连续缩量）可以明白，它们表达的意思相同，缩量推升属于"力不从心，虚张声势"的探顶特征。由此可见，日线股价经历连续"一"字缩量涨停攻势以后，先是构筑蕴含惯性推力的"顶背离"形态，接着收出一个或多个明显的探顶特征，除了提示日线股价结束大幅拉升趋势，同时提示做好撤退策略。短线投机必须根据日线和分时趋势的顶部特征快速撤离，波段投资也要逢高减筹。

（13）股价逐渐回调并快速跌破20日均线以后，并没有选择继续下挫，选择围绕20日均线并展开窄幅震荡趋势。通过周线趋势可以看出，周线趋势的横盘调整特征日渐明显，趋势线逐渐脱离红柱体内部并缓慢向下掉头，暗示周线股价的大幅拉升趋势还没有结束。虽然如此，波段运作也不能重仓持筹。2014年1月10日，周线股价经历9周横盘调整趋势以后，携量阳线快速突破横盘上轨，确立周线级别的"乘风破浪，纵横驰骋"的强攻特征。前期日线股价经历明显的横盘调整趋势以后，成功构筑"乘风破浪，纵横驰骋"式的"顶背离"形态，引发了一波惯性推高的短线攻势。虽然只有一波短线行情，但短线投机的获利幅度相当可观。周线趋势的经历与前期日线趋势的经历如出一辙，那么周线股价是否会引发一波惯性推高呢？答案是肯定的，而且日线趋势提前进入突破序列，已经给出周线走向的明确提示。日线股价实现大幅拉升趋势的【预期】有多大？涨势是否猛烈？趋势是否发生演变？周期级别（行情）是否提升？除了受到股指走势影响以外，还取决于庄家控盘，也与个股蕴含的炒作题材密切相关。

◆ **操盘要点**

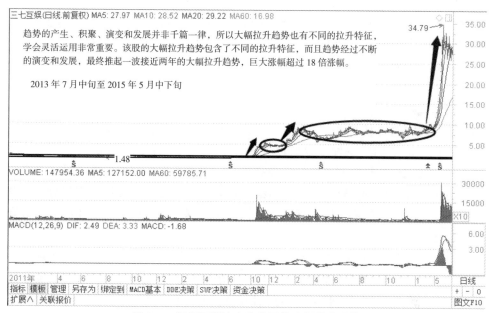

图4-7 经历不断演变和发展的大幅拉升趋势

如图4-7所示：

（1）2014年1月30日，周线股价经历两段急速拉升的放量趋势以后，盘面开始形成缩量推升特征，说明周线攻势开始转虚，预示周线股价随时都有可能探顶回落。复权状态下可以看出，股价早已进入连创历史新高趋势，说明复权状态下的股价上涨已经没有技术平台阻压。除权状态下可以看出，虽然股价也已创出历史新高，但缩量推升特征表示它与上市高点确立<对望格局>双轨。按照"以大指小"原则指导，此时应当寻找日线趋势的探顶特征实现逐步减筹。随后的一个月时间，该股走势与股指走势的步调基本一致。日线股价处于明显的高位区间展开震荡趋势，除了指标形成悬空状态，探顶特征也是一个接一个。例如："冲高

回落，单针见顶"、"心怀鬼胎，居心不良"、"长阴破位，倾盆大雨"、"力不从心，虚张声势"、"一刀两断，以绝后患"、"震荡筑顶、下破三线"……由此可见，周线趋势处于攻势末端区域，庄家通过日线趋势的各种探顶特征，不断地提示股价到达顶部，逐步减筹有理有据。

（2）2014年2月27日，"下破三线"破位特征除了提示日线股价完成震荡筑顶趋势，更是一种表达日线股价开启大幅下挫趋势的经典信号。因此，发现周线趋势处于攻势末端区域，同时结合日线趋势的各种探顶特征（包括虚拉诱多特征），实现逐步撤离（减筹）并不难。随后一个多月的回调趋势，股价运行完全符合大幅下挫趋势及其回调三浪。股价由明显大顶至中线下方的回调趋势，属于大幅下挫趋势的首轮回调，由中线下方至中线之上的反弹趋势，属于大幅下挫趋势的反弹中继行情，由跌停板开启的再破趋势，属于大幅下挫趋势的第三波回调。

（3）2014年4月8日，第三波回调不仅快速跌破60日均线，而且股价经历回调三浪趋势，已经跌回前期大幅拉升趋势的起步区间，获得支撑以后收出一根"触底回升，金针探底"K线图。随后股价实现震荡反弹趋势，3个月以后到达前期大顶且无法超越它，说明2014年2月25日和7月7日这两个相隔4个多月的顶部特征，成功构筑一种"双重顶"格局。按照大幅下挫趋势及其回调三浪理解，这一波无法超越前期顶部的反弹趋势，可以算是大幅下挫趋势的反弹中继行情，也可以这么理解，这一波反弹中继行情属于周线级别的虚拉诱多趋势。这就意味着，周线股价的第三浪回调将会取代反弹中继行情，预示后市还有周线级别的第三波回调。

（4）2014年7月初开始，周线股价进入第三波回调，带动日线股价重新回落并相继失守20和60日均线。可是，日线股价经历一段小级别的回调三浪以后，股价虽然跌破了60日均线支撑，但股价并没有继续下挫。2014年8月4日开始，股价获得止跌并实现震荡反弹趋势，重新企稳均线系统以后又围绕均线系统展开反复震荡。预示股价很有可能演变为区间盘整趋势，只是条件还不满足，目前来看还缺少一个下轨支撑（D点下轨）。10月17日至11月13日，股价围绕均线系统缠绕3个月以后，跟随股指快速回调并在前期下轨的上方获得止跌。次日，股价处于昨日下影线的内部运行和收盘，K线组合形成"阴线下影线藏阴线"，招数名称叫作"隐忍不发，伺机待动"止跌特征（大底区间叫作寻底特征）。那么，第二个下轨可以确认了吗？暂时还是不行，毕竟K线组合属于阴线组合，还要耐心等待反扑阳线或止跌企稳特征对其进行确认。晚间一纸公告，上市公司发布证监会批准公司发行股份购买资产的配套资金（老消息），同时推出以资本公积金向全体股东每10股转增17股的分配方案（新消息）。这些资本手段全世界都在用，但利用这些消息并实现题材炒作，却是A股市场独有的风景，

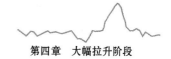

而且威力还不小。

（5）2014 年 12 月 3 日，经过半个月的停牌消化，开牌以后直接进入"一"字缩量涨停。由于该股已经经历过 2013 年下半年的大肆炒作，所以重大事项得到证实并没有获得比前期更大的炒作空间。12 月 16 日，股价经历三个涨停板以及确立"短回长"强攻以后，当日采取跳空高开虽然高出前期历史顶部，但逐渐回落的盘跌趋势取代了跳空高开，收盘前一刻接近昨日收盘价，受到缺口支撑且略有回升，说明这根"伪阴线"是"高开低走，乌云盖顶"和"悬空而行，危在旦夕"探顶特征的结合。日线股价从年初开始已经处于高位区间，展开长期的反复震荡还是处于高位区间，而且这个顶部特征已经是第三个基本接近的上轨价格，下轨价格及其切线又形成了逐渐上行角度。这就意味着，长期的筑顶震荡趋势不仅演变为区间盘整趋势，而且"长期横向盘整"格局基本符合上升三角形的形态构造。周线趋势波动从表面上看不如日线趋势那么宽幅，"长期横向盘整"格局的横调特征却更加明显，区间整理形态也已符合上升三角形的形态构造。

（6）通过月线趋势的复权状态可以看出，股价停留在对望区间展开横盘调整趋势，趋势线逐渐脱离红柱体以后趋向钝化状态，趋势线和零轴线之间留有较大的悬空距离。2014 年 12 月，月线股价获得中线止跌并向上冲击，虽然这是股价得以重新走强的核心依据，但不要忘记这是月线级别的虚拉诱多趋势。按照"以大指小"原则进行指导，大周期采取横盘调整趋势进行洗盘和换挡，必须通过它对应的小周期寻找强攻节点及其调整趋势。因此，月线对应周线并寻找周线强攻节点及其调整趋势，周线对应日线并寻找日线强攻节点及其调整趋势。我们再回到月初的趋势分析。2014 年 12 月 5 日，周线股价获得止跌企稳的同时，携量阳线快速向上穿透四线并确立"反攻四线"强攻特征，表明月线股价经历横调趋势并获得中线止跌之际，周线股价开始进入强势攻击范畴。与此同时，日线股价重新开牌以后经历一波涨停攻势以后，重新企稳均线系统之上并引出"短回长"强攻特征。由此可见，月线股价经历横调趋势并获得中线止跌的同时，它的周线和日线这两个周期趋势开始形成一种合力共振，预示后市股价将有一段具备强势动力的诱多趋势。

（7）经过上述分析以后我们可以明白，月线股价于 2014 年 12 月获得中线明显止跌，周线股价于 12 月 5 日进入"反攻四线"强势攻击范畴，买入应当根据日线股价确立"短回长"及其调整趋势时开始实施。2014 年 12 月 5 日至 2015 年 1 月初，强攻以后采取"顺水抽风再顺水"调整趋势进行洗盘，这是实施逢低吸筹的好时机。2015 年 1 月初至 2 月初，这是实施稳步增筹的好时机。2 月 3 日，日线股价携量突破上升三角形的上轨切线，实质上股价突破了复权状态和除权状态下的所有上轨，这是区间盘整趋势结束的典型标志，也是真正开启大幅拉

升趋势的典型标志。随后庄家采取调整趋势进行洗盘，这是验证股价突破形态轨道的技术要求，也是最后实施低吸的区域。2月17日，股价获得中线止跌以后实现回升，携量阳线再次突破上升三角形的上轨切线（再次突破所有上轨），说明大幅拉升趋势已经成为板上钉钉的事实。机不可失，时不再来，这里往往是实施重仓抬轿的最后机会。

（8）晚间一纸公告，股价又进入两个多月的停牌期。这一次停牌与2013年下半年大肆炒作的理由相似：公司拟非公开发行股票进行募资，收购三七互娱剩余40%股权项目。本来可以一次性完成的工作，却分开两次进行酝酿和实施，资本运作手段实在是高啊！不得不让人叹为观止。2015年5月5日，经过两个多月的停牌期消化，重新开牌以后又是连续"一"字缩量涨停。直线拔高且以涨停板为主的连续急拉，只是用了半个月时间已经超过两倍涨幅，如果从区间盘整末端的强攻区域算起，大幅拉升趋势超过3倍涨幅。既简单也暴力，不佩服都不行。重新开牌以后的月线股价推起一根涨幅巨大且留有上影线的巨量阳线，周线股价不仅推起连续跳空的增量阳线，而且第三根阳线留有较长的上影线且带有巨量，日线股价经历了连续10个交易日的涨停拔高。这些都不是我们要讨论的重点，毕竟该进去的早已进去，此时想进去也只能从10根涨停板的最后两天抢进。

（9）说来也巧，2015年5月15日的第9个涨停板，当日实施了高送转，但它却不再是"一"字缩量涨停板。早盘高开高走虽然极速封停，但封停单子却不够坚决，巨量抛盘和买盘围绕涨停板价格相持5分钟以后，买盘才封死涨停板价格。谁在如此高位追入如此巨量？又是谁在如此高位抛出如此巨量？答案显而易见。由于高送转原因，必须调入复权状态观察和分析。5月18日，经历周末两天修整以后，周一开市采取"一"字涨停开盘。可是，"一"字涨停开盘的封停单子不多，巨量抛盘和买盘争夺1分钟以后，封停买盘才封死涨停板价格。"一"字涨停的K线下方，虽然留有的下影线较短，但也不难想象，这里的争夺有多么激烈。谁有这个能耐拔高股价且裂开涨停口子成交？又是谁接纳了这些抛筹？答案不难找。5月19日，"一"字涨停开盘维持了15分钟，受到巨量抛筹持续涌向场外的影响，涨停板裂开口子成交，不知哪来的巨量买盘，9点51分又将股价封上涨停板。可是好景不长，9点58分开始，巨量抛盘掌握主动并重新裂开口子成交，买盘巨大也毫无反击之力，盘中股价逐波走低并在早上收盘前快速跌破昨日收盘价。午盘以后，盘中股价大部分时间躺在昨日收盘价之上震荡成交，收盘前虽然买盘有所增多且鼓动股价略有回升，但最终收盘定格在"高开低走，乌云盖顶"巨量阴线。谁有如此巨量抛筹？又是谁如此慷慨地接纳巨量抛筹？答案还是没有改变。

（10）2015年5月20日，承接昨日高开低走的压顶之势，集合竞价已经低

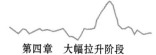

了 3 个多点。开盘以后股价经历了 15 分钟的震荡下探，最大跌幅接近 6 个点。可是，抛盘好像显得不再那么沉重，买盘又重新活跃起来，盘中股价随之形成逐波走高，并于午盘的 13 点 18 分形成直线封停。巨大的盘中振幅且报收缩量涨停板，庄家目的何在？除了"力不从心，虚张声势"，想不出更好的成语形容它。即使将其看作"反戈一击，扭转乾坤"强势反转，也只有短线投机。5 月 21 日，盘中股价不仅经历了上蹿下跳、伏低蹿高的剧烈波动，而且最终报收一根缩量推升的"十字星"，符合"冲高回落，单针见顶"和"力不从心，虚张声势"结合型探顶特征，庄家意欲何为？技术者应该都知道。5 月 22 日，大阴线跌破昨日最低价，及时确立高位区间的"长阴破位，倾盆大雨"破位特征，与此同时，它与前两天的 K 线图构成一个"黄昏之星"探顶 K 线组合，预示跌期将至。

（11）2015 年 5 月 25 日和 29 日，这两天分别形成了两根跳空低开且留有缺口的阴线，都可以叫作高位区间"闸门洞开，一泻千里"的破位特征。6 月 8 日，股价于高位区间未经明显的震荡趋势，大阴线开始跌破仍然上行的 20 日均线，首次确立"一刀两断，以绝后患"破位特征，一般把它看成假的破位特征，暗示震荡筑顶趋势还没有结束。由于 20 日均线的上行角度仍然发挥着支撑作用，使得股价破位下行有所延缓，而且股价在此展开抵抗趋势。6 月 15 日，股价处于高位区间并围绕 20 日均线展开抵抗趋势，受制于 20 日均线且形成了"顶上再破"特征，20 日均线又被"顶上再破"趋势及时带入下行角度，往往把它看成真的破位特征。当断不断，反受其乱。

（12）该股的长期牛市不仅有一波急拉攻势直接到顶的大幅拉升趋势，也有一波接一波且呈现出循环登顶特征的大幅拉升趋势，而且长期涨势又经历多段明显拉升和调整特征的大幅拉升趋势。由此可见，长期的大幅拉升趋势往往拥有两种及两种以上的拉升特征，类似地，长期的大幅拉升趋势也可以归结为不同的拉升特征。比如，一波急拉攻势直接到顶的大幅拉升趋势，可能只是形成长期牛市的起点（首轮涨势），股价经历充分的整理趋势以后，重新起势又将推起一波明显涨势，促使长期涨势呈现出一波接一波的大幅拉升趋势。又如，长期涨势经历多段明显拉升和调整特征的大幅拉升趋势，可能其中一段涨势属于一波急拉攻势直接到顶的拉升特征，也有可能是一波接一波的循环登顶特征。再如，一波接一波的大幅拉升趋势，可能其中一段或多段属于一波急拉攻势直接到顶的拉升特征。

（13）阶段趋势的产生、积聚、演变和发展并非千篇一律，所以大幅拉升趋势（长期涨势）往往呈现出不同的拉升特征，实战运用必须灵活应变。就像三七互娱一样，长期的大幅拉升趋势蕴含了多种拉升特征，而且阶段趋势经过不断的演变和发展，最终推起一段长达两年的大幅拉升趋势，实现的巨大涨幅接近 18 倍之多。如果只认识其中一段拉升趋势，只能（会）做到其中一段行情，那么错

失的长期涨势绝不是小行情。强势恒强个股不仅比股指提前起势，而且强势恒强个股的任何一段趋势，都有可能比股指走势提前，甚至是逆势而动。股指处于大底区间震荡或在区间盘整阶段，促使个股的震荡筑顶趋势有所延长，使其逐渐满足并符合区间盘整趋势的走势特征和形态构造。最终趋势发生质的改变，同时也提升了周期级别。按照"以大指小"原则理解，只要大周期获得明显止跌或有趋强迹象，立即寻找它所对应的小周期，关注小周期实现强攻及其调整趋势，往往可以做到第一时间吸筹。按照"以大指小"原则指导，即使小周期存在这样那样的缺陷，股价也会按照大周期的既定方向移动，逢低吸筹不妨大胆些。股价突破形态轨道（上轨切线）或有验证突破趋势的技术回调，必须投入重仓抬轿，这是获取大幅收益的明智选择。

实例二　东华能源（002221）

◆ 图形识别

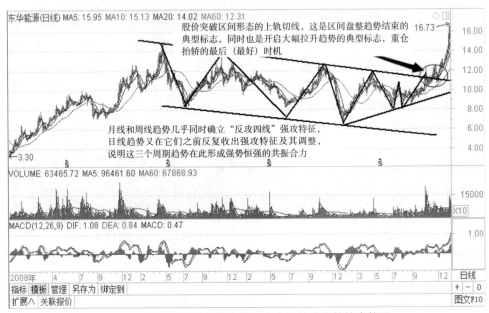

图 4-8　区间盘整趋势结束并开启大幅拉升趋势的走势图

◆ 技术回放

如图 4-8 所示：

（1）采取复权状态观察东华能源（002221）可以发现，2008 年 10 月末至2017 年 5 月末的 8 年多时间，该股实现了长期盘升的牛皮涨势，最终超过 32 倍

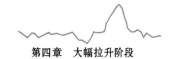

涨幅。与此同时，股指以及大部分个股都分别经历了两轮阶段性牛市和两轮熊市行情。下面就股指和东华能源之间的趋势变化及其演变进行分析，并逐一解剖该股实现长期盘升的牛皮涨势。

（2）2008年10月28日，这是股票市场经历美国次贷危机洗礼以后的一个阶段性低点，东华能源以及大部分次新股都在这里收出上市以来的历史低价，随后也都由这里展开反弹趋势。上证指数经历持续反弹并回补2008年6月6日的跳空缺口以后，并于2009年8月4日的阶段性高点结束反弹趋势。深证成指实现反弹趋势不仅提前回补了前期跳空缺口，而且触及2008年5月6日的中继平台，明显受压以后并于2009年8月5日的阶段性高点结束反弹趋势。通过两市股指的月线趋势可以看出，两市股指都是从2007年10月中旬的历史顶部形成大幅下挫趋势，首轮回调经历了一年时间，并于2008年10月寻出低点以后才算结束。2008年10月末展开的反弹趋势，推起一段月线级别的反弹中继行情，说明到此为止，月线趋势的大幅下挫趋势只是完成了首轮回调和第二波反弹中继行情。这就意味着，月线趋势构筑第二波反弹中继行情的过程，体现于日线和周线趋势的多头特征，实质上是一段虚拉诱多趋势。

（3）东华能源同步跟随股指经历持续反弹以后，2009年4月中旬到达前期大幅下挫阶段的中继平台，随之围绕此平台展开反复震荡趋势。深证成指于2009年8月初形成反弹趋势的顶部特征，急下急上以后随之围绕均线系统展开震荡，实现震荡反弹以后且于当年11月末创出此轮反弹新高，并成功构筑日线级别的"双重顶"格局。与此同时，上证指数处于高位平台震荡并没有创出此轮反弹趋势的新高，只是围绕均线系统波动并呈现出反复盘顶特征，所以成功构筑一段日线级别的反弹中继行情。由此可见，不论是深证成指的日线趋势构筑"双重顶"格局，还是上证指数的日线趋势构筑反弹盘顶格局，都形成了月线趋势的反弹中继和阶段性顶部。该股于2009年7月末至9月末经历回调三浪以后，跟随股指反弹也创出此轮反弹新高。该股的反弹趋势比股指走势明显要强，理由如下：股指于2009年12月初的顶部形成回落和破位趋势以后，不断地向下回调，该股每次经历短暂的调整趋势以后，不断地创出此轮反弹新高，2010年4月23日出现明显的飘柱诱多趋势以后，才结束自2008年10月28日以来的五波推动浪。

（4）下面继续通过两市股指的各个周期趋势及其演变，分析它们与该股走势的关系。上证指数于2009年8月结束反弹中继行情，并由此开始大幅下挫趋势的第三波回调，深证成指的反弹中继行情虽然比上证指数延长了4个月时间，但也由当年12月进入大幅下挫趋势的第三波回调。2010年7~11月，不论是上证指数还是深证成指，跌破大线以后都获得了支撑，实现止跌以后虽然向上推起四

个月伴攻趋势，但两市股指形成伴攻以后的高点都比前期阶段性顶部略低，从而构筑新的反弹中继行情。随后两市股指经历窄幅震荡趋势以后，再破特征将它们引入下挫趋势。由此可见，大幅下挫趋势由回调三浪构成，回调三浪的其中一段回调趋势（这里指的是第三波回调），往往也包含了比它小一个级别的回调三浪。那么，与此对应的周线和日线趋势，大幅下挫趋势远远不止回调三浪，也不足为奇。

（5）2012 年 12 月至 2013 年 2 月，上证指数的第三波回调经历了长达 41 个月回调趋势（深证成指回调也有 37 个月）。经历长期回调并出现明显的飘柱诱空特征以后，获得止跌开始向中线之上发起首轮冲击。随后股指处于相对的低位区间展开长期的反复震荡，虽然 2013 年 6 月创出了第三波回调的新低，但 MACD 技术指标于零轴线下方转入金叉状态以后，趋势线呈现出逐渐抬升状态，削减了指标的弱势特征。说明指数走势和它的指标走势背离，成功构筑"底背离"形态，表明指数获得指标趋强的强力支撑。2014 年 7 月，上证指数处于低位区间经历充分震荡以后，携量反弹并向上穿透低位四线，同时确立"拨开迷雾，重见光明"和"充分筑底，反抽四线"的转势特征，深证成指同时确立"拨开迷雾，重见光明"和"震荡筑底，反抽三线"的转势特征。不论是上证指数还是深证成指，它们处于相对的低位区间经历长达 20 个月的反复震荡以后，最终都由转势特征结束震荡筑底趋势。

（6）上面重点分析了两市股指的月线趋势，下面侧重于周线和日线趋势。两市股指于 2012 年 12 月初探出首个回调低点（寻底特征），实现"V"型反转趋势以后，长期停留在相对的低位区间展开长期的反复震荡，虽然震荡途中有过新的回调低点，但获得支撑也很明显。说明震荡筑底趋势、小幅拉升趋势和区间盘整趋势处于一个区间运行，区间整理形态也很清晰。2014 年 7 月 25 日，两市股指的周线和日线趋势都在这里形成携量突破形态轨道，说明两市股指的周线和日线趋势同时进入大幅拉升趋势，体现于日线趋势的强攻特征更加提前。不论是上证指数还是深证成指，处于相对的低位区间并经历 85 周的反复震荡以后，携量突破形态上轨才算结束复合特征的区间盘整趋势，同时开启大幅拉升趋势。

（7）通过两市股指的长期熊市可以明白，虽然它们的大幅下挫趋势及其回调三浪略有差别，但它们的整体熊市趋势基本一致。上证指数的大幅下挫趋势及其回调三浪：2007 年 10 月至 2008 年 10 月属于首轮回调，2008 年 10 月至 2009 年 8 月属于第二波反弹中继行情，2009 年 8 月至 2012 年 12 月属于第三波回调。深证成指的大幅下挫趋势及其回调三浪：2007 年 10 月至 2008 年 10 月属于首轮回调，2008 年 10 月至 2009 年 12 月属于第二波反弹中继，2009 年 12 月至 2012 年

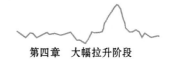

12 月属于第三波回调。通过两市股指的趋势转换及其时间可以看出，熊市趋势唯一不同的是：深证成指的反弹中继行情延长了 4 个月时间，也就是说，上证指数进入第三波回调早了 4 个月时间。

（8）虽然两市股指的整体熊市趋势都经历了 5 年多时间，但它们都没有创出历史低点，而且第三波回调也没有跌破首轮回调的低点。趋势发生如此演变的主要原因是：2007 年开始的大幅下挫趋势及其首轮回调，不仅跌速猛烈，而且一波直线跌势的回调幅度巨大。由此可见，大幅下挫阶段的第二波反弹中继行情演变为区间盘整趋势的开端，也就是说，第二波反弹中继行情演变为小幅拉升趋势，大幅下挫趋势的第三波回调属于区间盘整趋势的调整范畴，这就是趋势的发生、积聚、演变和发展的结果。

（9）上面讲述了两市股指的月线、周线和日线趋势及其演变，下面重点分析该股于复权状态下的具体走势及其趋势演变。该股于 2010 年 4 月末完成五波推动浪以后，跟随股指长期回调并呈现出宽幅震荡的区间盘整趋势，不仅构筑一个符合上升旗形的区间整理形态，而且东华能源的区间盘整趋势比股指走势要强，强庄控盘的异动特征非常明显。2012 年 1 月初，该股形成上升旗形的第三个下轨以后，稳步向上并实现了逆势行情，这就是强势恒强的异动迹象。2012 年 10 月 22 日，股指探出首个底部之前的一个多月，该股已经开始突破上升旗形的上轨切线，逆势而动的强势恒强特征更加明显。12 月中旬，股价经历一个多月的横盘调整趋势，获得明显支撑以后选择重新突破区间上轨，这是真正确认大幅拉升趋势的典型信号，也是重仓抬轿的最好（最后）时机。

（10）通过东华能源的月线和周线趋势可以看出，2010 年 4 月至 2012 年 9 月，月线趋势经历了一段反复震荡的连阳和连阴特征，虽然它的上轨和下轨不如日线趋势那么多，但区间整理形态也完全符合上升旗形的形态构造。MACD 技术指标虽然由金叉状态趋向死叉状态，但自从趋势线逐渐落入零轴线以后，趋势线并没有远离零轴线，而且随着股价反复震荡并围绕零轴线波动，说明指标随时迎合股价突破轨道。2012 年 9 月，月线股价经历区间的充分整理以后，向上穿透四线并确立"反攻四线"强攻特征。周线股价从 2010 年 4 月的顶部形成回落以后，震荡筑顶趋势逐渐演变为区间盘整趋势，区间整理形态符合上升旗形的形态构造。9 月 28 日，周线股价向上穿透四线并确立"反攻四线"强攻特征。由此可见，月线和周线趋势几乎同时确立"反攻四线"强攻特征，日线趋势又在它们之前反复收出强攻特征及其调整趋势，说明这三个周期趋势在此形成强势恒强的共振合力。

◆ **操盘要点**

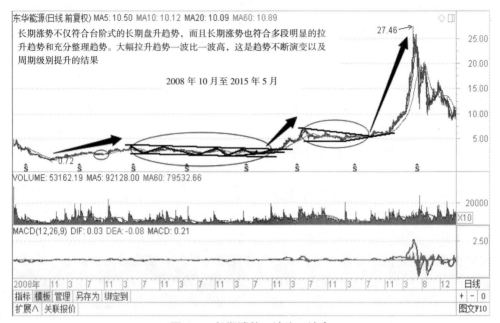

图 4-9　长期涨势一波比一波高

如图 4-9 所示：

（1）股指于 2012 年 12 月初探出底部以后并实现了"V"型反转趋势，该股的日线、周线和月线趋势已经同时进入大幅拉升趋势。所以说发现强势恒强的异动迹象并不难，跟随庄家豪取掠夺一波大幅拉升趋势也不难。资金量大的个人投资者或机构投资者，必须按照战略思维运作大级别的波段趋势，最好从区间盘整阶段分批建立仓位，能够做到逢低吸筹自然不赖，但不必过分追求买入价格的一时高低，关键在于择股能力。资金量小最好不要像运作大资金那样布局，尽量避免过早介入，择股能力和择时能力都要必备，尤其是断然一击的时机把握。发现区间盘整趋势进入末端区域，高度关注盘面的强攻特征和转势特征以及伴随而至的调整趋势，顺势买入或逢低吸筹都可以。资金量大往往影响股价走势，快速投入必然导致股价短期波动过大，也容易造成与庄争筹的局面，这样势必引起庄家不悦，所以要求分批建立仓位，切莫冒进。资金量小要求做到顺势而为，过早介入容易破坏操盘心态，也浪费资金、时间和机会成本，切莫抢攻。择股能力强，择时能力弱，小资金运作大级别的波段趋势也未尝不可，起码比那些"无知无畏"的追高行为强。

（2）2013 年 2 月 8 日，通过日线趋势可以看出，日线股价推起一波以阳线为

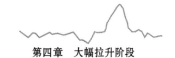

主的持续拉升以后，已经触及 5 年前的上市高点，经历震荡筑顶趋势并成功构筑"顶背离"形态。那么，日线趋势的最终顶部是否在此呢？答案是未必。可是，有技术条件的最好还是学会顺势减筹。通过周线趋势可以看出，周线股价实现持续拉升并触及上市高点时，股价和指标趋势仍然处于强势范畴，呈现出缩量推升特征只是表达它们及时确立<对望格局>双轨，说明股价有了调整需要。周线股价经历 7 周对望调整以后，获得止跌又重新向上拉升。日线股价回调以后获得大线支撑并实现重新强攻，减了必须及时捡回来。根据周线的股价和 MACD 技术指标的运行特征可以判断，这是一段"回光返照，苟延残喘"的虚拉诱多趋势。那么，周线趋势的最终顶部是否在此呢？答案是未必。可是，有技术条件的必须顺势减筹。通过月线趋势可以看出，月线股价实现"连阳推动"并触及上市高点时，确立<对望格局>双轨以后只是经历短暂的对望调整趋势，反扑以后继续向上拉升并延续着大幅拉升趋势。如果将其调入除权状态观察和分析，将会得出更加清晰的技术依据。所有周期趋势实现拉升以后，都受到了历史平台（上市高点）的明显阻压，又及时与上市高点确立了<对望格局>双轨，这预示着什么呢？

（3）2013 年 5 月 16 日，日线股价获得止跌并实现重新拉升以后，已经处于飘柱诱多过程并收出"悬空而行，危在旦夕"探顶特征，这个探顶特征可信吗？按照"以大指小"原则理解，周线股价处于"回光返照，苟延残喘"的虚拉诱多过程，日线盘面收出的探顶特征既是日线涨势终结的提示，也是周线的虚拉诱多趋势即将终结的提示。次日，周线股价完成了一周趋势，周线形成一根"力不从心，虚张声势"的探顶特征，说明周线推起的"回光返照，苟延残喘"虚拉诱多趋势到此终结，表明实施高送转的炒作行情就此终结。那么，股价是否到达此轮行情的最终顶部呢？答案是未必。

（4）通过上述分析可以明白，月线趋势实现"连阳推动"并到达上市高点时，确立<对望格局>双轨以后虽然只有短暂的两个月调整，但这两个月的对望调整对于周线和日线趋势来说，则是一波明显的调整趋势。由此可见，月线趋势虽然处于强势范畴，但周线和日线股价已经处于震荡筑顶趋势，不管这些探顶特征是真顶部还是假顶部，随后股价都有调整需要。即使月线趋势的调整时间短，体现于周线和日线趋势也有一波明显的调整趋势，如果月线趋势的调整时间长，那么体现于周线和日线趋势就有可能形成一段推倒重来趋势。因此，按照"以大指小"原则理解以后，必须根据每个周期的具体走势实施操盘策略，此时应当采取逢高减筹策略。

（5）2013 年 5 月中旬以后，日线、周线和月线股价都停止了涨势。与此同时，两市股指实现"V"型反转趋势并收出一个阶段性顶部以后，逐渐回调并于6 月初开启区间的第三波回调。2013 年 6 月 25 日，两市股指经历一波急速下挫

以后，虽然盘中深幅下探并收出自 2009 年以来的回调新低，但触底回升不仅扭转了盘中的深幅下探，而且企稳前期底部之上，成功构筑一种"破而后立，底部反转"的双底支撑特征。该股停止涨势以后虽然形成一波快速回调并跌至大线下方，但股价接近前期涨势平台（2013 年 3 月初至 4 月初的调整区间）立即获得止跌，且与两市股指同日收出一根"触底回升，金针探底"K 线图。虽然两市股指与东华能源的"金针"K 线图一样，但它们的实战价值完全不同。两市股指的"金针"K 线图出现在构筑双底的区间，东华能源的"金针"K 线图出现在探顶回落以后的支撑区域，前者只是表达股价获得止跌的寻底意图（抄底价值），后者则是表达股价获得支撑的反转意图（低吸价值），所以说东华能源的"金针"K 线图具备较大的实战价值。

（6）2012 年 12 月初至 2014 年 7 月中旬，两市股指长期处于相对的低位区间，不仅构筑一个区间包含了三个阶段的趋势特征（震荡筑底趋势、小幅拉升趋势和区间盘整趋势），而且这个区间的中后期（2013 年 6 月 25 日至 2014 年 7 月中旬）又孕育出比上述趋势级别更小的新趋势，还是一个区间包含了三个阶段的趋势特征。如果格局放大一些，不难看出，2008 年 10 月至 2014 年 7 月的长期趋势，这是月线级别的一个区间包含了三个阶段的趋势特征。不论从哪个角度进行观察和分析，都要寻找股价重新实现强攻和突破形态轨道的质变节点。东华能源于 2013 年 6 月 25 日获得"金针"支撑以后，随后一年时间跟随股指展开波动。说明两市股指处于相对的低位区间构筑这三个阶段的趋势特征，东华能源则由震荡筑顶趋势演变为区间盘整趋势，区间整理形态基本符合上升楔形的形态构造。这就意味着，东华能源后市还有大幅拉升趋势。

（7）通过趋势演变及其关系可以明白，震荡筑顶趋势演变为区间盘整趋势，实质上这是一种区间盘整趋势的特殊构造，而且趋势演变也提升了周期级别。震荡筑顶趋势演变为区间盘整趋势，至少需要满足两个条件，才有可能构筑成功：第一，个股起势比股指提前，也已提前实现大幅拉升趋势；第二，个股趋势发生转变的过程，股指往往处于震荡筑底阶段或在区间盘整阶段，促使个股趋势由震荡筑顶趋势演变为区间盘整趋势。也就是说，不仅要求个股提前股指起势，也已提前实现大幅拉升趋势，还提前进入震荡筑顶趋势，而且要求股指处于长期的反复震荡（处于大底区间震荡或区间盘整都有可能），使得个股的震荡筑顶趋势有所延长，使其逐渐满足并符合区间盘整趋势的走势特征（形态构造）。最终趋势发生质的改变，同时提升了周期级别。诚如，长江后浪推前浪，一山还有一山高。

（8）2014 年 7 月 28 日，"反攻四线"强攻特征不仅确认攻击模式，而且携量阳线突破了上升楔形的上轨切线，说明区间盘整趋势结束并同时开启大幅拉升趋

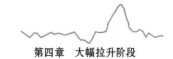

势，做多趋势必须重仓介入。周线股价于 2014 年 2 月 21 日确立"反攻四线"强攻特征以后，随之展开窄幅震荡并成功构筑一段"短期横盘调整"趋势，也叫"上大回中"格局。8 月 1 日，周线股价携量突破形态的上轨切线，说明周线股价结束区间盘整趋势并开启大幅拉升趋势。机不可失，时不再来。月线股价不仅经历 2013 年 6 月至 2014 年 10 月的 17 个月调整，而且股价始终处于 2013 年 6 月这一根阴线的高低价（上下轨）波动，调整趋势只是回碰中线并围绕它窄幅震荡，说明月线调整趋势构筑一种横盘调整格局。2014 年 11 月，月线股价携量突破横盘上轨，随之引发月线级别的"乘风破浪，纵横驰骋"式的强势恒强趋势。如果这里再不大胆抬轿，也就不要期望能在股票市场赚钱了！按照"以大指小"原则进行指导，发现月线股价处于一个狭窄的小平台构筑一段横盘调整特征，必须立即通过它所对应的周线趋势，寻找周线股价确立强攻及其调整的节点，周线趋势对应日线趋势亦然。

（9）2014 年 7 月中旬至 2015 年 5 月末，这一波实现 3 倍多涨幅的大幅拉升趋势，既是受到股指走牛的带动，也是东华能源蕴含利好消息（题材）的疯涨炒作。2015 年 4 月 23 日，晚间一纸公告：正在筹划非公开发行股票事宜，公司股票于 4 月 24 日起停牌。早不停，晚不停，偏偏选择股价经历疯涨以后且实现 3 倍多涨幅才停牌，居心何在？不言而喻。5 月 25 日，股价经历一个月停牌以后，重新开牌直接进入"一"字缩量涨停，谁有买入能力呢？5 月 26 日，虽然还是采取"一"字涨停开盘，但涨停板的抛盘明显增大，挂单速度快些倒是有可能成交。5 月 27 日，虽然不再是涨停板开盘，但跳空高开也有 8.60% 涨幅。可是，由于巨量卖盘抛压，跳空高开的价格不仅成为当日的最高价，而且卖盘疯狂减持并致使盘中股价直线下挫，向下穿透昨日收盘价以后虽然略有回升，但最终收盘却呈现出一种"高开低走，乌云盖顶"的探顶特征，追高者不崩溃才怪！

（10）2015 年 5 月 29 日，周线股价重新开牌以后，首先收出一根"悬空而行，危在旦夕"和"冲高回落，单针见顶"的结合型探顶特征。月线股价重新开牌以后，5 月的探顶特征和周线的探顶特征如出一辙。这就意味着，周线和月线股价到达高位区间并收出首个（批）探顶特征，都是逢高减筹的理由。6 月 5 日，这一周的阳线和上一周的阳线构成一个探顶 K 线组合，"阳线上影线藏阳线"叫作"扬而不突，杀机骤现"探顶特征，也是逢高减筹的理由。由于攻势停滞，慢速趋势线开始脱离红柱体内部。6 月 12 日，这一周的阳线虽然有量支撑，但股价并没有突破平台上轨，而且连续三周以来的阳线图形于高位区间构成一个并排而行的探顶 K 线组合，名字叫作"火烧连营，铩羽而归"探顶特征，还是逢高减筹的理由。股价实现巨大涨幅不仅处于历史高位，而且各类风向标股票也已处于明显的高位区间展开反复震荡，那么，为何不选择这些不同周期的探顶特征实

施逢高减筹呢？是否认为没有抛到最高价就是不划算呢？难道非要等到股价破位才愿意减筹（出局）吗？此类种种，实质都是幻想和贪婪的心态作祟。

（11）2015 年 6 月 15 日，日线股价处于历史高位震荡并回碰中线以后，形成抵抗反弹不仅没有创出此轮行情新高（历史新高），而且带量的大阴线直接向下穿透高位三线，确立"下破三线"破位特征并跟随股灾行情进入连续暴跌趋势。只是用了半个月时间，一波连续暴跌趋势不仅跌至大线下方，而且股价跌幅腰斩过半。7 月 6 日至 8 月中旬，日线股价形成"V"型反弹并重新企稳均线系统以后，围绕均线系统展开窄幅震荡趋势。反弹中继行情虽然促使原来明显发散的均线系统逐渐收拢，MACD 技术指标也被重新带入金叉状态，但指标却开始呈现出一种虚力状态。8 月 18 日，带量的跌停板同时向下穿透均线系统并确立"下破四线"再破特征，说明再破特征终结了大幅下挫趋势的反弹中继行情，同时开启了大幅下挫趋势的第三波回调。反弹中继行情除了虚拉诱多目的以外，实质上是酝酿再破趋势的必经阶段，这里往往还有最后一次逃命机会，就看谁能把握住了！

（12）周线股价于历史高位区间经历短暂震荡以后，暴跌三阴跌至中线附近虽然产生短暂抵抗，但"下破三线"破位特征却是延续大幅下挫趋势的罪魁祸首。2015 年 5 月 29 日至 9 月 2 日，这是周线大幅下挫的首轮回调；9 月 2 日至 11 月 13 日，这是周线大幅下挫的反弹中继行情；11 月 13 日至次年的 2 月 5 日，这是周线大幅下挫的第三波回调。按照月线趋势来看，周线股价经历大幅下挫趋势及其回调三浪，月线股价才完成大幅下挫趋势的首轮回调。也就是说，2015 年 5 月至 2016 年 2 月，这是月线大幅下挫的首轮回调；2016 年 2 月至 10 月，这是月线大幅下挫的反弹中继行情；2016 年 10 月开始的回调趋势，属于月线大幅下挫的第三波回调。直至本书写作期间，月线大幅下挫的第三波回调才开始不久，所以回调趋势什么时候结束？回调过程又有哪些中继特征？目前不得而知。

（13）正常情况下，利用震荡筑顶趋势实现逐步减筹才符合技术要求，利用反弹中继行情或再破特征完成最后撤退，这是为了保命而不得不做出的选择。通过该股的日线、周线和月线趋势可以看出，股价处于历史高位的停留时间不长，经历短暂震荡以后直接进入大幅下挫趋势，说明股价于高位区间缺失一段震荡筑顶趋势，减筹速度只要慢了（或少了），利润必然受到连续暴跌趋势的影响而快速减少，追高的面临大亏。不管什么周期，该股形成大幅下挫趋势及其回调三浪都很明显。这就意味着，最后必须抓住并利用大幅下挫趋势的反弹中继行情和再破特征，尤其是日线和周线趋势构筑的反弹中继行情，及时抛掉所有多头筹码。

（14）再回过头看，该股从 2008 年 10 月末的"底背离"低点开始，至今为止的整体趋势及其阶段变化。通过日线趋势可以看出，2008 年 10 月末至 2010

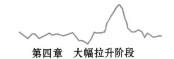

年4月中下旬，包含了股价运动的震荡筑底阶段和小幅拉升阶段（同时它蕴含一个小级别的六个阶段）。2010年4月中下旬至2012年9月中旬，属于股价运动的区间盘整阶段（宽幅震荡的区间盘整趋势蕴含一个小级别的第一阶段至第三阶段）。2012年9月中旬至2013年2月初，属于股价运动的大幅拉升阶段。2013年2月初至2013年5月中旬，属于股价运动的震荡筑顶阶段。2013年5月中旬至2014年1月中旬，属于股价运动的大幅下挫阶段。

（15）其中2013年2月初至2014年1月中旬的震荡筑顶趋势和大幅下挫趋势，不再是单纯的某个阶段趋势，经历变化以后并演变出一段新的区间盘整趋势，而且震荡筑顶趋势和大幅下挫趋势只是形成区间盘整趋势的前期阶段。演变而来的区间盘整趋势，包含了2013年2月初至2014年7月末之间的长期震荡。2014年7月末至2015年5月末，新的区间盘整趋势演变出新的大幅拉升趋势，说明前期实现的大幅拉升趋势自动降级为小幅拉升趋势。2015年5月末至6月中旬，日线股价处于历史高位区间的震荡时间虽然短暂，但也符合震荡筑顶趋势。2015年6月中旬至9月初，日线股价回调完全符合大幅下挫趋势及其回调三浪。再往后看，就要涉及周期级别（行情）提升以后的周线和月线趋势。股价完成上述六个阶段的整体趋势以后，后市能否形成更大级别的长期涨势呢？目前还不得而知。但有一点非常清楚，2015年5月以来，月线级别的大幅下挫趋势及其回调三浪，目前还在进行当中。

（16）根据该股的日线、周线和月线趋势及其演变可以明白，长期涨势不仅符合长期盘升的牛市特征，而且长期涨势也符合多段明显拉升和充分整理的大幅拉升趋势。长期涨势一波比一波高，趋势又不断发生新的演变，说不定还要经历季线级别的六个阶段及其趋势演变。最终有没有这个可能性呢？一起拭目以待吧！不管股价运动的六个阶段如何演变，都有一个质变节点，必须牢记阶段与阶段之间的界限及其注意事项，熟悉阶段趋势的转换及周期级别提升的内在机理。阶段趋势的演变既简单也复杂，但万变不离其宗。就拿该股来说，震荡筑顶趋势和大幅下挫趋势演变为区间盘整趋势的前期阶段，最终不管股价如何变化，阶段趋势的转换及周期级别提升的原则必须谙熟于心，区间盘整趋势结束并开启大幅拉升趋势的节点必须了然于胸。最后能够挣多少？必备的技术能力和过硬的心理素质不可或缺，更多的是考验投资人的心态。

（17）认识大幅拉升趋势之前，首先必须弄懂区间盘整趋势及其形态构造（择股能力），其次是寻找真实的强攻特征及其调整趋势（择时能力）。也可以这样说，区间盘整趋势是启动大幅拉升趋势的必经阶段，而且启动大幅拉升趋势必须由区间盘整末端的强攻特征及其调整趋势开始。两市股指趋好或趋强以后，周线或月线趋势总是批量产生强攻特征，预示整体趋势进入牛市行情，绝大部分个

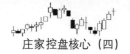
股都能实现大幅拉升趋势。

（18）2012~2015 年的牛市行情，笔者根据庄控系统的选股模式，做了一次精选个股的统计。其中符合月线级别精选条件的个股，总共有 25 个，最终实现100% 涨幅的有 2 个，实现 100%~300% 涨幅的有 15 个，超过 300% 涨幅的有 8个。此外，月线趋势处于强势范畴，符合周线级别精选条件的个股，总共有 208个，最终实现 100% 涨幅的有 11 个，实现 100%~500% 涨幅的有 175 个，超过500% 涨幅的有 22 个。

★ 本章小结

（1）通过区间盘整趋势酝酿多头行情，少则几个月时间，长则一两年时间，再长则有数年之久，甚至耗费十年以上。大幅拉升趋势却不然，一波急拉攻势直接到顶的大幅拉升趋势，可能只要一两个月时间就结束了；一波接一波的大幅拉升趋势，耗费的时间也不会很长，可能三五个月就结束了；台阶式的长期盘升符合了牛皮市道，时间和趋势都没有一个明确的终点，所以长达几十年都有可能。

（2）由于阶段趋势的不断演变和发展，以及周期级别（行情）的不断提升，庄家控盘手段及其变化也有差异，所以大幅拉升趋势（长期涨势）往往呈现出不同的拉升特征。大幅拉升趋势以涨停板或大阳线为主，一波急拉攻势实现了巨大涨幅，完成多段【预期】并收出一个或多个明显的顶部价格，或创出历史新高才收出一个或多个明显的顶部价格，这种大幅拉升趋势往往是那些经历了利好停牌并重新开牌以后的个股才会出现。利好确认并重新开牌以后，推起一段连续"一"字缩量涨停的急拉攻势，买入机会甚微，除非资金量（交易量）足够大，同时拥有实力强大的券商提供的 VIP 交易通道（权限），才有可能比别人领先千分之几秒的挂单（买入）机会。凡是蕴含某种利好消息（题材）的个股，股价于停牌前往往存在一段提前异动的强势恒强特征（趋势）。先知先觉者从来不会羡慕别人，总能从技术层面找出领先于绝大部分投资者的理由。庄家要么通过区间盘整趋势且提前出现的强攻特征及其调整进行提示，要么通过提前于股指突破形态轨道进行提示，要么通过突破以后的验证趋势进行提示。

（3）一波接一波的快速拉升趋势，强势恒强特征非常明显。每一波攻势之间往往采取缩量调整趋势衔接，而且缩量调整趋势以横盘调整特征为主，获得 5 日均线或 10 日均线或 20 日均线支撑以后，又推起一波新的快速拉升趋势。如此趋势经历反复多次以后，股价才会到达最终顶部。这种一波接一波的快速拉升趋势，中途出现调整趋势除了受到前期技术平台或跳空缺口的阻压所致，也是实现

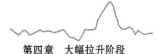

洗盘和换挡的技术需要。循环交替的快速拉升趋势和横盘调整趋势，不仅导致指标失真严重，而且假顶特征以及横盘调整特征又不断地造成干扰，所以说准确判断股价的最终顶部绝非易事，最好根据对应的大周期进行指导。

（4）长期涨势由稳步拉升趋势和基本横调趋势的交替状态构成，虽然每一波拉升趋势不如一波急拉攻势那么猛烈，也不如一波接一波的快速拉升趋势那么连续，但它最终实现的涨幅未必会小。股价实现稳步拉升以后触及前期技术平台或跳空缺口，量能明显萎缩或有激增迹象，分时趋势又有探顶特征，或已形成虚拉诱多趋势，采取一个相对的高价实现高抛（减筹）并不难。每一波基本横调趋势不仅呈现出量能逐渐萎缩，而且股价回碰大线附近获得支撑。每次经历一波稳步拉升趋势和基本横调趋势以后，股价向上抬高一个台阶。基本横调趋势造成指标失真，不必过分关注它，毕竟股价重拾升势以后，容易带动指标实现强势反转，而且这是强势恒强的拉升特征。

（5）长期涨势经历多段明显的拉升趋势和充分整理趋势，这是阶段趋势不断演变和发展的结果，也是周期级别（行情）不断提升（延伸）的结果。符合这种拉升特征的大幅拉升趋势，不知不觉中实现了惊人涨幅。中途出现探顶特征只是它的阶段性顶部，经历充分整理趋势将会延伸出更大级别的行情。符合这种拉升特征的大幅拉升趋势，除了参考复权和除权这两种状态下的【预期】以外，同时还要参考各个周期所处的位置及其趋势演变。

（6）一段大幅拉升趋势可能存在两种及两种以上的拉升特征，类似地，长期涨势也可以由不同拉升特征的大幅拉升趋势构成。比如，一波急拉攻势直接到顶的大幅拉升趋势，可能只是形成长期牛市的起点（首轮涨势），那么股价经历充分整理趋势以后，重新起势又是一波明显涨势，那么长期涨势呈现出一波接一波的大幅拉升趋势。又如，长期涨势经历多段明显的拉升趋势和充分整理趋势，可能其中一波拉升趋势是一波急拉攻势直接到顶的拉升特征，也有可能是一波接一波的快速拉升特征，还有可能蕴含了多种拉升特征。因此，由于阶段趋势的不断演变和发展，以及周期级别（行情）的不断提升，大幅拉升趋势（特征）并非千篇一律，实战运用必须灵活应变。

（7）选择一支强势股（择股）或许不难，认识大幅拉升趋势也不难，难就难在买入时机的把握上（择时）。实施大级别的战略投资，成败在于择股，择时（动态布局）不会影响最终结果。实施短线的战术投机，成败在于择时，格局大了未必挣钱。识别区间盘整趋势及其形态构造，这是选择强势股的前提条件。认识强攻特征及其调整趋势，这是介入强势股的前提条件。股价突破形态轨道，敢于下重仓抬轿是获取大幅收益的前提条件。

（8）周线或月线趋势实现了巨大涨幅，股价停留在高位区间展开反复震荡，

日线股价往往处于高位区间并体现出一段长期的反复震荡，即使日线股价携量突破筑顶上轨，也是周线或月线级别的虚拉诱多趋势。大周期处于高位区间构筑震荡筑顶趋势，虚拉诱多过程并不是说不能做，而且对应的小周期往往推起一波明显反弹，虽然有利可图，但这种位置的反弹趋势只能把它定义为快进快出的短线行情。高抛低吸技术精湛，怎么做都行，买卖点把握不准，最好还是回避震荡筑顶的虚拉诱多趋势。如果参与虚拉诱多趋势，有了顶部赶紧脱手，忌讳患得患失。

（9）次新股的上市时间短，历史套牢盘少，面临阻压小，大幅拉升趋势最终实现多大涨幅，确实很难做出准确预判。A股市场常年盛行题材炒作，次新股也已成为一种必炒题材，具有非常明显的"中国特色"。不管是复权状态还是除权状态，次新股经历大幅拉升趋势以后，屡创历史新高成为常态，最终能够实现多大涨幅？最终顶部又在哪里？虽然预判不得，但可以通过每个周期趋势的强弱转换，以及每个周期趋势的背离特征进行判断。

（10）次新股的缺口不仅多，而且高送转幅度又常常出人意料，导致除权状态下的盘面布满了各种或大或小的缺口。虽然高送转只是一种假分红的骗人把戏（拆分股票数量的障眼法），实质成本（收益）也不会发生任何改变，但A股市场总是乐此不疲地大肆炒作次新股，而且投资者的炒作热情有增无减。除权状态下的这些缺口，往往成为大肆炒作以后的填权【预期】，更具"中国特色"。虽然除权缺口可以作为【预期】，但分析、精选和操作个股，必须同时参考复权和除权这两种状态，两者缺一不可。

第五章 震荡筑顶阶段

一、图例和阶段趋势分析

(一) 图例 (东方财富，300059)

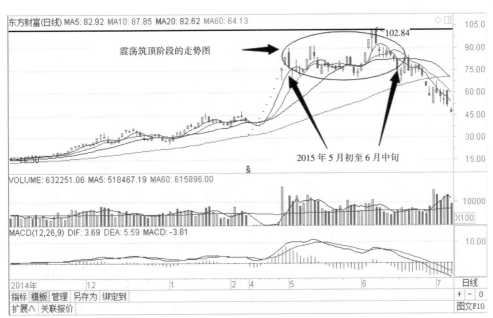

图 5-1 震荡筑顶阶段的走势图

(二) 阶段趋势分析

(1) 股价经历长期的大幅拉升趋势，已经实现巨大涨幅且已处于明显的高位区间。最后急拉阶段收出一个或多个明显的顶部价格 (探顶特征) 以后，攻势开

始减缓或形成震荡趋势，随之减弱了多头趋势的攻击力度。

（2）高位股价经历震荡趋势以后，获得明显上行的中线止跌并实现震荡反弹趋势，随之呈现出超买状态或虚拉诱多趋势，股价往往创出此轮行情新高（包括历史新高），又及时收出一个或多个明显的新的顶部价格（探顶特征）。股价实现震荡反弹以后可能没有创出此轮行情新高，说明高位股价只是处于前期顶部的价格之下，并围绕高位三线展开窄幅震荡趋势，又及时收出一个次顶部价格（次顶部特征）。

（3）股价处于高位区间并经历反复震荡以后，MACD 技术指标的多头特征被其逐渐削弱（瓦解）。趋势线处于零轴线上方并脱离红柱体内部以后，趋势线和零轴线之间不仅呈现出一种明显的悬空状态，而且趋势线随着高位震荡趋势经历了由上行至钝化再至下行的角度转换，DIF 趋势线下穿 DEA 趋势线以后，MACD 技术指标转入死叉状态。

（4）不管股价处于高位区间震荡有没有创出此轮行情新高（包括历史新高），反复震荡已经促使趋势线形成逐渐下降状态，即使股价和趋势线出现过拐头或重新转入金叉状态，趋势线的整体角度也始终保持着逐渐下降状态。虽然趋势线和零轴线之间的悬空距离逐渐缩小，但它已经改变不了 MACD 技术指标逐渐趋弱的运行特征。

（5）股价处于高位区间并经历反复震荡趋势，震荡反弹过程可能某日出现大量大阳或巨量大阳或缩量大阳，这些都是诱多派发的顶部信号。即使是阴线也往往呈现出带量下跌特征，这些都是获利了结的明显信号。就算阴线是缩量下跌或逐渐缩量状态，庄家也逃脱不了高位派发的嫌疑。

（6）股价处于高位区间的震荡时间越长，20 日均线越容易趋于钝化或小幅下垂角度，5 日均线、10 日均线和 20 日这三条均线也容易趋于收拢或黏合状态。高位股价震荡逐渐收窄以后，暗示变盘时机就在这里附近。股价处于高位区间震荡的时间越长，也容易构筑"双重顶"或"多重顶"阻压格局。

（7）趋势线逐渐下降并接近零轴线，或者说趋势线和零轴线的悬空距离不再那么明显，股价收阴并跌破已经钝化或已小幅下垂的 20 日均线，及时确立"一刀两断，以绝后患"或"震荡筑顶，下破三线"的破位特征，说明股价结束震荡筑顶趋势并开启大幅下挫趋势。

震荡筑顶阶段的趋势总结：股价经历大幅拉升趋势且已实现巨大涨幅，最终急拉阶段收出一个或多个明显的顶部价格（探顶特征）开始，股价处于高位区间展开反复震荡趋势；MACD 技术指标长期停留在零轴线上方悬空运行，两条趋势线的整体角度随着高位震荡趋势实现缓慢下降，逐渐靠近零轴线运行；最终股价跌破中线或同时下破高位三线，确立"一刀两断，以绝后患"或"震荡筑顶，下破三线"等破位特征；这一段高位区间的反复震荡叫做震荡筑顶趋势，也叫震荡

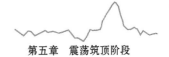

筑顶阶段。破位特征既是震荡筑顶趋势结束的典型标志，也是大幅下挫趋势及其回调三浪开始的典型标志。

二、深层剖析和技术要领

（1）股价经历长期的大幅拉升趋势，股价和指标特征尚未脱离多头范畴，最后拉升往往形成一波快速的急拉攻势，此时最有可能收出大幅拉升趋势的首个（批）明显的顶部价格（探顶特征）。虽然这些探顶特征的可信度不高，往往也不是大幅拉升趋势的最终大顶，但只要高位股价随后围绕这个顶部区间展开反复震荡趋势，将会逐渐瓦解股价和指标特征的多头趋势，所以首个（批）明显的探顶特征也就具备强力阻压。股价停留在高位区间展开反复震荡趋势，庄家目的就是为了实现诱多派发。

（2）大幅拉升趋势的量增价涨逐渐扩大，涨势到达平时难以企及的高度，说明彻底点燃了普通投资者的做多情绪和追高热情。最后拉升阶段的量能特征往往呈现出过大或缩量状态，这些都不是正常的量价表现，而且这样势必对继续拉升股价造成极大干扰。量能不可能永远保持增量状态，缩量推升也无法保持攻势强度。因此，大幅拉升趋势到了最后拉升阶段，只要出现一波疯狂的急拉攻势，后市往往难以为继。量能激增以后出现缩量推升，这是攻势转虚的典型特征，庄家也逃脱不了虚拉诱多的嫌疑。所以说大幅拉升趋势进入最后急拉阶段，量能过大或缩量呈现，都是股价开始进入探顶区间的明显信号。

（3）股价经历长期的大幅拉升趋势，处于最后急拉阶段或在震荡筑顶阶段，利好消息往往满天飞，做多情绪和追高热情达到了几近疯狂的地步，股价可能不断地创出此轮涨势新高（包括历史新高）。最后急拉阶段的多头特征虽然明显，但利好兑现往往开始出现首个（首批）明显的顶部价格（探顶特征）。又或者说，股价已经处于震荡筑顶阶段，利好消息促使场外资金持续涌入场内，稳定并鼓动股价处于高位区间，或促使高位股价形成震荡反弹，那么庄家实施减筹容易许多。简而言之，基本面（市场面）总是不断地提醒场外投资者，此时买入做多非常值得（投资）！殊不知，股价处于高位区间并经历一段震荡筑顶趋势以后，就算创出此轮行情新高（包括历史新高），即使短期涨幅诱人，也改变不了股价实现探顶并构筑大顶的现实，甚至发生"见光死"行情。

（4）错失大幅拉升趋势的普通投资者，发现股价处于高位区间震荡，认为这是继续拉升前的调整趋势，而且股价获得中线或大线支撑以后又形成震荡反弹趋势，此时投资者不做其他考虑，甚至不认识股价运动处于什么阶段，于是选择震

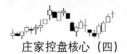

荡筑顶过程的反弹高点追入，期待股价还有更好、更高的拉升表现！可是事与愿违！庄家构筑这一段震荡筑顶趋势，就是为了诱惑那些原来站在场外观望的资金换成场内筹码，庄家却在暗中将获利巨大的筹码换成现金。在这一进一出之间，追高浮筹完成了接货，庄家顺利实现派发。

（5）高位股价震荡往往受到明显上行的 20 日均线支撑，或者围绕高位三线反复震荡，震荡幅度大了，股价往往回调至 60 日均线附近才获得支撑，构筑一段反弹中继或反复盘顶趋势。获得 20 日均线支撑并形成震荡反弹以后，可能创出此轮行情新高（包括历史新高），这是构筑"顶背离"或"顶上顶"格局的技术过程。股价获得均线支撑以后，可能只是处于前期顶部的价格之下，并围绕均线系统展开窄幅震荡趋势，说明高位股价实现震荡反弹并没有创出此轮行情新高，这是构筑"头肩顶"形态（次顶部）的技术过程。

（6）股价处于高位区间震荡并经历多次回调趋势和反弹趋势，可能构筑"顶背离"+"头肩顶"式的复合筑顶趋势，也有可能构筑一段"头肩顶"+"顶背离"式的复合筑顶趋势。股价回调至 60 日均线附近才获得支撑，往往构筑一段虚拉诱多的反弹中继行情，接近前期顶部不管有没有创出此轮行情新高，高位股价都容易确立"双重顶"或"多重顶"格局。

（7）股价停留在高位区间不仅经历了上蹿下跳、伏低蹿高的反复震荡，而且震荡筑顶趋势的时间跨度较长，这样容易构筑"双重顶"或"多重顶"格局的震荡筑顶趋势。不管后面的顶部有没有创出此轮行情新高（包括历史新高），"双重顶"或"多重顶"格局都成立，而且构筑这样的震荡筑顶趋势，股价实现探顶的可信度极高。

（8）趋势线处于零轴线上方并存在明显的悬空距离，就算指标死叉以后受到震荡反弹趋势带动并实现二次金叉或多次金叉状态，股价和指标走势也已呈现出明显的背离特征，说明震荡筑顶趋势就是一段虚拉诱多趋势。实现二次金叉或多次金叉的震荡筑顶过程，趋势线逐渐下降并向零轴线靠近，促使趋势线最终落入零轴线下方（附近）运行，将为股价下一次选择方向打好基础。实现二次金叉或多次金叉的震荡筑顶过程，不仅容易确立多种探顶特征和破位特征，而且股价最终选择方向的可信度高。

（9）趋势线处于零轴线上方并远离它的情况下，MACD 技术指标就算转入死叉状态，绿柱体也容易受到震荡筑顶趋势的影响，呈现出时而拉长、时而缩短的快速变化。高位股价回调以后重新站稳 5 日均线时，逐渐拉长的绿柱体立即呈现出缩短状态，叫作"一柱断势"特征。这是震荡筑顶趋势尚未完成的明显标志，也是股价仍需保持震荡筑顶趋势的明显标志。不仅利用"一柱断势"特征断顶势，而且利用它实现逢高抛筹策略。破位特征是终结"一柱断势"的典型标志，

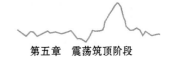

倒转理解，可以利用"一柱断势"特征断底势。

（10）趋势线处于零轴线上方并远离它的情况下，高位股价回调以后虽然跌破 20 日均线，MACD 技术指标也转入死叉状态，但股价获得支撑并重新站稳 20 日均线之上运行，此时 20 日均线反而呈现出缓慢下行角度，这是一种典型的虚拉诱多特征（趋势）。股价震荡反弹虽然缩短了逐渐拉长的绿柱体，但绿柱体并没有消失，而且股价重新回调以后又拉长了绿柱体，这是一种典型的虚力诱空特征（趋势）。震荡筑顶过程出现虚力诱多特征和虚力诱空特征，都是表达股价处于高位区间的震荡时间不足，就算股价回调以后一再跌破 20 日均线，回调幅度也很有限，而且股价存在再次震荡反弹的可能性，所以说破位趋势和大幅下挫趋势还要延后。

（11）趋势线和零轴线的距离较远，两者又存在明显的悬空距离，期间收出任何一种破位特征都有可能是假破特征，而且股价还有再次震荡反弹的可能性，也不排除股价保持高位震荡的长期性。因此，震荡筑顶趋势构筑一个"顶背离"或"头肩顶"形态，往往无法扭转长期累积的多头攻势，所以庄家常常构筑一段复合特征的震荡筑顶趋势，"顶背离"、"顶上顶"、"头肩顶"、"双重顶"和"多重顶"等顶部特征，相间出现比较常见。不论这些顶部特征谁在前、谁在后，也不管高位股价经历了多少次虚拉诱多趋势和虚力诱空趋势，只有趋势线逐渐下降并靠近零轴线或跌入零轴线以后，破位特征才够真实。

（12）破位特征是股价结束震荡筑顶趋势并开启大幅下挫趋势的分水岭（临界点），不同的破位特征存在不同的表现形式。"一刀两断，以绝后患"破位特征既是震荡筑顶趋势结束的典型标志，也是股价脱离高位区间的典型标志，还是大幅下挫趋势开始的典型标志，更是终结"一柱断势"特征的典型标志。一般情况下，"一刀两断，以绝后患"和"震荡筑顶，下破三线"的破位特征往往同步确立，而且这里附近可能产生多种探顶特征和破位特征，或者同步产生多种破位特征。

（13）震荡筑顶阶段的探顶特征和破位特征较多。常见的探顶特征有："扬而不突，杀机骤现"、"黄昏之星，跌期将至"、"火烧连营，铩羽而归"、"冲高回落，单针见顶"、"高开低走，乌云盖顶"、"心怀鬼胎，居心不良"、"长阴破位，倾盆大雨"、"平顶阻压，顶部反转"、"破而后落，顶部反转"、"闸门洞开，一泻千里"、"悬空而行，危在旦夕"、"顶背离"、"顶上顶"、"回光返照，苟延残喘"……常见的破位特征有："一刀两断，以绝后患"、"震荡筑顶，下破三线"、"抽刀断水，流水无情"、"充分筑顶，下破四线"、"头肩顶"……利用探顶特征实施逐步减筹，确立破位特征要求清空筹码。

三、构筑类型和操盘策略

按照《形态理论》的说法，股价处于高位区间作箱体运动，主要有如下形态：圆弧顶、M头、塔形顶、尖型顶、倒"V"型反转顶、双重顶、多重顶、头肩顶……

按照艾氏《波浪理论》的说法，一轮完整的波浪趋势包含了八浪运动——五波推动浪和三波回调浪，这一点毋庸置疑。可是，艾氏《波浪理论》只是告诉我们一个主要趋势（趋势的大概方向）。对于某段上涨趋势的受阻或探顶？某段下跌趋势的止跌或寻底？艾氏《波浪理论》却没有给出一个明确的答案，所以说八浪运动可以作为一种参考依据。不可否认的是，艾氏《波浪理论》经久不衰，有它存在的理由，实战价值大小主要看个人理解和运用。如果想把《波浪理论》弄透悟懂，最好学习并汲取其他经典投资理论和指标理论的精髓，通过融合并弥补八浪运动的缺陷。

为了使形态和波浪结构容易识别，趋势判断又直观清晰，实战运用简单，庄控系统融入了各种经典投资理论和指标理论的精髓，并将震荡筑顶阶段划分为七种构筑类型。在此必须明确一点，不必过分在乎震荡筑顶阶段的箱体构造，也不要过分在意它的波浪结构，震荡筑顶趋势只要形成以下这七种构筑类型，同时根据"以大指小"原则进行指导，即可判断股价处于高位区间的什么位置，震荡筑顶趋势是真是假，进而指导实战。只要不影响震荡筑顶趋势的技术判断，复权状态和除权状态亦可。

震荡筑顶趋势的构筑类型，具体如下。

※ 第一种，"顶背离"式的震荡筑顶趋势。苏宁云商（002024）

"顶背离"式的震荡筑顶趋势，是指股价经历大幅拉升趋势且已实现巨大涨幅，收出一个或多个明显的顶部价格（探顶特征）以后，股价停留在高位区间展开反复震荡趋势。震荡过程获得明显上行的20日均线支撑，促使高位股价形成震荡反弹趋势。虽然股价创出此轮行情新高（包括历史新高），但股价受到前期顶部的强力阻压，又及时收出一个或多个明显的新的探顶特征以及震荡趋势。MACD技术指标转入死叉状态以后，趋势线处于零轴线上方并远离它，受到震荡反弹趋势带动虽然重新转入金叉状态，或在金叉和死叉状态的临界点反复缠绕，但趋势线的整体角度却始终保持着逐渐下降状态，说明趋势线和零轴线的悬空距离有所收缩。

通过上述我们可以明白，股价探出顶部以后处于高位区间震荡，形成震荡反

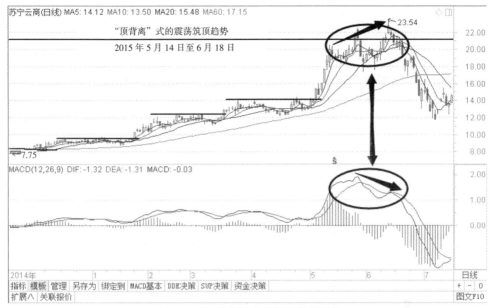

图5-2 "顶背离"式的震荡筑顶趋势

弹以后虽然股价创出此轮行情新高（包括历史新高），但MACD技术指标的趋弱特征非常明显，趋势线的整体角度却始终保持着逐渐下降状态，趋势线逐渐靠近零轴线，表明股价和指标走势形成一种完全背离特征，从而产生（确立）虚拉诱多的"顶背离"形态，包括构筑"顶上顶"格局在内，都是比较常见的震荡筑顶趋势。

低位区间确认"底背离"形态，不仅需要趋势线由零轴线下方的远处形成逐渐抬升状态，而且需要MACD技术指标于零轴线下方实现二次金叉状态。高位区间确认"顶背离"形态，无须MACD技术指标重新转入死叉状态即可确认。由此可见，股价处于高位区间并在20日均线附近反复震荡，创出此轮行情新高（包括历史新高）时，不管它的收盘价有没有站稳前期顶部的最高价，都可以确认"顶背离"形态。简而言之，低位区间确认"底背离"形态，需要股价于低位区间经历反压下行趋势，并创出此轮回调新低（包括历史新低）以后，股价重新展开反弹并将指标带入二次金叉状态，才能确认"底背离"形态。高位区间确认"顶背离"形态，只要高位股价经历震荡并回碰20日均线且获得支撑，震荡反弹趋势又创出此轮行情新高（包括历史新高），"顶背离"形态立即做出确认。这是低位区间确认"底背离"形态和高位区间确认"顶背离"形态的最大区别。

首个（批）顶部价格（探顶特征）可能出现在大幅拉升趋势的最后急拉阶段，而且此时股价往往处于明显的多头范畴。就算股价拉升完成了多段【预期】，

或者处于历史新高阶段不断推升，此时股价确认最终顶部的可信度较低。不可否认的是，此时股价形成探顶不假，存在强力阻压也不假，所以采取逢高减筹为宜。一般情况下，最终大顶价格（探顶特征）的形成，往往由震荡筑顶阶段的虚拉诱多趋势产生和确认。说明股价经历大幅拉升趋势且实现巨大涨幅以后，构筑一段消耗多头的震荡筑顶趋势，确认大顶的可信度高。震荡筑顶趋势表明股价已经不再具备大幅拉升的可能性，但不能排除震荡筑顶过程的反复诱多，也不能排除虚拉诱多趋势产生此轮行情新高（包括历史新高），更不能排除新的探顶特征确认大顶。由此可见，构筑"顶背离"形态（包括构筑"顶上顶"格局）的前后几天时间，借助（参考）分时趋势的探顶特征和破位特征，及时实现高抛（减筹）并不难，难就难在如何去除追高的贪婪心态。

趋势线处于零轴线上方并形成逐渐下降状态，说明趋势线和零轴线的悬空距离越来越小，预示多头趋势逐渐瓦解、空头趋势逐渐积累。高位股价经历震荡反弹以后虽然创出此轮行情新高（包括历史新高），但受到前期顶部阻压且形成回落趋势以后，股价快速跌破 20 日均线并收出破位特征，此时 MACD 技术指标往往又被股价破势带入死叉状态，或者重新拉长正在收缩的绿柱体并放大死叉状态。股价处于高位区间震荡，实现震荡反弹的次数越多，震荡的时间越长，反复创出此轮行情新高（包括历史新高）的可能性越大，那么股价和指标走势将会呈现出一种长期背离，从而构筑一种反复创新高式的"顶上顶"格局。因此，股价处于高位区间展开震荡筑顶趋势，复权状态也好，除权状态也罢，不论是构筑单次创新高式的"顶背离"形态，还是构筑反复创新高式的"顶上顶"格局，震荡筑顶趋势很有可能又完成一段或多段虚拉诱多【预期】。

小周期确立"顶背离"形态，表达股价处于高位区间震荡，高位股价至少经历了二次探顶的虚拉诱多趋势，而小周期对应的大周期开始脱离多头攻势范畴。小周期构筑反复创新高式的"顶上顶"格局，表达股价处于高位区间并经历了反复震荡，高位股价至少形成了两次及两次以上的虚拉诱多趋势，而且小周期对应的大周期往往开始形成飘柱诱多趋势。由此可见，大周期的多头攻势明显趋弱，或者说大周期形成飘柱诱多趋势，对应的小周期构筑"顶背离"形态或"顶上顶"格局，股价确立大顶的可信度高，而且震荡筑顶过程存在较多的高抛机会。构筑"顶背离"形态（包括构筑"顶上顶"格局）的前后几天时间，可能正在构筑其他类型的虚拉诱多特征，也有可能同步构筑多种虚拉诱多特征（结合体）。

周线股价处于明显的多头范畴，或者说周线股价只是处于大幅拉升阶段的对望区域，日线股价形成震荡筑顶趋势并构筑"顶背离"形态，往往是一种假顶特征，而且日线股价获得均线支撑以后，重新向上反弹或突破调整轨道，容易引发"蜻蜓点水"式的强势恒强攻势。月线股价处于明显的多头范畴，或者说月线股价只是处于大幅拉升阶段的对望区域，周线股价也会经历类似的调整趋势，而且周线股价突破调整轨道以后也会引发"蜻蜓点水"式的强势恒强攻势，周线股价最终实现的涨幅十分惊人，所以说月线指导周线的实战价值大。资金量小的投资者，按照"以大指小"原则进行选股和操盘，不妨多做符合此类走势的个股。

※ 第二种，"头肩顶"式的震荡筑顶趋势。金自天正（600560）

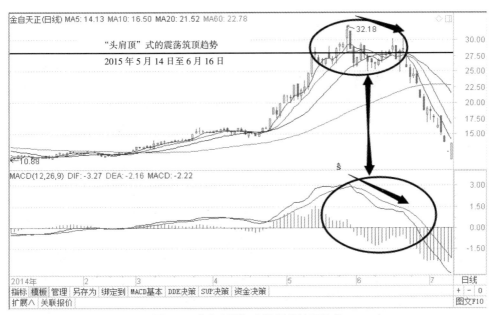

图 5-3 "头肩顶"式的震荡筑顶趋势

"头肩顶"式的震荡筑顶趋势，是指股价经历大幅拉升趋势且已实现巨大涨幅，收出一个或多个明显的顶部价格（探顶特征）以后，股价停留在高位区间展开震荡趋势。高位股价首次跌破 20 日均线或同时跌破 5 日均线、10 日均线和 20 日均线时，中线往往存在明显的上行角度，高位三线的发散状态也很明显，说明中线和高位三线发挥着支撑作用，所以不能把它们定义为破位特征。股价获得止跌以后形成震荡反弹趋势，高位股价重新站稳 20 日均线之上运行。可是，高位股价震荡反弹不仅没有创出此轮行情新高（包括历史新高），而且高位股价始终处于前期顶部的价格之下震荡。趋势线虽然处于零轴线上方并远离它，但指标受到震荡筑顶趋势的带动并转入死叉状态以后，趋势线形成缓慢下降状态并向零轴线靠近。MACD 技术指标受到震荡反弹趋势带动，虽然重新转入金叉状态，或者在金叉和死叉状态的临界点缠绕，但趋势线的整体角度却始终保持着逐渐下降状态，说明趋势线和零轴线的悬空距离有所收缩。

虽然高位股价重新站稳 20 日均线之上，也经历了震荡反弹趋势，但 MACD 技术指标的悬空距离依然明显，而且指标往往处于金叉和死叉状态的临界点缠绕，表明趋势线的整体角度始终保持着逐渐下降状态，说明 MACD 技术指标趋弱运行没有改变。高位股价经历震荡反弹趋势，不仅促使原来明显上行的 20 日均线逐渐趋于钝化角度，同时又促使高位三线逐渐趋于收拢状态，而且股价震荡反弹以后也没有创出此轮行情新高（包括历史新高）。当高位股价再次形成回落趋势，快速跌破已经钝化的 20 日均线并将其带入下垂角度，或者同时跌破已经收拢的 5 日均线、10 日均线和 20 日均线，确立"一刀两断，以绝后患"或"震荡筑顶，下破三线"或同时确立这两种破位特征，实质上确立这些破位特征的同时，也是确立股价的次顶部特征——"头肩顶"形态。

股价处于高位区间震荡时间较短，MACD 技术指标转入死叉状态以后并没有重新转入金叉状态，而且高位区间经历中线短暂抵抗以后又再次跌破中线，确立"头肩顶"形态时往往放大死叉状态，绿柱体快速拉长。如果高位震荡趋势促使 MACD 技术指标处于金叉和死叉状态的临界点缠绕，那么股价再次跌破已经钝化的 20 日均线并将其带入下垂角度，或者同时跌破已经收拢的高位三线，不仅成功构筑"头肩顶"形态，而且这也是构筑"回光返照，苟延残喘"探顶特征的技术过程。

通过"头肩底"形态和"头肩顶"形态的确认过程可以明白，两者有着明显区别：高位区间确认"头肩顶"形态，高位股价需要经历二次跌破中线或高位三线，MACD 技术指标往往放大死叉状态，绿柱体快速拉长。说明"头肩顶"形态必须由"一刀两断，以绝后患"或"震荡筑顶，下破三线"等破位特征进行确认，所以说"头肩顶"形态也是股价结束震荡筑顶趋势并开启大幅下挫趋势的典型标志。低位区间确认"头肩底"形态，低位股价不仅需要经历反压下行趋势，而且指标重新转入死叉状态运行，股价获得止跌以后实现重新反弹，促使逐渐抬升的 MACD 技术指标于零轴线下方实现二次金叉状态，才算确认"头肩底"形态。确认"头肩底"形态时，低位股价往往已经站稳 20 日均线或同时向上穿透低位三线，说明"头肩底"、"拨开迷雾，重见光明"和"震荡筑底，反抽三线"等转势特征同步确立，转势可信度高，转势力度大。低位股价经历反压下行以后并处于 20 日均线之下波动，股价还没有站稳 20 日均线或未向上穿透低位三线时，MACD 技术指标受到缓慢反弹或抵抗趋势的影响，已经转入二次金叉状态，说明"头肩底"形态在前，"拨开迷雾，重见光明"或"震荡筑底，反抽三线"等转势特征在后，这也是有可能发生的。

股价处于高位区间展开震荡趋势，MACD 技术指标的绿柱体经历了拉长再缩短的变化，高位震荡趋势虽然处于 20 日均线之上进行，但 20 日均线却被震荡趋

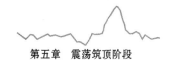

势拖入小幅下垂角度，而且高位股价经历短暂反弹以后又重新回调，这样容易形成一波虚力诱空趋势。严格意义上说，这一波虚力诱空趋势的回调幅度往往有限，而且高位股价经历这一波虚力诱空趋势以后，存在再次向上反弹的可能性，后市创出此轮行情新高或不创此轮行情新高（包括历史新高）都有可能，从而发展为一段更复杂、可信度更高的震荡筑顶趋势。因此，发现高位股价震荡并形成一波虚力诱空趋势，往往意味着后市存在震荡反弹的虚拉诱多趋势，还有逢高抛筹机会。

※　第三种，"顶背离"＋"头肩顶"式的震荡筑顶趋势。金贵银业（002716）

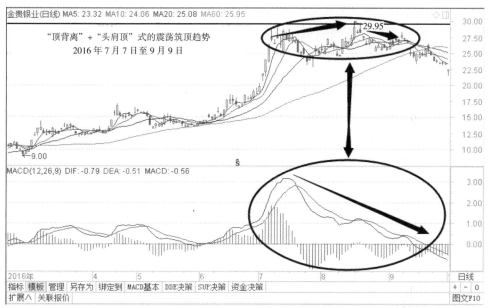

图5-4　"顶背离"＋"头肩顶"式的震荡筑顶趋势

"顶背离"＋"头肩顶"式的震荡筑顶趋势，是指股价经历大幅拉升趋势且已实现巨大涨幅，收出一个或多个明显的顶部价格（探顶特征）以后，股价处于高位区间展开震荡筑顶趋势。先是构筑一段股价和指标走势完全背离的顶部特征——创新高式的"顶背离"形态，接着构筑一段比"顶背离"形态稍低的次顶部特征——"头肩顶"形态，从而形成一种前高后低的"顶背离"＋"头肩顶"式的震荡筑顶趋势。

高位股价首先回调至明显上行的20日均线附近，获得支撑以后实现震荡反弹趋势，虽然股价创出此轮行情新高（包括历史新高），MACD技术指标死叉以后又重新转入金叉状态，但趋势线并没有跟随股价创出此轮行情新高，或者说指

标只是缩小死叉状态而已，而且趋势线的整体角度始终保持着逐渐下降状态，说明股价和指标走势成功构筑完全背离的"顶背离"形态。接着，股价由"顶背离"区域回落以后，虽然高位股价快速跌破20日均线，但股价在此又获得支撑并形成震荡反弹趋势，可是股价并没有创出此轮行情新高，只是处于前期顶部的价格之下并围绕中线展开窄幅震荡趋势。逐渐下降的MACD技术指标虽然跟随抵抗式的反弹趋势再次转入金叉状态，或者只是缩小死叉状态，但高位股价经历抵抗式的反弹以后又形成回落趋势，再次跌破已经钝化的20日均线并将其带入下垂角度，或者同时向下穿透已经收拢的5日均线、10日均线和20日均线，破位特征同时配合确认次顶部特征——"头肩顶"形态。

通过上述我们可以明白，股价经历大幅拉升趋势且已实现巨大涨幅以后，收出一个或多个明显的顶部价格（探顶特征）以后转入震荡筑顶趋势。震荡筑顶趋势先是构筑一段股价和指标走势完全背离的顶部特征——创新高式的"顶背离"形态）（也有可能构筑了反复创新高式的"顶上顶"格局）。接着，股价回落以后处于"顶背离"的高点之下、20日均线附近展开窄幅震荡趋势，20日均线由原来明显上行逐渐趋于钝化角度，5日均线、10日均线和20日均线也由原来的明显发散逐渐趋于收拢或黏合状态。当高位股价回落并再次跌破20日均线或同时跌破高位三线时，破位特征表示股价成功构筑比"顶背离"形态稍低的次顶部特征——"头肩顶"形态。构筑"顶背离"+"头肩顶"式的震荡筑顶趋势，不仅说明股价处于高位区间并经历较长时间震荡，而且震荡筑顶趋势构筑一种前高后低的顶部趋势。

MACD技术指标虽然在死叉和金叉状态之间不断转换，但趋势线和零轴线的悬空距离逐渐收缩，而且趋势线的整体角度始终保持着逐渐下降状态，说明指标趋弱运行明显。一般情况下，股价第二次跌破20日均线或同时跌破高位三线时，MACD技术指标往往被破位特征带入二次死叉状态，或者扩大正在收缩的死叉状态并快速拉长绿柱体。说明趋势线逐渐下降并靠近零轴线运行，不仅是为了等待股价选择方向，而且这样容易将股价引入真正的破位趋势（大幅下挫趋势）。这种复合式的震荡筑顶趋势比较常见，而且股价完成探顶的可信度高，庄家也常常通过这种复合式的震荡筑顶趋势实施诱多派发。

构筑"顶背离"形态的震荡筑顶过程，股价往往获得明显上行的20日均线支撑，也会受到高位三线的发散状态牵制而无法继续回调，即使股价有过跌破20日均线或高位三线，获得支撑以后的震荡反弹也快，所以说高位股价首次跌破20日均线或高位三线，一般不把它们定义为"一刀两断，以绝后患"或"震荡筑顶，下破三线"的破位特征，常常看成假破特征。股价由"顶背离"形态的高点回调以后，可能快速跌破20日均线或高位三线。如果20日均线已经由钝化

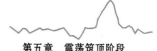

趋向下垂角度，高位三线也已趋于明显收拢，那么这些破位特征就是真实的破位特征，股价将会由此开启大幅下挫趋势。如果 20 日均线还存在上行角度，高位三线也存在发散状态，说明 20 日均线或高位三线仍然发挥着支撑和牵制作用，所以这些破位特征往往不够真实，可信度不高，而且后市往往还有抵抗趋势。股价处于 20 日均线附近并经历抵抗式的窄幅震荡以后，重新回落并再次跌破 20 日均线或同时跌破高位三线，20 日均线往往已经趋向下垂角度，高位三线也已趋于明显收拢，所以说这些破位特征不仅是真实的破位特征，而且这些破位特征同时配合确认"头肩顶"形态。

震荡筑顶趋势越反复（复杂），虚拉诱多效果越好，庄家越容易完成高位派发。错失大幅拉升趋势的普通投资者，不想再错过做多机会，也不考虑此时股价处于什么阶段（位置），或许他们并不知道股价的位置高低（阶段趋势也不明白），或许他们一门心思都是想着大幅拉升趋势还没有走完，做多勇气比任何时候都大，于是不断地投入资金追高股价。这样做无形当中"帮助"了庄家，稳定高位股价并鼓动更多的场外资金入场，庄家也省却了不少力气，而且庄家暗中完成了大部分获利筹码的派发。

月线趋势处于拉升阶段的对望区域，庄家往往通过周线或日线趋势的反复震荡实现洗盘和换挡，也常常采取震荡筑顶趋势或横向震荡趋势展开，促使震荡筑顶趋势演变为区间盘整趋势，或形成"长期横向盘整"格局，或形成"蜻蜓点水"式的换挡趋势。最终趋势发生了演变，具备了更大的实战价值，大部分牛股的趋势转变都是这般发展。震荡筑顶趋势演变为区间盘整趋势，或形成"长期横向盘整"格局，或形成"蜻蜓点水"式的换挡趋势，构筑什么形态都有可能。趋势发生转变且选择向上突破，必须满足两个条件，才有可能构筑成功。第一，要求个股比股指提前起势，也已提前实现大幅拉升趋势和震荡筑顶趋势；第二，个股趋势发生转变的过程，股指处于震荡筑底阶段或在区间盘整阶段，促使个股趋势由震荡筑顶趋势演变为区间盘整趋势，或形成"长期横向盘整"格局，或形成"蜻蜓点水"式的换挡趋势。简而言之，股价处于高位区间的震荡趋势延长了，使其逐渐满足并符合区间盘整趋势的走势特征和形态构造。最终趋势发生质的改变，也提升了周期级别。

※ 第四种，"头肩顶"＋"顶背离"式的震荡筑顶趋势。盛运环保（300090）

"头肩顶"＋"顶背离"式的震荡筑顶趋势，是指股价经历大幅拉升趋势且已实现巨大涨幅，收出一个或多个明显的顶部价格（探顶特征）以后，股价处于高位区间展开震荡筑顶趋势。高位股价前期震荡虽然围绕 20 日均线进行，但股价始终没有超越前期顶部，高位股价出现第二次跌破 20 日均线或同时跌破高位三线时，由于破位时机选择不对，或者说高位震荡趋势（时间）过短，收出一个假

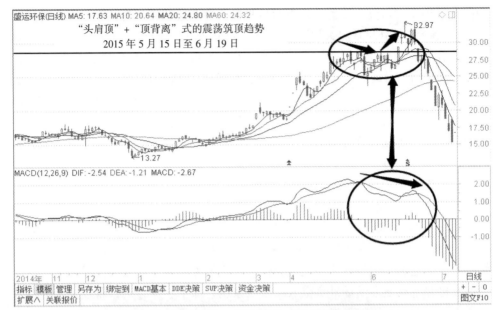

图 5-5 "头肩顶"+"顶背离"式的震荡筑顶趋势

破意图的"头肩顶"形态。接着，股价获得止跌以后展开震荡反弹趋势，股价创出此轮行情新高（包括历史新高），成功构筑股价和指标走势明显背离的顶部特征——创新高式的"顶背离"形态，从而形成一种前低后高的"头肩顶"+"顶背离"式的震荡筑顶趋势。

收出一个或多个明显的顶部价格（探顶特征）以后，股价回落虽然跌破 20 日均线或快速跌破 5 日均线、10 日均线和 20 日均线，但受到明显上行的 20 日均线以及高位三线的发散状态牵制，股价获得支撑并展开震荡反弹趋势，又快速站稳 20 日均线之上，并处于前期顶部的价格之下震荡。股价重新回调并形成第二次跌破 20 日均线或同时跌破高位三线的情形，由于 20 日均线还存在明显上行角度，高位三线的发散状态也很明显，或者说股价回调形成一种虚力诱空趋势，说明 20 日均线和高位三线仍然发挥着支撑和牵制作用，所以这个"头肩顶"形态看成假破特征。接着，股价获得止跌以后再次向上反弹，不仅重新站稳 20 日均线之上运行，而且震荡反弹以后创出此轮行情新高（包括历史新高），股价才受到明显阻压。通过股价和指标走势的背离特征可以明白，股价创出此轮行情新高（包括历史新高）当日，两者成功构筑"顶背离"形态。先是构筑"头肩顶"形态，接着构筑比"头肩顶"稍高的"顶背离"形态，说明这是一段前低后高的震荡筑顶趋势，股价实现真正探顶的可信度高。

不管"头肩顶"形态是真的还是假的破位特征，MACD 技术指标跟随高位股

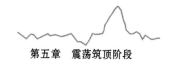

价震荡并转入死叉状态以后，即使高位股价围绕均线展开反复震荡，趋势线的整体角度始终保持着逐渐下降状态，说明指标趋弱运行明显。"头肩顶"形态以后构筑"顶背离"形态，虽然股价创出此轮行情新高（包括历史新高），MACD技术指标又重新转入金叉状态，或者收缩了死叉状态，但趋势线的整体角度仍然保持着逐渐下降状态，指标趋弱运行更加明显。就算指标被震荡反弹趋势带入二次（或多次）金叉状态，趋势线也是悬空于红柱体上方，或者说趋势线在悬空状态下藏入红柱体，这些都是非常典型的虚拉诱多趋势。

这种震荡筑顶趋势最明显的特征是以20日均线为轴，高位股价经历了先下后上（前低后高）的反复震荡。逐渐下降的趋势线不仅经历了多次金叉和死叉状态，而且指标趋弱特征愈加明显。一般情况下，构筑"头肩顶"形态的假破过程，股价第二次下破20日均线或高位三线时，往往同步确立"一刀两断，以绝后患"和"震荡筑顶，下破三线"的破位特征，意味着它们也是假破特征。随后股价获得止跌并重新向上反弹，促成一段更加明显的震荡筑顶趋势。"头肩顶"形态以后创出此轮行情新高（包括历史新高），不管当日收盘价有没有站稳前期顶部的最高价，都可以确认"顶背离"形态，因为股价和指标走势已经呈现出的明显背离。就算构筑"顶背离"形态当日出现携量大阳线或涨停板，即使股价站稳前期顶部，"顶背离"形态也可以作出确认。这种虚拉诱多特征存在短线投机的可能性，参与了要求快进快出。

构筑一段"头肩顶"+"顶背离"式的震荡筑顶趋势，前期形成的"头肩顶"形态往往是一种假破特征，没有选择清空倒是情有可原，没有选择减筹却万万不可。经过确认这是真实的"头肩顶"形态，无动于衷只能说明投资者还有贪婪的心态。"头肩顶"形态以后构筑"顶背离"形态，要求逢高抛筹，学会借助（参考）分时趋势的探顶特征和破位特征，不难抛到一个相对高点。"顶背离"形态确认以后，股价回落并再次跌破20日均线或高位三线，"一刀两断，以绝后患"或"震荡筑顶，下破三线"等破位特征，既是震荡筑顶趋势结束的典型标志，也是大幅下挫趋势开始的典型标志。这时再不选择撤离，也就失去了锁住大部分利润的大好机会，而且利润很有可能随着大幅下挫趋势及其回调三浪而急剧减少，极端情况下还有可能陷入套牢。

※第五种，股价完成探顶以后，立即形成倒"V"型反转趋势，或形成急速下挫趋势，说明高位区间缺失一段震荡筑顶趋势，将由大幅下挫趋势的反弹中继行情弥补。吉电股份（000875）

股价经历长期的大幅拉升趋势并完成探顶以后，立即形成倒"V"型反转趋势或急速下挫趋势，而且股价快速跌破所有均线并远离60日均线。出现倒"V"型反转趋势或急速下挫趋势，说明股价探顶以后立即经历一波跌速极快的回落趋

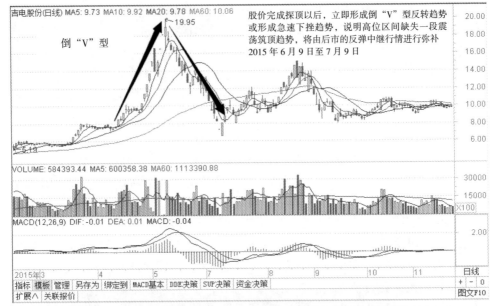

图 5-6　缺失的震荡筑顶趋势将由大幅下挫趋势的反弹中继行情弥补

势，表示股价缺失一段高位区间的震荡筑顶趋势。

　　股价完成探顶以后，立即形成倒"V"型反转趋势或急速下挫趋势，连续跌停（大阴线）的暴跌趋势比较常见。出现这种断崖式下挫趋势的原因如下：①股价经历大幅拉升趋势的疯狂炒作以后，上市公司才对外公告利好消息（确认题材），庄家快速兑现巨额的获利筹码，不仅对股价形成强大抛压，而且致使高位股立即形成倒"V"型反转趋势或急速下挫趋势，也叫"见光死"行情。②股价经历长期的大幅炒作以后，个股突发利空消息（非系统性风险），或遭遇黑天鹅事件，庄家和普通投资者争先涌出并相互踩踏，致使股价形成倒"V"型反转趋势或急速下挫趋势。③股指完成探顶以后并发生系统性风险，立即形成倒"V"型反转趋势或急速下挫趋势，同步带动个股像陨石一般直线坠落，这种情形不可预料。出现上述任何一种情形，股价完成探顶以后，都有可能形成这种倒"V"型反转趋势或急速下挫趋势。

　　倒"V"型反转趋势或急速下挫趋势，以跌停板和大阴线的连续暴跌为主，说明股价下挫速度极快，短期内跌幅极大，所以常常使用断崖式下挫、自由落体式跌势来形容它。股价快速跌破所有均线且未曾有过停留，止跌迹象往往出现在远离 60 日均线的下方，而且还有可能出现一波跌势直接到底的恐怖回落，或者说短期的一波跌势直接跌去了长期涨势。回落趋势的量能往往呈现出持续放大迹象，尤其是那些盘中经历剧烈波动的跌停板或大阴线，带量下跌尤为明显，这些

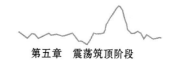

都是庄家和普通投资者相互踩踏的有力证据。

倒 "V" 型反转趋势或急速下挫趋势，往往形成大幅下挫趋势的首轮回调（回调三浪的第一波回调），所以说股价获得明显止跌以后，开始构筑一段虚拉诱多的反弹中继行情（回调三浪的第二波反弹）。反弹中继行情可能形成 "V" 型反转趋势，也有可能形成震荡反弹趋势，还有处于低位区间展开长期的反复震荡。不管反弹中继行情如何展开，股价向上触及 60 日均线以后，随之围绕 60 日均线（均线系统）展开长期的反复震荡成为常态。反弹中继行情及其反复震荡，除了实现虚拉诱多目的，也是为了弥补高位区间缺失的震荡筑顶趋势。至此仍然持筹的投资者，必须利用虚拉诱多的反弹中继行情和反复震荡完成撤离。反弹中继行情不适宜做多，即使有也是短线投机。大幅下挫趋势及其回调三浪和下降形态，属于后一章的内容，在此暂不展开。

※ 第六种，股价处于相对的高位区间并经历长期的反复盘顶趋势，不仅成功构筑 "双重顶" 或 "多重顶" 格局的震荡筑顶趋势，而且震荡筑顶趋势往往包含了大幅下挫趋势的首轮回调。珠海港 （000507）

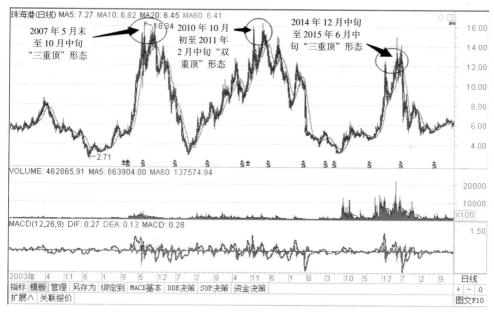

图 5-7　"双重顶" 或 "多重顶" 格局的震荡筑顶趋势

股价经历大幅拉升趋势且已实现巨大涨幅，收出一个或多个明显的顶部价格（探顶特征）以后，股价震荡回落并先后跌破中线和大线支撑。探顶回落趋势触及前期拉升阶段的某个平台或跳空缺口，获得支撑且不再明显下跌，随之形成震

荡反弹趋势。股价向上反弹不仅重新企稳均线系统，而且继续向上并接近或触及前期顶部，才受到前期顶部强力阻压并与其构筑"双重顶"特征。如果高位股价再走一趟或多趟如此反复盘顶趋势，将会构筑多重大顶格局。

收出一个或多个明显的顶部价格（探顶特征）以后，立即形成探顶回落趋势，或者形成连续跌势，说明股价处于高位区间震荡时间较短。探顶回落趋势虽然快速跌至大线附近，但由于回落趋势较快，大线往往存在明显上行角度，股价和均线系统的发散状态也很明显，而且股价探顶回落以后获得前期拉升阶段的某个平台或跳空缺口支撑，震荡反弹趋势立即取代探顶回落趋势。震荡反弹趋势不仅重新企稳均线系统，而且股价继续向上以后可能创出此轮行情新高（包括历史新高），也有可能只是接近前期顶部且不创此轮行情新高。不管股价重新反弹以后有没有创出此轮行情新高（包括历史新高），受到前期顶部明显阻压，随之确立"双重顶"特征。股价处于高位区间停留（震荡）时间越长，围绕中线或大线或均线系统展开反复盘顶的次数越多，越容易构筑"三重顶"或"多重顶"阻压的震荡筑顶格局。

构筑"双重顶"特征并不明显，高位股价经历震荡反弹以后虽然重新企稳均线系统，但股价又快速形成再破趋势，或者说构筑第二重顶的顶部价格并没有创出此轮行情新高，又立即形成了再破趋势（或者形成了"顶上再破"趋势），一般把这一段震荡反弹趋势定义为大幅下挫趋势的反弹中继行情。如果第二重顶的顶部价格创出此轮行情新高（包括历史新高），那么这是明显的"双重顶"特征。一般情况下，只要高位区间的几个顶部价格相差不大，不管哪个顶部高，哪个顶部低，都可以把它们看成是顶部阻压并确立"多重顶"格局。周线或月线趋势处于飘柱诱多或虚拉诱多过程，往往通过日线趋势的"双重顶"或"多重顶"格局体现。日线股价处于明显的高位区间并经历长期的反复盘顶趋势，成功构筑"双重顶"或"多重顶"格局，可能这是周线或月线趋势的洗盘和换挡趋势，也有可能是周线或月线趋势的高位诱多趋势，所以必须识别清楚周线或月线趋势所处的位置。

构筑"双重顶"或"多重顶"格局，股价是否创出此轮行情新高（包括历史新高）都无所谓，所以不必在乎每个顶部（价格）是否一致，只要相差不大即可成立。有的强庄个股经历一轮大牛市推动，庄家获利巨大且短期内难以完成撤离，所以庄家将股价控制在明显的高位区间展开长期的震荡筑顶趋势，通过构筑"双重顶"或"多重顶"格局不仅达到诱多目的，而且利用长期的震荡筑顶趋势完成派发。成功构筑"双重顶"或"多重顶"格局以后，探顶回落趋势一旦确立破位特征，最好清理大部分仓位。股价处于高位区间并经历了长期的反复盘顶趋势，趋势线逐渐下降并贴近零轴线，均线系统逐渐趋于收拢状态，股价快速掉头

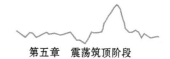

时容易确立再破特征。常见的再破特征有"反复筑顶、下破四线"、"抽刀断水，流水无情"和"溃坝决堤，覆水难收"等。再破特征引出大幅下挫趋势及其回调三浪，就算股价下挫经历一波三折，即使大幅下挫趋势及其回调三浪没有牛市那么惊人，熊市持筹也避免不了长期套牢。

　　月线趋势处于大幅拉升阶段的对望区域，采取震荡趋势或横向震荡趋势进行洗盘和换挡，对应的周线和日线趋势可能由震荡筑顶趋势演变为区间盘整趋势，重新强势以后又将推起一波强势恒强的大幅拉升趋势。通过日线趋势及其形态构造观察，宽幅震荡的区间盘整趋势尤为明显。由此可见，月线趋势处于大幅拉升阶段的对望区域，周线和日线趋势构筑一段"多重顶"格局，这是一种假顶特征，目的是为了实现充分洗盘和换挡，说明庄家目的志在高远。月线趋势已经处于涨势末端的高位区间，构筑一段虚拉诱多特征的震荡筑顶趋势，那么体现于周线和日线趋势往往是"多重顶"格局。月线级别的震荡筑顶趋势演变为区间盘整趋势，耗费时间少则三五年，长则十年以上也有可能，而且体现于周线和日线趋势将是极其宽幅的区间整理形态。所以说无论是精选个股还是操盘，都要根据"以大指小"原则进行指导，不然极易放飞牛股。资金量小的投资者，必须学会并利用这些强势恒强的换挡强势，快速窃取一波强势暴利，实现人生和财务上的双重自由也不是梦。

　　《形态理论》的"M"形态属于顶部整理形态（顶部反转形态）的技术范畴。"M"头不仅符合典型特征的"双重顶"形态，而且"双重顶"形态可能构筑前高后低的反复盘顶趋势，也有可能构筑前低后高的反复盘顶趋势，所以不必在乎它是前顶高还是后顶高，只要这两个顶部（价格）相差不大即可成立。只要比"M"头多一个顶部特征就是"三重顶"形态，一般情况下，都将三重及三重以上的顶部特征叫作"多重顶"格局。

　　※ 第七种，股价经历大幅拉升趋势，收出一个或多个明显的顶部价格（探顶特征）以后，处于高位区间展开长期的窄幅震荡趋势，不仅符合基本横向震荡特征，而且又像构筑"双重顶"或"多重顶"格局的震荡筑顶趋势。中国太保（601601）

　　股价经历大幅拉升趋势，收出一个或多个明显的顶部价格（探顶特征）以后，处于高位区间展开长期的窄幅震荡趋势。高位股价由明显顶部先是形成缓慢回调趋势，回碰中线以后虽然产生抵抗趋势，但股价经历抵抗以后继续向下回调，跌至大线附近才获得明显支撑。随后股价实现缓慢的震荡反弹趋势，接近或触及前期顶部以后，受到强力阻压并呈现出"双重顶"特征。高位股价遇阻回落以后重新回碰中线或大线，虽然不断收出破位特征，但股价回落依然不快，而且股价获得均线支撑以后围绕均线（均线系统）展开窄幅震荡趋势。期间股价可能

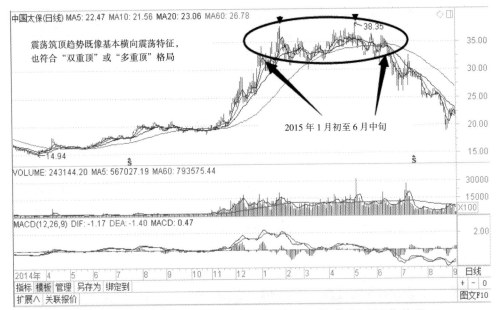

图 5-8　符合基本横向震荡，又像构筑"双重顶"或"多重顶"格局

受到前期顶部反复阻压，成功构筑"多重顶"格局，股价创出此轮行情新高（包括历史新高）或不创此轮行情新高都有可能，而且高位股价经历反复阻压和回落趋势，又多次收出破位特征和再破特征。

大线由明显上行逐渐趋于钝化角度，均线系统由明显发散逐渐趋于收拢或黏合状态，趋势线逐渐下降并跌入零轴线以后，不仅没有远离零轴线，而且围绕零轴线反复缠绕，说明指标随时迎合股价选择方向。股价处于高位区间并经历反复盘顶趋势，不仅构筑了一段基本横向震荡的筑顶趋势，而且成功构筑"双重顶"或"多重顶"格局。最后股价同时跌破所有均线并确立"反复震荡，下破四线"再破特征，或者说股价跳空下挫并确立"溃坝决堤，覆水难收"再破特征。再破特征终结震荡筑顶趋势，同时开启大幅下挫趋势。

这种震荡筑顶趋势并不多见，毕竟维持高位区间的基本横向震荡不仅需要庄家有意控盘，而且还要反复做出一种给人感觉仍有突破上轨的可能性。所以说股价处于高位区间并保持长期的窄幅震荡趋势，不排除某日或几日内的量价特征发生明显变化，也不排除形成多个相差不大的明显顶部。每一次向上突破都成为假突破，每一次向下破位也都成为假破位。高位震荡的前期阶段存在"一刀两断，以绝后患"和"震荡筑顶，下破三线"等破位特征，后期阶段反复收出顶部特征和破位特征（包括再破特征）。严格意义上说，能将大线带入下垂角度的再破特征才够真实。可是，逃命（撤离）未必需要这么真实，出现"顶背离"、"顶上

顶"、"头肩顶"、"下破三线"、"一刀两断"等破位特征，逢高抛筹才能锁定利润。股价经历高位区间的反复震荡并构筑"下破四线"和"溃坝决堤"等再破特征，要求及时撤离。

高位区间的窄幅震荡趋势往往以中线作为支撑，时间长了则以大线作为支撑，促使股价和均线系统越来越收拢，又反复收出顶部特征和破位特征（包括再破特征）。庄家为了完成派发获利巨大的控盘筹码，构筑虚拉诱多的"双重顶"也好，构筑反复盘顶的"多重顶"格局也罢，股价长期处于明显高位震荡，每一个相差不大的顶部上轨都是一次逢高抛筹的好机会。即使对冲高K线麻痹大意，破位特征也不该蒙蔽了双眼，而且长期的反复筑顶过程还多次收出破位特征和再破特征，卖到任何一个都是对的。技术层面反复发出获利了结的提示，庄家算是好心了。有的投资者为了追求卖得更高些，为了多得10%的盈利，不断地漠视技术条件，还加入一些莫名的幻想，最终吐出来的未必是10%，吞下苦果倒有可能。

高位区间的窄幅震荡趋势有没有可能演变为区间盘整趋势（或构筑"长期横向盘整"格局）呢？当然有。可是，趋势演变不能单纯地观察某个周期，还要根据"以大指小"原则进行指导。月线股价处于大幅拉升阶段的对望区域，对应的日线和周线股价体现出震荡筑顶趋势，往往演变为区间盘整趋势，这是正常的趋势演变和发展，所以后市行情值得期待。月线股价经历大幅拉升且已实现巨大涨幅，处于高位区间并展开反复震荡趋势，对应的日线和周线股价体现出震荡筑顶趋势，即使最终演变为区间盘整趋势，也不敢相信这是真实的质变。因为月线股价处于高位区间并形成震荡反弹趋势，这是月线级别的虚拉诱多趋势（行情），对应的日线和周线股价实现反转即使很好看，涨势也猛烈，也不能将其定义为战略投资（行情），短线投机一把倒是可以的。

四、实例分析和运用技巧

实例一　中国石油（601857）

◆ 图形识别

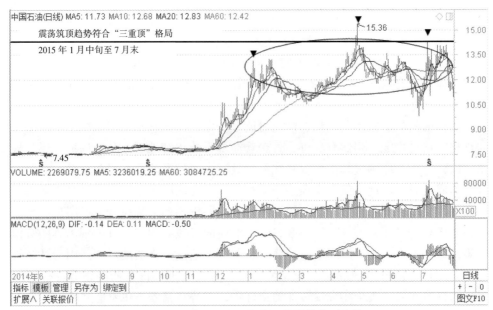

图 5-9　构筑"三重顶"格局的震荡筑顶趋势

◆ 技术回放

如图 5-9 所示：

（1）中国石油（601857）发生于股票市场的故事，写一本书也写不完。相信现在已经很少有人愿意讨论或再买中国石油，因为它给股票市场以及广大投资者带来的，只有深深的伤害回忆。A 股市场的中国石油于 2007 年的大牛市末端上市，一时风光无限，顶着"亚洲最赚钱公司"的光环也让广大投资者趋之若鹜，更对中国石油的未来充满了无限向往。可是，中国石油的股价最终留下了高高在上的 48.62 元，而且随后只用了一年时间，股价累积下挫接近 80%跌幅。中国石油的神话彻底破灭，千万中小投资者虽然梦断中国石油，但也不得不对其魂牵梦萦，因为被套牢的"投资人"实在太多了！直至现在为止（2017 年中为止），10

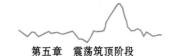

年时间过去了，股价长期处于7~8元的价格区间波动，与其上市日的高价相比，累积跌幅依然严重。让谁碰到这样一只所谓的"前景股"，心里（日子）绝不会好过，全部身家被套的估计想死的心都有过无数遍！中国石油长期遭受投资者的唾骂和哀怨，一点也不奇怪。

（2）与中国石油有关的话题，始终绕不开"股神"巴菲特。谈到巴菲特，大家除了尊称他为"股神"以外，还会想到他的一些投资箴言——"别人贪婪时我恐惧，别人恐惧时我贪婪"、"买你看得懂的公司"、"如果市场总是有效的，我只会成为一个在大街上手拎马口铁罐的流浪汉"……2002年至2003年，伯克希尔累计斥资4.88亿美元，通过港股市场买入中国石油1.3%的股票，据此计算大概每股成本在1.6港元附近。据有关资料显示，巴菲特于2007年7月12日开始（第一次）抛售中国石油，此时股价已经涨至12.4港元附近。中国石油回归A股市场前夕的2007年10月18日，巴菲特更是公开表示，已经清仓中国石油，此时港股价格到达18.9港元附近。持股5年时间，年平均复合回报率52%，总回报率720%，大赚36亿美元，换算成人民币大概270亿元。2007年11月1日，中国石油回归A股市场的前四天，H股股价已经创出20.25港元的最高价，此后股价一路下挫。中国石油回归A股市场的2007年11月5日，48.28元的最高价成为一个天大的"笑话"。通过这一事件，"股神"巴菲特的过人之处可见一斑，看不懂的除了认亏以外，还有其他办法吗？相信也只能做所谓的"价值投资者"！有些所谓的股市专家们还在那里大言不惭：巴菲特抛得太早了！价格抛得太低！"股神"陨落了！事实胜于雄辩，巴菲特仍然是绝大部分人都看不懂的"神"，终其一生都在践行大道："别人贪婪时我恐惧，别人恐惧时我贪婪。"

（3）"问君能有几多愁，恰似满仓中石油；如若当初没割肉，而今想来愁更愁"。这是一首网络疯传的《小股民之歌》，不知道出了多少中小投资者的无奈，也道尽了多少人生沧桑！几乎所有身陷中国石油的投资者（包括个人投资者和机构投资者）都表达了同一个期望：什么时候能够解套？目前看来，价值回归之路还是一条漫漫长路，解套尚不知需要多少时间！或许中国石油的股价终其一生，也很难回到上市日的高点。根据基本面分析，国际油价大幅回落，国内政策逐渐倾向于并鼓励新能源的开发和利用，中国石油的业绩增长难有实质性保证，而且就中国石油的A股和H股的溢价来看，高溢价和业绩预期看淡也为中国石油后市继续保持低位运行创造了空间。虽然中国石油作为A股市场最大的权重股之一，但价值回归更像是一条逐渐走向死亡的过程。理由很简单，石油不仅是一种非再生能源，而且过度使用石油导致全球气候不断恶化，大规模的开采和利用过后，其储量越来越少，总有枯竭之时。再生能源拥有取之不尽、用之不竭的自然优势，随着科学技术的不断进步，相信在不久的将来，再生能源必然替代非再生

能源。虽然目前再生能源的比重还很小，也无法列出一个替代非再生能源的时间，但相信随着全球气候恶化的一致性认识，人们意识的逐渐转变和不断加深，世界各国将会通过立法的形式，提高再生能源的开发和利用比例，最终减少或不再依赖非再生能源。因此，以中国石油为代表的一批非再生能源的上市公司，消失于股票市场是早晚的事情。那么，还谈什么价值回归啊？简直是痴人说梦话！

（4）闲话少叙，言归正传。基本面不支持，不代表技术面不支持，毕竟A股市场历来都是炒题材、炒预期的风格转换，"乌鸡变凤凰"也时有发生，所以不能排除中国石油存在的波段机会。2013年6月25日，除权状态下可以看出，中国石油经历长期的深幅回调以后，创出自2007年上市以来的历史新低，说明上市日买入并持筹至此的投资者，亏损率已经高达惊人的85%。或许说出来都不会有人相信，但现实情况却是如此残酷！股价探出历史新低以后，并没有在大底区间展开震荡筑底趋势，立即展开反弹并形成"V"型反转趋势，股价向上触碰60日均线才停止反弹趋势。虽然中国石油曾经是压垮大牛市的最后一根稻草，但不可否认的是，目前它的权重系数时刻影响着沪深两市走势，所以从战略层面考虑，中国石油也能发挥稳定市场的作用。

（5）2013年8月中旬，股价触及60日均线并在均线之下横盘震荡一个月以后，才成功跃入60日均线之上。可是，股价并没有继续向上反弹，随之停留在相对的低位区间展开长期的震荡趋势，股价和均线系统呈现出反复缠绕特征，趋势线在零轴线的上、下波动，金叉和死叉状态交替出现。2013年8月中旬至2014年11月末，股价处于相对的低位区间经历了16个月震荡趋势，这个区间蕴含了三个阶段的趋势特征：震荡筑底趋势、小幅拉升趋势和区间盘整趋势。假如根据一段完整的区间盘整趋势来看，16个月的区间盘整趋势基本符合对称三角形的形态构造。如果将这16个月的区间盘整趋势拆开分析，那么它又符合（蕴含）其他类型的形态构造。具体如下：2013年8月中旬至2014年7月末，这一段区间盘整趋势符合下降三角形的形态构造；2014年7月末，股价确立强攻特征并形成攻势以后，向上突破下降三角形的上轨切线，说明股价进入大幅拉升趋势；7月末至11月末，震荡筑顶趋势演变为区间盘整趋势，也符合上升矩形的形态构造。

（6）通过这16个月的区间盘整趋势可以明白，趋势演变和形态构造并非一成不变，必须拥有拆解和衔接的能力，将其融合一起进行技术分析。这样做的目的除了弄清楚区间整理形态的上、下轨道以外，也为提前埋伏和技术布局找准时机。2014年7月中旬，确立强攻特征并形成强攻趋势，这里是参与的第一个强攻买点。股价向上突破下降三角形的上轨切线以后，前期上轨成为股价暂时无法逾越的一道鸿沟。一段明显的震荡趋势取代了大幅拉升趋势，说明股价突破上轨

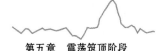

切线以后停滞不前，震荡筑顶趋势演变为区间盘整趋势。新的量变酝酿出新的质变，只差一个引发质变的时机而已。11月初，"短回长"强攻特征引发了质变，只是选择强攻的时机不佳。股价短期冲高以后重新回调，及时化解并修复了阻碍强攻的不利因素。11月20日开始，量价齐升并重新企稳在线系统之上，终于引发一个成熟的强攻时机，吸筹理由充分。对于它的整体趋势而言，这里是参与的第二个强攻买点，独立看待这也是一次买入的极佳时机。11月28日，携量阳线突破上升矩形的上轨切线，说明股价真正进入大幅拉升趋势。股价确认突破区间形态的上轨切线，再考虑加至重仓，虽然买入成本比低吸价格高了不少，但这样做安全许多。

（7）股价经历快速拉升趋势以后，已经完成多段【预期】。2014年12月8日，复权状态下可以看出，快速拉升趋势虽然企稳前期（2012年2月27日）技术平台，也已回补前期（2011年5月5日）跳空缺口，但缩量阳线呈现出遇阻回落特征，除了提示此轮攻势有了转虚特征，同时表达股价受阻并确立<对望格局>双轨。除权状态下可以看出，缩量阳线的最高价与前期（2012年2月27日）技术平台的差距较小，冲高回落收盘表示它们又及时确立<对望格局>双轨。由此可见，不论是复权状态还是除权状态，确立<对望格局>双轨都是可信的。预示后市股价必须经历对望调整趋势，驱赶前期套牢浮筹以减轻抛压，同时蓄积新的做多能量。随后庄家通过"蜻蜓点水"式的震荡趋势进行洗盘和换挡，使得股价重新再起又符合了强势恒强特征。

（8）2015年1月7日，股价突破调整平台以后又实现快速拉升，当日盘中股价大部分时间都在逐渐下行，量能明显萎缩，尾盘半小时实现快速推高且以带量的波形呈现，最终股价停留在5.99%涨幅收盘。缩量阳线除了提示股价攻势开始转虚，也已体现出"力不从心，虚张声势"的探顶特征。次日，低开高走并形成波形推升趋势，早盘用了不到半小时，波形推升的最高价到达6.00%涨幅。波形推势出现偏弱以后，一波比一波低的偏软趋势取代它，直至收盘也无起色，最终报收一根"冲高回落，单针见顶"K线图。与此同时，伪阳线藏于昨日阳线实体内部收盘，说明这两天的K线图构成一个"阳线孕伪阳线"组合图，名字叫作"心怀鬼胎，居心不良"探顶特征。复权状态下可以看出，盘中高价虽然越过前期（2010年1月12日）技术平台，但冲高回落收盘说明它们又及时确立<对望格局>双轨。除权状态下可以看出，盘中高价已经接近前期（2010年11月12日）技术平台，冲高回落收盘表达它们也成功确立<对望格局>双轨。由此可见，股价向上冲高已经完成【预期】，确立<对望格局>除了提示股价需要调整，也是逢高减筹的技术信号。后市股价采取什么方式展开调整趋势？经历调整以后还有没有更高的【预期】？耐心观察即可。

◆ 操盘要点

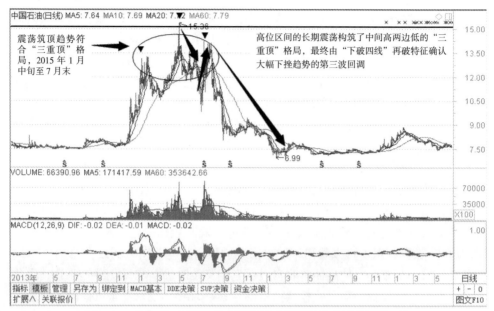

图 5-10　终结"三重顶"格局并引发大幅下挫趋势及其回调三浪

如图 5-10 所示：

（1）2015 年 1 月 8 日开始，股价形成连阴回撤并跌至 10 日均线和 20 日均线之间，不仅快速收缩了红柱体长度，而且 DIF 趋势线也已形成向下掉头迹象。1 月 14 日，红柱体即将消失之际，DIF 向下掉头已经贴着 DEA 趋势线，两线数值又相等，说明悬空状态下的 MACD 技术指标恰好处于临界点。1 月 15 日和 16 日，携量反弹不仅带动即将消失的红柱体重新拉长，而且 DIF 趋势线贴着 DEA 趋势线重新开口上勾，成功构筑高位区间的"回光返照，苟延残喘"探顶特征（趋势）。1 月 23 日，股价经历短暂抵抗以后，实现震荡反弹虽然创出此轮行情新高，但 MACD 技术指标重新转入金叉状态以后并没有创出新的高度，而且趋势线的整体角度始终保持着逐渐下降状态，说明两者走势完全背离并构筑"顶背离"形态。冲高回落收盘符合"冲高回落，单针见顶"探顶特征，同时表示虚拉诱多趋势终结。次日，阳线藏于昨日阳线的上影线内部收盘，形成一个"阳线上影线藏阳线"组合图，虚拉诱多趋势虽然很诱人，但这种组合图体现的是"扬而不突，杀机骤现"的探顶意图。

（2）通过日线趋势分析以后可以明白，"顶背离"形态是终结大幅拉升趋势的顶部特征。通过周线趋势分析以后可以发现，周线股价只是确立<对望格局>双

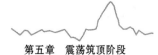

轨，股价仍然处于强势范畴。这就意味着，日线趋势收出了这些顶部特征，未必是它的最终顶部。周线股价经历对望调整趋势以后，可能继续向上冲高，而且周线趋势带动日线趋势实现重新反转，又将形成一波明显涨势，就算后市构筑一段虚拉诱多趋势，也有一波投机差价。因此，根据"以大指小"原则实施操盘，采取逢高减筹策略即可，暂时还没有清空的必要。这是"以大指小"原则的魅力和威力，既可以回避波段趋势的调整过程，也可以实现高抛低吸，不断地降低持筹成本和操盘风险。

（3）2015年1月29日，股价由"顶背离"区域形成快速回落趋势，跳空下挫并击穿20日均线。股价经历一个月的回落和抵抗趋势以后，展开震荡反弹开始受到20日均线反压，向下运行并跌破60日均线支撑，两条趋势线全部跌入零轴线运行。3月9日，止跌回升阳线与2月9日的回调低点成功构筑"破而后立，底部反转"止跌特征，说明股价经历一个多月的回调趋势以后，在此获得明显支撑。与此同时，周线股价经历一段"顺水抽风再顺水"调整趋势以后，趋势线持续下降并逐渐脱离红柱体，MACD技术指标在悬空状态下转入死叉状态。3月9日以后，稳步放量的小阳线形成"连阳推动"状态，促使日线股价重新企稳均线系统之上。"短回长"强攻特征来了，特殊状态的"反攻三线"强攻特征也来了。4月7日，携量阳线突破"短期横盘调整"上轨，随之引发一波"石破天惊，雷霆万钧"攻势。周线股价于3月中旬获得止跌以后，随之形成量价齐升的反弹趋势。

（4）2015年4月17日，日线股价经历持续推升以后，当日创出此轮行情新高。经历短暂调整以后，股价向上推升又产生此轮行情新高。4月28日，盘中股价向上冲高以后虽然越过前期（2009年7月24日）技术平台，但它的收盘状态却呈现出放量特征的"冲高回落，单针见顶"K线图，说明股价向上冲高又完成一段【预期】，而且它们及时确立<对望格局>双轨。周线股价经历持续反弹以后，虽然也创出此轮行情新高，但MACD技术指标转入金叉状态以后并没有创出新的高度，而且趋势线的整体角度始终保持着悬空下降状态，说明周线的股价和指标走势完全背离，两者成功构筑"顶背离"形态。根据"以大指小"原则可以明白，周线股价构筑虚拉诱多的"顶背离"形态，日线股价形成反转并不是真正意义上的强攻趋势，而且日线股价实现探顶又比周线股价提前，所以说日线股价经历这一波明显拉升以后，只要收出探顶特征并与前期顶部及时确立"双重顶"特征，必须采取清空策略。如果日线股价经历拉升趋势以后，处于双顶的对望区域构筑一段虚拉诱多趋势，撤离要当机立断。

（5）通过中国石油的这一段整体趋势可以看出，多势属于一波接一波的大幅拉升趋势。首轮涨势由2014年7月中旬开始，第二轮涨势由2014年11月末接

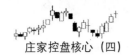

力，最后一轮诱多涨势由 2015 年 3 月中旬开始。2015 年 4 月 28 日，"冲高回落，单针见顶"探顶特征确立"双重顶"格局，彻底终结大幅拉升趋势。股价由"双重顶"区域形成快速回落以后，由于均线系统发散并牵制股价回调，所以股价跌破 60 日均线以后围绕均线系统展开反复震荡。各种破位特征（再破特征）纷至沓来，股价也没有形成真实有效的大幅下挫趋势。仅从日线趋势进行分析，震荡筑顶趋势好像演变为区间盘整趋势。结合周线趋势进行分析，结果大不相同。周线股价快速跌破中线并获得大线支撑以后，围绕中线构筑一段反弹中继行情。2015 年 7 月 31 日，周线股价第二次下破中线（同时跌破高位三线）并确立"头肩顶"形态，周线股价才确认大幅下挫趋势的第三波回调。日线股价确立破位不仅比周线股价提前，也比周线股价反复。日线股价的再破特征反复呈现，明显的再破特征有：5 月 28 日的"反复筑顶，下破四线"，6 月 16 日的"溃坝决堤，覆水难收"，7 月 27 日的"反复筑顶，下破四线"。不论是日线股价构筑反复盘顶趋势，还是周线股价构筑反弹中继行情，也不管股价是否创出此轮行情新高，关键的是反复盘顶趋势属于典型的虚拉诱多特征，这是酝酿股价向下突破的量变累积过程。

（6）通过日线的长期走势可以看出，股价停留在高位区间不仅经历了长期的反复震荡，而且构筑了一种中间高两边低的"三重顶"格局。第一重顶属于日线股价经历大幅拉升趋势以后的首个（批）顶部特征，时间发生在 2015 年 1 月。第二重顶属于月线股价确立<对望格局>双轨，周线股价构筑"顶背离"形态的虚拉诱多趋势，日线股价创出此轮行情新高的时间发生在 4 月。第三重顶属于月线股价展开对望调整趋势，周线股价构筑"头肩顶"形态的反弹中继行情，日线股价真正进入大幅下挫趋势的时间发生在 7 月末。通过日线股价构筑的中间高两边低的"三重顶"格局可以明白，日线股价长期维持在高位区间波动，第二重顶至第三重顶的过程，其实已经包含了大幅下挫趋势的首轮回调和反弹中继行情，7 月末的再破特征除了表示股价失去多头护盘，同时说明股价真正进入大幅下挫趋势的第三波回调。

（7）中国石油自上市以来，已经给中小投资者造成永远无法磨灭的伤害，这一波阶段性牛市再度套牢一批做着同样发财美梦的股民，除了刚刚踏入股市征程的新股民，还有套牢了且持续补仓的老股民，呜呼哀哉！就目前来说，中国石油是 A 股市场最大的权重股之一，它的涨跌时刻影响着沪深两市走势，所以暂时还不能放弃对它的关注。原因很简单：①从宏观的战略角度观察，石油仍然处于国家能源战略的核心地位，中国石油的作用不言而喻；②从微观的技术角度考虑，中国石油的权重系数足够大，不仅起到一个指标股的（引领）作用，而且时刻影响着股指以及绝大部分个股走势，所以它形成的顶底特征，对于牛熊转换有着重

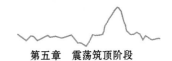

大的参考价值。简而言之，您可以不喜欢中国石油，您也可以不做中国石油，但您不能不关注中国石油，更不能忽视中国石油对股票市场的影响。2014 年中启动的阶段性牛市，通过中国石油的区间盘整趋势，可以提前做出预判。2015 年中出现的连续暴跌及其熊市趋势，通过中国石油提前构筑的震荡筑顶趋势（"三重顶"格局），也可以提前做出判断。新能源战略一旦上升为国家战略，那么石油行业的权重系数肯定会逐渐缩小，甚至到最后可以忽略不计。就目前来看，石油行业的衰败速度还没有加速，至少在这十几二十年以内，权重指数的编制少不了中国石油这只大象。

实例二　亿纬锂能（300014）

◆ 图形识别

图 5–11　"顶背离"式的震荡筑顶趋势

◆ 技术回放

如图 5-11 所示：

（1）股价运动的六个阶段中，第一阶段的震荡筑底趋势对应第五阶段的震荡筑顶趋势，分别属于低位区间和高位区间。根据倒转技术的理解和分析，震荡筑底趋势其实就是震荡筑顶趋势，奇正相生的军事哲学思想，也可以运用于此，而且这是倒转技术的精髓所在。

（2）亿纬锂能（300014）自上市以来，从不缺乏炒作题材，涉及的题材众多。具体的题材有：智能电网、电子烟、智能水表电表、射频识别、特斯拉、锂原电池、锂离子电池、银行口令卡、可穿戴产品和物联网等。此外，还有每年必炒的高送转题材，业绩预升、员工持股和股权激励等临时题材。炒股票就是炒题材，这句话并没有错，但前提是要弄清楚题材炒作的时间节点（时点）。例如，上市公司的年报以及分红情况，一般都是在次年1~4月的合适时间披露，这就给庄家炒作留下了足够的时点和空间。谁能提前获知年报以及分红情况？为何年报以及分行情况正式公告之前，股价总是提前反映了（消化）这些基本面因素？为何年报以及分行情况正式公告以后，股价反而不涨？或者不涨反跌？或者说利好兑现时股价上涨为何总是昙花一现呢？回答这些问题其实很简单。只要回答对谁有利，就可以知道答案。

（3）普通投资者既无资金实力，也无控盘能力，唯有依赖一个强有效的市场，但这又是不可能的。媒体披露上市公司年报以及分行情况，人人都可以看到，所以不要以为依靠这种公开消息，市场（股价）会立即给出反应，因为在其发布公告之前，技术面已经提前消化了可以得到的一切信息，所以"见光死"也没什么奇怪的！简而言之，任何消息面反映到技术面，或者说任何消息对外确认时，甚至在它确认以前，股价已经实现先知先觉涨势，反过来利空也成立。所以说消息也好，题材也罢，都是事后确认，提前确认的只有技术面。一般情况下，除了某些突发因素（或系统性因素）以外，所有消息的形成到传播，题材的酝酿到确认，都由封闭至小范围传播再到逐渐开放的传导过程。除非您处于这个传导过程最前端，不然别以为自己能够淘到有价值的消息。

（4）复权状态下可以看出，该股自2012年12月4日探出历史低价以后，随后3年多的整体趋势长期向上，不仅实现了大幅炒作，而且它比股指以及大部分个股都要提前起势。3年多时间里，明显炒作的大幅行情有三波：第一波题材炒作由历史低点至2014年3月7日，整体涨势历时16个月，接近5倍涨幅。这是一波完全独立于股指以及大部分个股的行情炒作，那么，该股为何会有如此逆势表现呢？最终确认此轮行情炒作的题材是锂电池和高送转概念。第二波题材炒作由2015年1月5日至6月12日，整体涨势历时5个多月时间，接近2倍涨幅。这一波行情与大盘走势基本一致，而且它蕴含填权题材。第三波题材炒作由2016年1月29日至7月7日，整体涨势也用了5个多月时间，也接近2倍涨幅。这一波行情炒作虽然未完全独立于股指走势，但两者走势相差较大，最终确认此轮行情炒作的题材是锂电池、业绩预增和股权激励。

◆ **操盘要点**

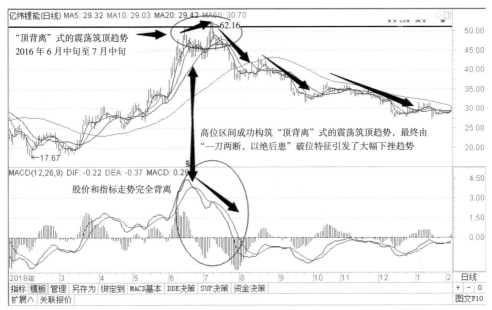

图 5-12　"顶背离"以后引发大幅下挫趋势及其回调三浪的走势图

如图 5-12 所示：

（1）说完了大幅炒作的行情及其题材，下面分析该股于除权状态下，股价结束每波行情的顶部特征。2014 年 3 月 7 日，周线股价构筑了虚力诱多的"顶背离"形态，冲高以后受到前期（2009 年 12 月 11 日）技术平台阻压，回落收盘说明它们完成【预期】并及时确立<对望格局>双轨，"顶背离"形态成为终结此轮攻势的大顶特征，与此对应的日线趋势构筑了"双重顶"格局。2015 年 6 月 12 日，日线股价经历大幅拉升趋势并回补前期除权缺口（2014 年 4 月 2 日），确立<对望格局>双轨以后停留在高位区间展开震荡趋势，"顶背离"形态也成为终结此轮攻势的大顶特征。2016 年 7 月 7 日，日线股价经历大幅拉升趋势并到达前期（2014 年 3 月 7 日）技术平台，确立<对望格局>双轨以后停留在高位区间展开震荡趋势，"顶背离"形态还是成为终结此轮攻势的大顶特征。

（2）虽然每一波行情炒作及其题材不同，但庄家却采取了如出一辙的顶部特征终结攻势。对于这样的庄家控盘及其技巧，不得不让人佩服。通过复权状态的月线趋势可以看出，2012 年末至 2014 年 3 月末这一段涨势，属于月线级别的小幅拉升趋势，周线股价形成持续反弹型小幅拉升趋势，日线股价对应一段牛皮市道的趋势特征。2015 年 1~6 月这一段涨势，属于月线级别的虚拉诱多趋势，周

线股价推起一波起势过急的"短回长"强攻趋势，日线股价经历了持续盘升的大幅拉升趋势。2016 年 3~7 月这一段涨势，月线级别还是呈现出虚拉诱多趋势，周线股价还是推起一波起势过急的"短回长"强攻趋势，日线股价经历了先缓后急的大幅拉升趋势。这就意味着，由于月线级别的后两段涨势都是虚拉诱多趋势，造成周线股价起势和推升都有过急痕迹，所以日线股价经历大幅拉升趋势以后，构筑"顶背离"形态不仅是提示日线股价终结多势，而且同时提示周线过急的涨势、月线的虚拉诱多趋势同时在此终结，说明所有周期表现出一种顶部共振。

（3）震荡筑顶趋势的构筑类型除了前面介绍的七种以外，还有一些比较特殊且复杂的震荡筑顶趋势。譬如说，股价经历长期的大幅拉升趋势，有的经历了几年时间的牛市行情，有的经历了一波接一波的长期牛市，最终都实现了惊人的巨大涨幅，10 倍涨幅并不算多，几十倍的历史涨幅也有可能，而且多数形成了月线级别的趋势特征。由此可见，庄家控盘筹码及其获利幅度十分惊人，所以庄家无法在短期内完成撤离，只有采取迂回曲折的办法不断地实施诱多派发。股价到达最终大顶以后，停留在高位区间展开反复盘顶趋势，时而反弹向上，又时而诱空下跌，高位股价始终围绕均线系统波动。经历长期的筑顶震荡趋势，就像构筑一段"长期横向盘整"格局，有的"双重顶"或"多重顶"格局横跨几年时间。可是，月线趋势已经不支持股价重新走强，而且月线趋势一旦确立真实的破位特征，最终将是让人胆破心惊的长期的大幅下挫趋势，回调三浪也未必是跌势终点。

★ 本章小结

（1）分析日线趋势必须结合周线或月线趋势，因为只有通过这样的判断，顶部特征（趋势）才可信。周线或月线趋势处于大幅拉升的换挡（中继）过程，或者说由于周期级别不断提升，日线股价收出探顶特征以后，往往通过一段震荡筑顶趋势进行换挡和重新蓄势。因此，日线股价实现探顶并构筑一段震荡筑顶趋势，对于周线或月线趋势来说，股价未必实现探顶，而且周线或月线股价经历调整趋势反而促使后市更具爆发。形成更大级别的大幅拉升趋势，往往通过这种中继行情进行换挡。月线趋势已经处于明显的高位区间，由此指引下的周线和日线探顶特征及其高位震荡以后的破位特征，可信度极高。

（2）探顶特征的作用是提示股价受到强力阻压并实现探顶。撤离应该遵循"以大指小"原则指导，同时学会借助（参考）分时趋势的虚拉诱多趋势和破位

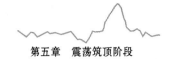

特征实施逐步减筹。还没有确立真实的"一刀两断，以绝后患"或"震荡筑顶，下破三线"等破位特征，不论股价处于高位区间震荡存在多少个探顶特征，也不管这些探顶特征多么难看，都可以采取逐步减筹的退守策略。

（3）破位特征的主要作用是提示股价结束震荡筑顶趋势并开启大幅下挫趋势，至此必须撤离绝大部分筹码，哪怕根据破位特征实施一次性清空，也未尝不可。最好的退守撤离不宜全清，高位股价未真实跌破大线以前，应当留下少量仓位，用于观察后市趋势变化，以防趋势发生演变且实现新的反转和突破。手中有筹的情况下，时刻关注趋势变化，再次跟进也不至于无从下手，毫无头绪。

（4）资金量大的要求采取逐步减筹策略，事先必须建立一套完整的战略部署（计划），然后根据实际情况灵活应变。选择周线或月线级别的强势个股操作，发现周线或月线趋势处于高位区间震荡，必须及时寻找日线趋势的探顶特征、震荡筑顶趋势和破位特征实施逐步减筹。这样做既可以做到逢高减筹目的，也可以不杀跌股价。

（5）周线趋势经历高位区间震荡且确立真实的破位特征，起码退出绝大部分筹码；月线趋势经历高位区间震荡且确立真实的破位特征，最后一手不留。那些优质的上市公司往往符合牛皮市道的趋势特征，做好高抛低吸不仅可以回避调整趋势和持筹风险，而且实现低吸又能不断地降低长线投资的持筹成本，何乐而不为？月线级别是目前 A 股市场（趋势）的极限，符合季线级别（趋势）的只有少数的几只股票而已。

（6）股价经历大幅下挫趋势以后转向震荡筑底趋势，这是股价运动的六个阶段中的第一阶段，它是重新激活市场人气，修复长期弱势的技术过程。股价经历小幅拉升趋势以后转向区间盘整趋势，这是股价运动的六个阶段中的第三阶段，它是庄家刻意为之的洗盘、蓄势、化解和修复的技术过程，实战意义大。股价经历大幅拉升趋势以后转向震荡筑顶趋势，这是股价运动的六个阶段中的第五阶段，虽然也是庄家刻意为之的一段震荡趋势，但其目的是为了实现诱多派发。股价运动的六个阶段循环往复，永不停止。震荡筑底趋势适合战略投资的大波段布局，参与定增、举牌或重组的时机较好，代价也小。区间盘整趋势不仅适合战略布局，而且非常适合资金量小的战术投机，由此阶段精选、参与强势股的时机极佳。震荡筑顶趋势的实战价值体现于逃顶（撤离），要求采取逐步减筹策略。

（7）股价经历大幅拉升趋势且实现巨大涨幅，收出一个或多个明显的顶部价格（探顶特征）以后，处于高位区间震荡时间较短，破位以后又形成快速下挫趋势，甚至形成一波连续暴跌的倒"V"型反转趋势。这就意味着，高位区间缺失一段震荡筑顶趋势，将由大幅下挫阶段的反弹中继行情进行弥补，所以常常构筑一段围绕均线系统且呈现出长期盘顶的中继行情。

第六章　大幅下挫阶段

一、图例和阶段趋势分析

（一）图例（中国银行，601988）

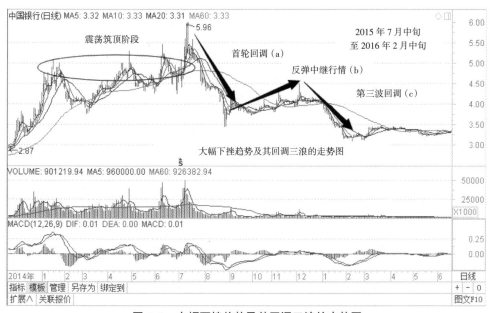

图 6-1　大幅下挫趋势及其回调三浪的走势图

（二）阶段趋势分析

（1）股价经历高位区间的震荡筑顶趋势以后，跌破中线或同时跌破高位三线，确立"一刀两断，以绝后患"、"震荡筑顶，下破三线"和"头肩顶"等破位

特征。如果股价处于高位区间且已经经历长期的反复震荡，高位股价最终往往由"多重顶"的最后顶部形成回落，那么破位特征可能是"抽刀断水，流水无情"、"反复筑顶，下破四线"和"溃坝决堤，覆水难收"等。这些破位特征既是震荡筑顶趋势结束的典型标志，也是大幅下挫趋势开始的典型标志。

（2）高位股价破位以后回落运行，MACD技术指标也跌入零轴线下方波动，大幅下挫趋势的首轮回调有快有慢。一般情况下，高位股价确立破位趋势并跌至大线下方以后，获得前期大幅拉升阶段的技术平台或跳空缺口支撑，才算完成大幅下挫趋势的首轮回调（采取a浪表示）。股价获得支撑以后形成抵抗趋势，或者形成一波震荡反弹趋势，股价重新站稳大线之上运行，这是大幅下挫趋势的第二波反弹中继行情（采取b浪表示）。

（3）反弹中继行情越过大线以后受到明显阻压，这是反弹中继行情终结的明显信号。随后股价围绕均线系统展开反复震荡，股价和均线系统逐渐趋于收拢状态，MACD技术指标于零轴线附近重新转入金叉状态，或者呈现出趋势线反复缠绕零轴线的情形。

（4）股价重新跌破大线或同时跌破均线系统，再次确立破位特征视为第三波回调趋势的真正开始（采取c浪表示）。常见的再破特征有"抽刀断水，流水无情"、"反复筑顶，下破四线"和"溃坝决堤，覆水难收"等。

（5）正常情况下，第三波回调趋势比首轮回调幅度大，往往创出大幅下挫趋势的回调新低（包括历史新低）。股价获得前期技术平台或跳空缺口支撑，或在跌势趋缓的盘跌过程，收出一个或多个明显的底部价格（寻底特征），股价才算完成第三波回调。第三波回调趋势也有可能比首轮回调幅度小，不创此轮回调新低且获得首轮回调低点的强力支撑。

（6）不论大幅下挫趋势及其回调三浪（a、b、c三浪）符合哪种下降形态，也不管大幅下挫趋势及其回调三浪的跌幅有多大，最终股价结束大幅下挫趋势及其回调三浪，必须要有一个或多个明显的底部价格（寻底特征）对其确认。

大幅下挫阶段的趋势总结：一轮完整的大幅下挫趋势由三波回调浪构成：第一波跌势简称首轮回调（a浪），第二波由相反的趋势（力量）构成，简称反弹中继行情（b浪），第三波跌势简称第三波回调（c浪）；首轮回调从高位区间的破位特征开始，回调至大线下方并获得止跌，这是首轮回调结束的信号；股价获得止跌以后展开反弹趋势，重新站稳大线之上并受到明显阻压，这是反弹中继行情结束的信号；随后股价围绕均线系统展开反复震荡，又重新跌破大线或同时跌破均线系统支撑，再破特征是开启第三波回调的信号。大幅下挫趋势起码经历回调三浪，探出一个或多个明显的底部价格（寻底特征），才算结束回调趋势。

二、深层剖析和技术要领

（1）艾氏《波浪理论》的八浪运动包含了五波推动浪和三波回调浪。五波推动浪主要讲述股价上涨阶段的趋势特征，三波回调浪则是讲述下挫阶段的趋势特征。三波回调浪简称回调三浪，由首轮回调（a浪）、反弹中继行情（b浪）和第三波回调（c浪）构成。大幅下挫阶段借鉴了三波回调浪的技术基础，同时融入了周期趋势及其演变的技术原理，也加入了笔者多年以来的经验总结。熟悉艾氏《波浪理论》的投资者，理解本章的技术精髓并不难。有兴趣的投资者，可以把艾氏《波浪理论》找来读一读，但必须记住一点，千万不要过分沉迷于数浪。

（2）不论是日线趋势，还是周线趋势，抑或是月线趋势，构筑一段完整的大幅下挫趋势，三波回调浪必不可少。日线趋势完成回调三浪以后，是否意味着大幅下挫趋势终结了呢？未必，因为还有周线和月线级别的大幅下挫趋势及其回调三浪。也就是说，周线或月线股价形成一轮完整的大幅下挫趋势及其回调三浪，日线股价体现出的大幅下挫趋势远远不止回调三浪，所以说日线股价收出底部价格（寻底特征）未必真实。由此可见，大幅下挫趋势及其回调三浪终结，还是要遵循"以大指小"原则。

（3）股价处于高位区间并经历长期的震荡筑顶趋势，最后由破位特征结束震荡筑顶趋势，同时开启大幅下挫趋势。"一刀两断，以绝后患"、"震荡筑顶，下破三线"和"头肩顶"等破位特征，属于震荡筑顶趋势和大幅下挫趋势的分水岭。因此，震荡筑顶趋势一旦出现这些破位特征，犹如"死神降临"，撤离必须当机立断。不管从哪里买入，也不管是盈是亏，选择撤离才是正确的操盘策略，而且这些破位特征是用来保命的，也是开空单（融券）的绝佳时机。

（4）股价上涨必须获得量能支持，股价下跌有量无量亦可。即使是缩量下跌，股价也有可能呈现出自由落体式、断崖式下挫。此外，由于阴线的承接力不足，大量抛筹不仅容易造成杀跌股价，而且抛筹价格也不够理想，所以庄家常常利用高位区间的虚拉诱多趋势实施诱多派发，采取涨停板或大阳线实施派发也很正常。如果庄家抛筹坚决且不计价格高低，那么阴线下跌难免跌停，相互踩踏更是避免不了连续暴跌趋势的发生。

（5）庄家控盘手段及其变化各异，大幅下挫趋势的首轮回调可能形成一波明显的持续跌势，也有可能形成一波连续暴跌趋势，还有可能形成逐波盘跌趋势。无论股价以何种方式实现下挫，股价跌破大线以后，往往在其下方获得止跌，才算完成大幅下挫趋势的首轮回调。如果下挫速度较快，股价获得止跌以后的反弹

中继行情也不明显，那么大幅下挫趋势可能形成一波跌势直接到底的情形，或者形成熊皮市道的趋势特征。

（6）反弹中继行情是大幅下挫阶段唯一一波反弹趋势。反弹中继行情不仅是为了实现诱多目的，而且还是酝酿后市更好的下跌。反弹趋势重新企稳均线系统并围绕均线系统反复震荡，随之而至的转势特征和强攻特征都是假攻特征，所以说反弹中继行情受到明显阻压以后，股价继续向上反弹的概率很小，而且这样反而容易酝酿一波更大的回调。

（7）反弹中继行情有长有短，最短的反弹中继行情当属股价企稳中线不久，快速掉头并形成再破趋势，这种情形不多见。反弹中继行情向上触及大线是一种常态走势，受到明显阻压并经历震荡以后才确立再破位，这也是常态。如果股价重新企稳均线系统并围绕均线系统展开长期的反复震荡，或构筑一段长期的窄幅震荡趋势，那么股价再次下破往往在均线系统明显收拢以后，下降形态存在多种可能性。常见的再破特征有："抽刀断水，流水无情"、"反复筑顶，下破四线"和"溃坝决堤，覆水难收"等。常见的下降形态有：下降三角形、下降楔形、下降旗形、下降矩形和下降菱形。

（8）再破特征开启了大幅下挫趋势的第三波回调，少则探至首轮回调低点附近获得止跌，多则遥遥无期。为何会这样呢？因为大幅下挫趋势不仅需要经历日线级别的回调三浪，也要经历周线和月线级别的回调三浪。也就是说，每个周期的大幅下挫趋势及其回调三浪，都可以看成是独立的个体走势，同时又是更大周期的整体趋势的某段或多段走势而已。

（9）大幅下挫趋势的主要跌势由首轮回调和第三波回调构成，中间部分由反弹中继行情承接。首轮回调形成连续暴跌或持续跌势，那么第三波回调可能比首轮回调小，探至首轮回调低点附近获得止跌，说明第三波回调创不创此轮回调新低都有可能。如果首轮回调小，那么第三波回调可能形成连续暴跌或持续跌势，股价往往创出此轮回调新低（包括历史新低）。

（10）大幅下挫趋势及其回调三浪未必始终如一。有的个股经历第二波反弹中继行情以后，选择围绕均线系统展开长期的盘整趋势，既不明显下挫且受到下轨支撑，也不突破平台且受到上轨阻压，使其逐渐满足并符合了区间盘整趋势的形态构造。趋势演变不管发生在哪个周期，哪怕大周期只是形成一波虚拉诱多趋势，对应的小周期也有可能推起一波大幅拉升趋势。

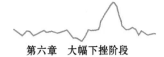

三、构筑类型和操盘策略

按照《形态理论》的说法，大幅下挫趋势也有箱体运动的中继整理形态（顶部反转形态），常见的下降形态有以下这五种类型：

（一）下降三角形

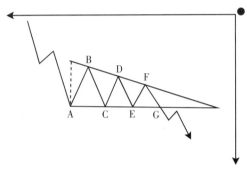

图 6-2　下降三角形

（二）下降楔形

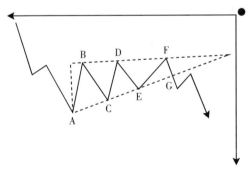

图 6-3　下降楔形

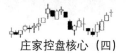
（三）下降旗形

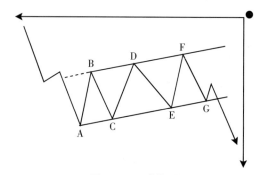

图 6-4　下降旗形

（四）下降矩形

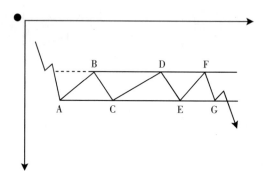

图 6-5　下降矩形

（五）下降菱形

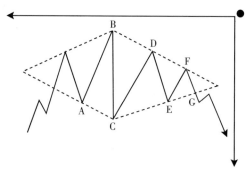

图 6-6　下降菱形

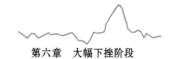

下降形态虽然有一定的实战价值，但实战运用起来相对滞后，因为下降形态讲的是大幅下挫趋势的反弹中继行情，忽略了大幅下挫趋势的首轮回调。也就是说，大幅下挫阶段构筑中继整理形态，股价往往已经由大顶回落且完成首轮回调，此时才来讨论卖股票，为时晚矣！卖到大幅下挫阶段的反弹中继行情，不是说不行，首先需要冒着巨大的扛单风险（首轮回调的风险），其次利润也要大打折扣，这样做得不偿失。

本章提及《形态理论》的下降形态，除了在此做一个简单的说明以外，主要是想提醒广大投资者，卖股票应该卖到震荡筑顶阶段，最后逃命应该选择高位区间的破位特征，而不是卖到大幅下挫阶段的反弹中继行情，更不应该卖到股价向下突破下降形态的下轨切线。

下降形态属于反弹中继行情的技术范畴，很大意义上告诉我们股价处于大幅下挫阶段的什么位置，以及股价突破下降形态的下轨切线如何发展。此外，下降形态并非只有做空（空势）的技术意义，如果股价向上突破下降形态的上轨切线，又有技术回调验证突破趋势，那么股价强势反转将会改变原来的运动方向（趋势），所以说下降形态也可以运用于区间盘整阶段。死读书不如不读书，生搬硬套肯定不行，学会灵活运用显得尤为重要。

大幅下挫趋势及其回调三浪还涉及周期趋势演变的问题，所以说大幅下挫趋势及其回调三浪根据不同的周期角度观察和分析，往往得出不一样的结果。一轮完整的大幅下挫趋势包含了回调三浪（a、b、c三浪），这是艾氏《波浪理论》三波回调浪的技术基础，也是最基本的基础常识。可是，由于回调三浪的每一波回调趋势存在较大差异，所以大幅下挫趋势的构筑类型也不尽相同。有的第一波回调幅度大，有的第三波回调幅度大；有的第一波回调属于缓慢下跌，有的第一波回调属于连续暴跌或持续跌势；有的第一波回调包含在震荡筑顶趋势，有的第三波回调蕴含了震荡筑底趋势。

根据不同的周期及其趋势演变，首先分别介绍日线、周线和月线级别的大幅下挫趋势及其回调三浪，这三个周期趋势的回调特征是大幅下挫趋势及其回调三浪的主要形式。此外，那些符合一波急速跌势直接到底、熊皮市道的大幅下挫趋势，虽然回调特征有别于正常的大幅下挫趋势，但它们也是大幅下挫趋势的类型。

下面总共介绍五种大幅下挫趋势及其回调三浪的构筑类型，具体如下：

※ 第一种，日线级别的大幅下挫趋势及其回调三浪。嘉化能源（600273）

日线级别的大幅下挫趋势及其回调三浪，是指日线股价从高位区间的破位特征开始（有的是从大顶开始），股价下挫经历了首轮回调—反弹中继行情—第三波回调这三浪回调，最终收出一个或多个明显的底部价格（寻底特征），才算结

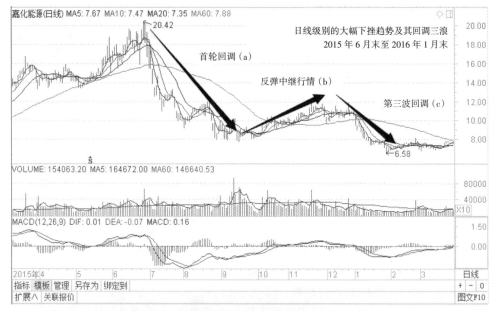

图6-7　日线级别的大幅下挫趋势及其回调三浪

束大幅下挫趋势。日线级别的大幅下挫趋势及其回调三浪（a、b、c 三浪），这是最起码的回调趋势，也是股价回调的基础趋势。

　　高位股价经历震荡筑顶趋势并收出破位特征，说明股价结束震荡筑顶趋势并开启大幅下挫趋势，也就是说，破位特征是这两段趋势的分水岭。常见的破位特征有"一刀两断，以绝后患"、"震荡筑顶，下破三线"和"头肩顶"等。震荡筑顶趋势不创新高且由"头肩顶"区域开始回落，那么"一刀两断，以绝后患"或"震荡筑顶，下破三线"破位特征并不是单纯的破位特征，它们还是确认"头肩顶"形态的破位特征。简而言之，"头肩顶"形态必须要由"一刀两断，以绝后患"或"震荡筑顶，下破三线"破位特征确认。

　　大幅下挫趋势的首轮回调从高位区间的破位特征开始，破位特征如上所述。破位趋势跌至大线下方获得止跌，展开反弹以后重新企稳均线系统并围绕均线系统反复震荡，虽然产生各种转势特征和强攻特征，但它们都是诱多目的的假攻特征。反弹中继行情往往受制于一个阶段性顶部，遇阻以后重新回调。股价重新跌破大线或均线系统或跌破反弹中继的下轨切线，这是股价进入第三波回调的信号，常见的再破特征有"抽刀断水，流水无情"、"溃坝决堤，覆水难收"和"反复筑顶，下破四线"等。股价经历第三波回调以后，收出一个或多个明显的底部价格（寻底特征），大幅下挫趋势及其回调三浪才算结束，并由此进入股价运动的第一阶段。

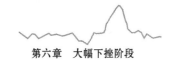
股价停留在高位区间并展开长期的震荡筑顶趋势，股价和均线系统逐渐趋于靠拢状态，或构筑"双重顶"或"多重顶"格局的长期震荡，那么震荡筑顶过程往往多次收出虚力诱多趋势和破位特征。如果股价停留在高位区间并呈现出长期的窄幅震荡趋势，那么高位股价破位可能快速跌破大线或同时跌破所有均线或跳空下挫，确立"抽刀断水，流水无情"、"反复筑顶，下破四线"和"溃坝决堤，覆水难收"等破位特征，真正撕开大幅下挫趋势的首轮回调。一般情况下，高位股价由大顶至大线之间的回落趋势，往往看成是大幅下挫趋势的首轮回调，但股价处于高位区间并经历长期的窄幅震荡趋势，股价和均线系统明显靠近，而且大顶至大线之间的回落趋势很小，所以说首轮回调既可以从股价大顶算起，也可以从长期窄幅震荡以后的破位特征算起。

震荡筑顶趋势（时间）较短，或者说高位股价缺失一段震荡筑顶趋势，那么倒"V"型反转趋势往往形成一波急速跌势，甚至形成一波跌势直接到底的大幅下挫趋势。一般情况下，只要不是形成一波跌势直接到底的大幅下挫趋势，高位区间缺失的震荡筑顶趋势，将由大幅下挫阶段的反弹中继行情弥补。高位区间缺失震荡筑顶趋势，又缺失大幅下挫趋势的反弹中继行情，这种趋势非常极端，往往是由股灾或"黑天鹅"事件造成，那么股价经历一波跌势直接到底的大幅下挫趋势以后，震荡筑底趋势往往极其漫长。

日线级别的大幅下挫趋势及其回调三浪，时间跨度少则两三个月，长则半年以上。回调中途有过较大分红或转增股情形，除权状态下的整体趋势将会发生失真，所以要求采取复权状态进行观察和分析。日线级别的大幅下挫趋势及其回调三浪，有多大的回调幅度？除了受到股指下挫以及对应的大周期影响以外，也要参考上一轮牛市趋势的技术平台和跳空缺口，除权和复权状态都成立。拉升阶段存在【预期】和<对望格局>双轨，下挫阶段也存在【预期】和<对望格局>双轨，这是倒转技术的运用原理。严格意义上说，日线级别的大幅下挫趋势及其回调三浪，往往形成周线或月线级别的大幅下挫趋势及其回调三浪的其中一段回调，所以说日线级别的大幅下挫趋势远远不止回调三浪。

结束大幅下挫趋势及其回调三浪的标志是一个或多个明显的寻底价格（寻底特征）。股价和指标趋势可能处于空势范畴，那么真正的底部必须由震荡筑底趋势确认。股价和指标趋势也有可能处于超跌超卖的微跌过程，那么结束回调三浪的标志只要一个或多个明显的寻底价格（寻底特征）即可。

※ 第二种，周线级别的大幅下挫趋势及其回调三浪。双鹭药业（002038）

周线级别的大幅下挫趋势及其回调三浪，是指周线股价由高位区间的破位特征开始（有的是从大顶开始），股价下挫经历了首轮回调—反弹中继行情—第三波回调这三浪回调，最终收出一个或多个明显的底部价格（寻底特征），才算结

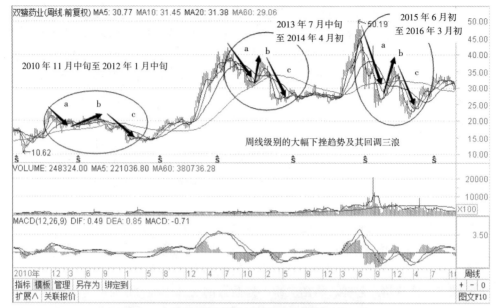

2010 年 11 月中旬至 2012 年 1 月中旬

2013 年 7 月中旬至 2014 年 4 月初

2015 年 6 月初至 2016 年 3 月初

周线级别的大幅下挫趋势及其回调三浪

图 6-8　周线级别的大幅下挫趋势及其回调三浪

束回调趋势。

　　周线级别的大幅下挫趋势及其回调三浪，不仅比日线级别的大幅下挫趋势及其回调三浪提升了一个周期级别，而且回调时间更长，回调幅度更大，可信度更高。周线级别的首轮回调和第三波回调，往往分别蕴含了两轮日线级别的大幅下挫趋势及其回调三浪。周线股价处于回调过程，中途只要出现几根抵抗式的反弹K线，日线股价往往已经完成大幅下挫阶段的反弹中继行情。周线股价形成反弹中继行情，日线股价往往推起一波明显诱多的小幅拉升趋势。周线股价形成一轮完整的大幅下挫趋势及其回调三浪，日线股价往往呈现出长期下挫并经历了多浪回调，而且日线回调一浪比一浪低。

　　周线股价结束震荡筑顶趋势并开启大幅下挫趋势，往往由"一刀两断，以绝后患"、"震荡筑顶，下破三线"和"头肩顶"等破位特征确认，破位特征是这两个阶段趋势的分水岭。也从侧面反映出，周线股价只要经历一段明显的震荡筑顶趋势，对应的日线股价往往已经处于高位区间并经历长期的反复震荡，常常构筑一段复合类型的震荡筑顶趋势，"双重顶"或"多重顶"格局也很常见。所以说周线级别的破位特征更加可信，大幅下挫趋势及其回调三浪的时间更长，回调幅度更大。

　　周线级别的首轮回调大，第三波回调往往比首轮回调小；首轮回调小，第三波回调往往比首轮回调大，这两种可能性都有可能发生。首轮回调大，第三波回调往往跌至首轮回调低点附近获得止跌，所以第二波反弹中继行情可能演变为小幅拉升趋势，也就是说，第三波回调演变为区间盘整阶段的首次挖坑。首轮回调即使大，也不能排除第三波回调跌破首轮回调低点。首轮回调小，第三波回调往往跌破首轮回调低点，支撑必须寻找前期拉升阶段的技术平台或跳空缺口。不论是日线级别的大幅下挫趋势及其回调三浪，还是周线抑或是月线级别的大幅下挫趋势及其回调三浪，都有可能发生上述情形。

　　周线级别的大幅下挫趋势及其回调三浪，时间跨度少则半年，多则一年以上。回调中途只要有过较大分红或转增股情形，除权状态下的整体趋势将会发生失真，所以要求采取复权状态进行观察和分析。周线级别的大幅下挫趋势及其回调三浪，有多大的回调幅度？又在哪里获得支撑？除了受到股指下挫及其对应的大周期影响以外，也要参考上一轮牛市趋势的技术平台和跳空缺口，除权和复权状态都成立。周线级别的大幅下挫趋势及其回调三浪，往往形成月线级别的大幅下挫趋势及其回调三浪的其中一段回调，所以说周线级别的回调趋势往往不止三浪。

　　不管什么周期的大幅下挫趋势及其回调三浪，最好不要运用黄金分割率的比率结果，因为多数时候都不够准确。尤其是一波跌势直接到底的大幅下挫趋势、熊皮市道的长期盘跌趋势，黄金分割率的比率结果毫无意义。月线股价处于区间盘整阶段，顺势打压的挖坑跌势往往蕴含了周线级别的回调三浪，可以参考黄金分割率的比率结果。周线对应日线亦然。

　　※　第三种，月线级别的大幅下挫趋势及其回调三浪。深天地 A（000023）

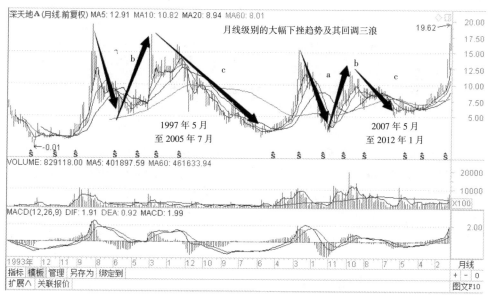

图 6-9　月线级别的大幅下挫趋势及其回调三浪

月线级别的大幅下挫趋势及其回调三浪，是指月线股价由高位区间的破位特征开始（多数是从大顶开始），股价下挫经历了首轮回调—反弹中继行情—第三波回调这三浪回调，最终收出一个或多个明显的底部价格（寻底特征），才算结束回调趋势。

月线级别的大幅下挫趋势及其回调三浪，又比周线级别的大幅下挫趋势及其回调三浪提升了一个周期档次，而且比日线的级别提升了两个周期档次。月线级别的大幅下挫趋势及其回调三浪，少则两三年，五至七年算是正常的，多则十年以上也有可能。回调中途存在较多的分红或转增股情形，导致除权状态下的整体趋势出现失真，所以要求采取复权状态进行观察和分析。月线级别的大幅下挫趋势及其回调三浪，不仅回调幅度大，而且它比日线和周线级别的回调时间更长。周期级别提升了是好事，趋势的稳定性得到保证，趋势演变的可信度更高。

月线级别的首轮回调和第三波回调，分别蕴含了两轮周线级别的大幅下挫趋势及其回调三浪。说明月线股价处于回调过程，中途只要出现一两根（几根）抵抗式的反弹 K 线，周线股价往往已经完成大幅下挫阶段的反弹中继行情。月线股价形成一段反弹中继行情，周线股价往往推起一波虚拉诱多特征的明显涨势，日线股价则有可能推起一波大幅拉升趋势或构筑多段反弹中继行情。月线股价形成一轮完整的大幅下挫趋势及其回调三浪，周线股价必然经历了多浪回调，日线股价的回调浪数多不胜数，而且日线和周线股价的回调趋势呈现出一浪比一浪低。

月线股价经历大幅拉升趋势并实现一段牛市行情，完成【预期】并确立<对望格局>双轨以后，紧接而至的震荡筑顶趋势往往不如周线级别那么明显，而且月线股价往往缺失一段高位区间的震荡筑顶趋势，也常常呈现出由大顶直接回落的情形。因此，月线股价经历大幅拉升且已实现巨大涨幅，处于明显的高位区间且受到阻压，可能股价由探顶回落延伸出大幅下挫趋势。所以说月线股价形成探顶回落趋势以后，必须高度小心，即使卖错了也是对的。月线股价由大顶回落至中线或大线附近，破位特征或再破特征往往不如周线级别的那么清晰。不要以为月线回落只有几根调整阴线，实质的回调幅度其实非常大，不懂得减筹确实是很痛苦的事情。

月线股价经历大幅拉升趋势以后，已经处于明显的高位区间且有减弱迹象，或已完成【预期】并确立<对望格局>双轨，时刻观察它的周线趋势。发现周线股价处于高位区间并展开震荡筑顶趋势，采取逢高减仓总不会错。如果月线股价构筑一段明显的震荡筑顶趋势，那么月线股价实现探顶的可信度极高，期间任何一个反弹高点都是清空出局的好时机。与此对应的周线和日线级别的反弹趋势，只能定义为虚拉诱多趋势，尽量避免重仓参与，短线投机也要做好快进快出的准备。如果月线级别的震荡筑顶趋势最终得到破位特征确认，那么牛市行情终结几乎无可挽回。千万不要陷入月线级别的大幅下挫趋势及其回调三浪，被套时间需

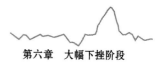

要按月计算。

月线股价经历大幅下挫趋势及其回调三浪，收出一个或多个明显的底部价格（寻底特征）以后，并不意味股价会立即展开反弹趋势，就算月线股价处于低位区间展开长期的反复震荡，普通投资者也熬不起这一段震荡趋势，"靴子落地"必须得到转势特征的确认。"靴子落地"是熊市趋势和牛市趋势的分界线，实战价值大。月线股价处于低位区间并经历长期的反复震荡以后，相对来说股价已经非常便宜，长线资金应当考虑战略布局，尤其适合参与定增、并购或举牌等战略投资，机不可失，时不再来。历史虽然不会简单地重复，但总有着相似的过程与结果。

※ 第四种，一波跌势直接到底的大幅下挫趋势。北方国际（000065）

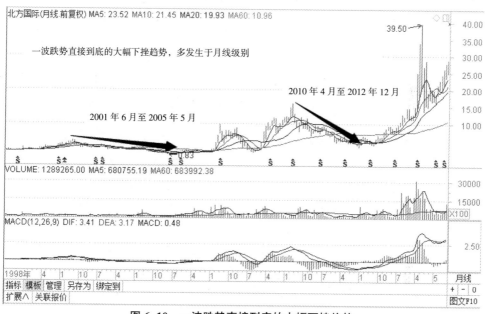

图6-10 一波跌势直接到底的大幅下挫趋势

一波跌势直接到底的大幅下挫趋势，顾名思义，是指股价由大顶或破位区域形成回落趋势，中途几乎没有反弹中继，即使有过反弹也受到中线反压，大幅下挫趋势一气呵成。股价由大顶或破位区域回落至收出一个或多个明显的底部价格（寻底特征），往往呈现出一波跌势直接到底的大幅下挫趋势。

对于回调三浪来说，一波跌势直接到底的大幅下挫趋势比较特殊，而且一气呵成的难度极大。日线和周线级别的趋势波动比较频繁（反复），很难产生一波跌势直接到底的大幅下挫趋势，所以它多发于月线级别。日线趋势的下挫过程就算有过明显的反弹中继行情，周线趋势的下挫过程即使有过抵抗趋势，可是它们

对于月线趋势来说，月线股价需要一个月时间才能形成一根K线图，所以月线K线图未必呈现日线和周线趋势，就算呈现出来也是不完整的。也可以这么理解，日线和周线趋势的前半个月是反弹行情，后半个月是回调趋势，或者说后半个月的回调趋势大于前半个月的反弹行情，那么月线趋势呈现出的就是一种回调状态。

一波跌势直接到底的大幅下挫趋势，回调趋势具有连贯性、回调角度大和量能逐渐萎缩等特点。一波跌势直接到底的大幅下挫趋势，并不是说回调中途没有出现过反弹趋势，只是每一波反弹趋势都受到中线或大线的快速反压，所以反弹趋势看起来并不明显。股价经历大幅下挫趋势并处于低位区间运行，底部价格（寻底特征）可能出现在股价和指标走势还没有脱离空势的范畴，也有可能出现在超跌超卖的微跌过程。底部价格（寻底特征）既是大幅下挫趋势终结的典型标志，也是震荡筑底趋势开始的典型标志。股价完成寻底以后，并不是说股价立即展开反弹，也不代表股价不再调整，改变大幅下挫趋势的长期积弱和低迷的市场人气，需要有足够的时间进行切换，所以股价很难避免一段低位区间的反复震荡。

回调趋势一气呵成并跌至低位区间以后，后市趋势发展有多种可能性。第一种，股价处于明显的低位区间并展开长期的反复震荡，构筑一段修复长期弱势、重新激活市场人气的震荡筑底趋势。不管震荡筑底趋势经历多长时间，"靴子落地"必须得到转势特征的确认，而且"靴子落地"是熊市趋势和牛市趋势的分界线。第二种，股价由明显的低位区间展开缓慢反弹趋势，越过中线以后且受到大线阻压，经历反压下行并保持低位震荡。第三种，股价由明显的低位区间展开反弹并越过大线以后，受到牵制或阻压并围绕均线系统展开长期的反复震荡，或构筑"上大回中"的横盘调整格局。第四种，立即展开"V"型反转趋势，那么低位区间缺失的震荡筑底趋势将由后市的区间盘整趋势弥补。

一波跌势直接到底的大幅下挫趋势，可能转化为回调三浪特征，只不过它的第三波回调往往孕育了震荡筑底阶段。说明大幅下挫趋势一气呵成并收出一个或多个明显的底部价格（寻底特征）以后，处于低位区间并展开长期的反复震荡，震荡反弹趋势就像构筑一段小幅拉升趋势，再次回调的反压趋势就像形成大幅下挫趋势的第三波回调。因此，一波跌势直接到底的大幅下挫趋势经过低位区间的这两段趋势转化以后，不管反压趋势有没有创出此轮回调新低，大幅下挫趋势的整体趋势符合了回调三浪的浪型构造。

一波跌势直接到底的大幅下挫趋势，多发于月线趋势。受到股灾或"黑天鹅"事件影响，日线和周线股价往往形成一波跌势直接到底的大幅下挫趋势，回调趋势就像自由落体式下挫、断崖式下挫和陨石坠落，而且股价至少跌至前期拉升阶段的起势区域，甚至出现一波跌势直接跌破前期历史大底。

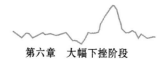

※ 第五种，熊皮市道的大幅下挫趋势。深科技（000021）

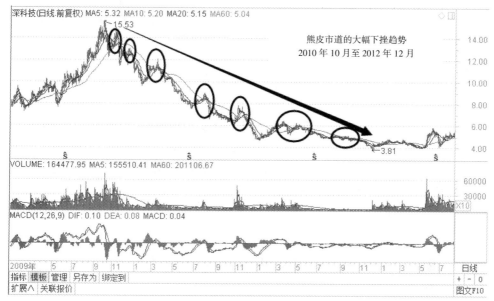

图 6-11　熊皮市道的大幅下挫趋势

　　股价由大顶回落以后，反弹中继和再破趋势不断形成，成功构筑一段边跌边震的长期盘跌。每一波反弹中继要么受到中线阻压，要么受到大线阻压，每一波再破趋势又总是获得前期拉升阶段的技术低点或跳空缺口支撑，长期盘跌就像形成一种熊皮市道的大幅下挫趋势。

　　熊皮市道的大幅下挫趋势，多发于日线和周线级别，月线级别往往呈现出一气呵成的大幅下挫趋势。也就是说，日线和周线级别的大幅下挫趋势，形成一种逐波下行的长期盘跌。日线或周线股价每次向上反弹触及中、大线以后，立即受到阻压并形成再破趋势，就算股价越过大线运行，也不会在大线之上停留太长时间，再破趋势紧随而至并及时终结反弹中继行情，从而促成月线级别的大幅下挫趋势一气呵成。所以说熊皮市道的大幅下挫趋势，多数用来形容日线和周线级别的长期盘跌，对应的月线级别基本符合一波跌势直接到底的大幅下挫趋势。

　　熊皮市道的大幅下挫趋势，除了回调时间要求长期以外，回调角度也要保持在钟面的 3~6 点。过小或过大的回调角度，虽然也是大幅下挫趋势，但它超出了熊皮市道的盘跌范畴。熊皮市道的反弹中继幅度虽然都很有限，但它所经历的反弹中继次数却比其他类型的大幅下挫趋势多得多。反弹中继幅度小往往受制于中线，反弹幅度稍大往往受制于大线。就算反弹趋势越过大线运行，阶段性顶部也

会成为反弹中继行情的终点（阻压），再破特征将会反复延续熊皮市道的长期盘跌。

股价经历长期盘跌的熊皮市道，每一波回调趋势和反弹趋势虽然都不大，但整体的回调幅度却是惊人跌幅。盘跌过程的假底特征总是困扰投资者，要么抄错底，要么抄错底而被套。一般情况下，股价经历长期盘跌的熊皮市道以后，最后回调往往形成一波加速赶底趋势，而且加速赶底以后探出回调新低，及时收出一个比较真实的底部价格（寻底特征）。所以说终结熊皮市道的大幅下挫趋势，一波加速赶底趋势的作用很大。

熊皮市道的时间越长，量能萎缩越明显，最后往往呈现出地量交投状态。说明该抛的已经抛了，不想抛的也已深度套牢，又舍不得割肉出局。下挫过程的量能越大，股价完成寻底的可信度越低，地量交投状态越明显，股价完成寻底的可信度越高。不管熊皮市道什么时候结束，也不管股价什么时候完成寻底，所有技术动作要求一气呵成。

四、实例分析和运用技巧

实例一　世纪星源（000005）

◆ 图形识别

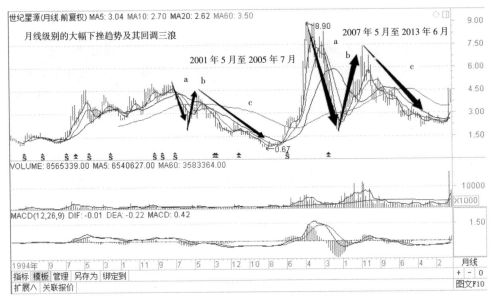

图6–12　月线级别的大幅下挫趋势及其回调三浪

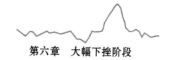

◆ 技术回放

如图 6-12 所示：

（1）日线、周线和月线级别的大幅下挫趋势及其回调三浪，既是股价大幅回调的主要形式，也是相互传导并相互影响的结果。"以大指小"原则是庄控系统精选个股和操盘核心，月线是这三个周期中最大的趋势，周线次之，日线最小。月线影响周线，周线影响日线，日线影响分时，反过来，分时传导日线，日线传导周线，周线传导月线。每一个周期趋势既是独立的个体趋势，同时又是整体趋势的其中一部分。认识股价运行规律，不仅要认识个体和个体之间（每个周期）的关系，还要掌握个体与整体之间的关系。了解了个体趋势与整体趋势的关系，对于认识股市和参与投资有着十分重要的意义。股市投资没有百分之百确保盈利的方法和技术，能做到的只有大概率获利，所以必须选择整体趋势具备获利条件的情况下参与个体趋势。哲学看似空洞，实质上包含了万事万物的基本规律。有人认为获利是偶然性因素，是上天赐予的运气使然，股市投资没有规律可言，笔者认为恰恰相反，大概率是规律使然，获利更是一种必然。命是弱势的借口，运是强者的谦辞。

（2）股价运行规律虽然并非千篇一律，但总有着相似的过程与结果，历史的循环总是有迹可循。所谓的偶然，是人们无法预料的、难以掌握的、提前没有想到的东西。股市涨跌看似偶然，实质上却是必然，一切都符合大道至简的自然规律。股价运行是否遵循同样的波浪结构呢？不会，因为每一波行情都有差异，哪怕是细微的差异，而且构筑波浪结构的过程与结果也有差异，所以说一模一样的波浪结构不存在，只有相似的过程与结果，只是这些细微差异被多数人看成了巨大差异，认为这是不可接受的，所以潜意识中产生了漠视和抗拒规律。好了，说了那么多关于哲学和规律相关的题外话，无非是想告诉大家，寻找规律，才能与财富和自由相伴。

（3）世纪星源（000005）是深圳证券交易所最早的一批上市公司之一。当初上市时的名字叫什么？中途又经历了几次更名？主营业务是什么？主营收入有多少？这些都不是技术分析的范畴，就此略过。该股自上市以来的月线趋势，这是本章讨论的重中之重。复权状态下可以看出，该股自上市以来，真正的牛市行情有过三波。第一波牛市行情由 1996 年 4 月至 1997 年 6 月；第二波牛市行情由 2005 年 7 月至 2007 年 5 月，第三波牛市行情由 2014 年 7 月至 2015 年 5 月。现在回过头看，该股的三波牛市行情与股指的牛市行情基本一致。该股形成第一波牛市行情时，绝大部分人还没有炒股票的概念，毕竟股票市场对于当时的中国人来说，还是一种新兴事物。第二波牛市行情得益于股权分置改革，这是涨幅最大的一波牛市行情，也是我国股票市场自开卓以来，股民数量激增最快的一个阶

段。第三波牛市行情后来被定义为杠杆牛市，也有人说这是"价值投资+改革预期"升温的牛市行情，实质上这一波牛市行情的投机氛围最盛、涨速最快。

（4）不管世纪星源形成牛市行情的基本面和技术面因素是什么，本章重点讨论股价如何实现探顶？如何展开震荡筑顶趋势？破位以后的大幅下挫趋势及其回调三浪又有哪些明显特征？复权状态下可以看出，1997年5月的顶部虽然不是该股月线趋势的最终大顶，但它却是该股结束那一轮牛市行情的首个顶部。1997年5月至2001年5月，月线股价停留在高位区间并展开长期的反复震荡，长达4年的震荡筑顶趋势构筑了一段"顶上顶"格局，也符合"多重顶"格局。无法想象，用了4年时间构筑的震荡筑顶趋势，愿意买它并持有它的投资者都是哪些人？2001年7月，月线股价形成探顶回落以后，阴线同时跌破高位四线并确立"下破四线"破位特征，说明月线股价结束长达4年的震荡筑顶趋势并进入大幅下挫趋势，破位特征是这两个阶段趋势的分水岭。随后月线股价形成快速下挫，MACD技术指标拐头以后跟随股价快速往下。2002年1月，月线K线图留有较长的下影线，说明月线股价获得前期回调低点（1997年8月）支撑，止住了破位以后的首轮回调。

（5）2002年6月，月线股价止跌反弹以后重新企稳均线系统之上，同时向上穿透四线虽然确立"反攻四线"强攻特征，但这种强攻特征属于假攻特征。原因很简单：大幅下挫趋势形成首轮回调，止跌反弹趋势属于反弹中继行情。7月开始，回调趋势不仅重新跌破均线系统，而且确立大幅下挫趋势的第三波回调。2004年1~3月，虽然有了"红三兵"抵抗，指标也转入金叉状态，但第三波回调并未就此打住。月线股价受到中线阻压以后继续下行，不断地刷新大幅下挫趋势的回调新低，远离零轴线的"凤凰涅槃，浴火重生"转势特征也无法改变持续回调趋势。2005年9月，又是一组"红三兵"K线组合，不仅将MACD技术指标再次带入金叉状态，而且通过趋势线的负值收缩以及股价逐渐下行可以明白，股价和指标走势形成背离特征，除权状态的背离特征更加明显。由此可见，这个"红三兵"以及指标的金叉状态不仅表示月线股价确立大底，而且说明月线级别的大幅下挫趋势及其回调三浪终结。2001年5月至2005年7月，这是月线级别的大幅下挫趋势及其回调三浪，周线蕴含了多浪调整。

◆ **操盘要点**

如图6-13所示：

（1）2005年7月至2007年5月，月线股价经历23个月的牛市行情，虽然实现接近10倍的【预期】涨幅，但它不是本章讨论的重点。下面继续关注月线股价形成探顶以后，如何展开震荡筑顶趋势？破位以后的大幅下挫趋势又有哪些明显特征？

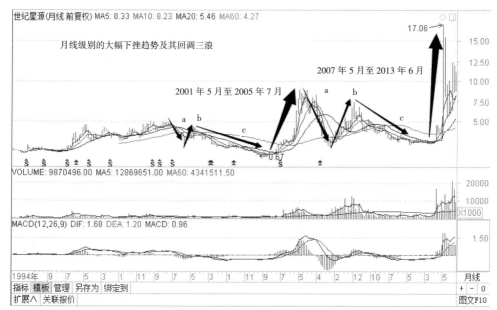

世纪星源(月线 前复权) MA5:8.33 MA10:8.23 MA20:5.46 MA60:4.27

月线级别的大幅下挫趋势及其回调三浪

2007 年 5 月至 2013 年 6 月

2001 年 5 月至 2005 年 7 月

17.06

VOLUME: 9870496.00 MA5:12869651.00 MA60:4341511.50

MACD(12,26,9) DIF:1.68 DEA:1.20 MACD:0.96

图 6-13　历史虽然不会简单地重复，却总有着相似的过程与结果

（2）2007 年 7 月，股价于高位区间停牌一个半月以后，重新开牌以后形成连续跌停，致使当月股价收出下跌阴线。通过它的日线趋势可以看出，2007 年 9月 4 日，股价处于高位区间并展开震荡筑顶趋势，一根带量的"高开低走，乌云盖顶"探顶特征与前期顶部确立了"双重顶"形态，这是逢高撤离的好时机。10月 11 日，又是一根带量的"高开低走，乌云盖顶"探顶特征，而且它的最高价与前期顶部（5 月 21 日）的最高价完全一致，回落收盘说明它们又及时确立<平顶对望>双轨。通过 2007 年 5 月 21 日、9 月 4 日和 10 月 11 日三个顶部特征可以明白，日线股价处于高位区间并展开长期的反复震荡，成功构筑了"三重顶"格局。

（3）随后股价再也无力向上反弹，日线破位传导至周线，周线破位传导至月线。2007 年 5 月的大顶至 2013 年 6 月的大底，这是一轮完整的月线级别的大幅下挫趋势及其回调三浪。其中 2007 年 5 月至 2008 年 11 月，这是月线级别的大幅下挫趋势的首轮回调，蕴含周线和日线级别的大幅下挫趋势及其回调三浪。2008年 11 月至 2009 年 12 月，这是月线级别的大幅下挫趋势的反弹中继行情，蕴含周线和日线级别的小幅拉升趋势及其阶段性顶部。2009 年 12 月至 2013 年 6 月，这是月线级别的大幅下挫趋势的第三波回调，蕴含周线和日线级别的多浪调整。

（4）不管通过哪个周期趋势观察都可以发现，2007 年 5 月至 2013 年 6 月的大幅下挫趋势及其回调三浪，相对来说存在一种特殊状态。特殊之处在于趋势发

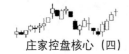

生了演变：2009年12月至2013年6月的回调趋势属于大幅下挫趋势的第三波回调，虽然第三波回调比首轮回调的时间要长，但第三波回调的低点却在首轮回调的低点上方，说明大幅下挫趋势的第二波反弹中继行情演变为区间盘整趋势的开端，也可以说反弹中继行情演变为小幅拉升趋势，大幅下挫趋势的第三波回调演变为区间盘整趋势的顺势打压。2013年6月至2014年6月，月线股价处于相对的低位区间并经历了一年的反复震荡。2014年6月开始，推起一轮急速拉升的牛市行情，最终涨幅翻了6倍多。

（5）通过2001年5月至2005年7月和2007年5月至2013年6月这两段月线级别的大幅下挫趋势及其回调三浪可以明白，虽然大幅下挫趋势及其回调三浪并非完全相同，但回调三浪又是如此明显。这两段大幅下挫趋势及其回调三浪形成以后，也都分别实现了牛市行情。虽然牛市行情的涨幅及其经历的时间不同，但不可否认的是，牛市行情又是如此明显。这就应验了一句话：历史虽然不会简单地重复，却总有着相似的过程与结果。股票不需要多，最重要的是拥有发现和抓住机会的能力。择股和择时都很重要，三五年只要抓住一段牛市行情，也能实现人生和财务自由。实现稳定的投资回报，并将这样的投资理念持之以恒，将会发挥复利投资的最大效应。

实例二　武昌鱼（600275）

◆ 图形识别

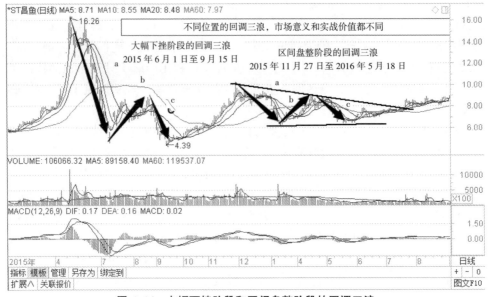

图6-14　大幅下挫阶段和区间盘整阶段的回调三浪

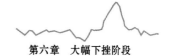

◆ 技术回放

如图 6-14 所示：

（1）什么叫复利？复利到底有多大效应（威力）？科学泰斗爱因斯坦曾经说过："复利是人类第八大奇迹"。了解复利之前，先给大家讲一则故事。传说日本战国时期统一了天下的丰臣秀吉和一位智者下象棋。智者赢了后，丰臣秀吉问智者需要什么奖赏，智者这样说道："这个下象棋的格子里，第一格放 1 粒米，第二格放 2 粒米（前一格的一倍），第三格放 4 粒，第四格放 8 粒，以此类推，直到把整个棋盘放满为止"。丰臣秀吉听了后深感智者无欲无求，马上答应了。可是没过多久，丰臣秀吉听说居然全国的米都用完了还没能填满整个棋盘，慌慌忙忙地取消了奖励。按照智者的放米要求，到底填满整个棋盘需要多少粒米呢？答案是 24178516392292926000000000 粒（数不过来啊！）。

（2）"复利"投资玩得炉火纯青的人是巴菲特，他能成为投资界的世界首富，这是因为他在接近 50 多年来的投资生涯中，每年保持 20% 左右的复利收益率。或许多数人并不相信复利投资能有如此效应，但这又是事实。再说一个例子：一个人在 22 岁开始每年投资 1 万元，直到 40 岁，每年以 15% 的复利增长；另一个人 32 岁才开始投资，他每年投 2 万元，也按照 15% 的复利计算到 40 岁，那么结果是谁的多呢？很明显，是那位 22 岁的年轻人。不难看出，影响财富积累的主要因素有两个：一是拥有增值能力的资本和技术；二是复利的时间作用。因此，及早开始自己的投资，尽快找到能让资金实现持续增值的投资方式，显得尤为关键。复利有点像从山上往下滚雪球，最开始时雪球只是一颗很小很小的球粒，但当往下滚的时间足够长，而且雪球又湿又黏，最后雪球滚得很大很大。不论是战略投资，还是短线投机，只有实现了稳定复利，才能真正实现财务自由。

（3）实现复利必须建立在以下这两个条件：一是有实现复利的市场环境；二是有实现复利的品种。这两个条件都能满足的，全世界范围内可能只有指数基金（被动投资）。教科书上说："择股不择时"，意思是说，买入好的股票不要在乎择时，持有十几二十年时间还是能够跑赢大盘指数的。如果真的这样做，那么有的股票即使跟随大盘到达牛市顶部，个股的市盈率也很低，可是选择高位买入并长期持有，未必能够跑赢大市，这样做又有何意义呢？留给儿子还是留给孙子用啊！或许连最基本的通货膨胀率都跑不过！这样做不仅可笑之极，而且毫无意义。笔者坚持的复利并不是上述复利，而是根据主动管理实现的复利投资效应。主动管理涉及择股和择时这两个概念。简而言之，择股就是选择什么股票，这是主动管理的第一步，择时就是选择介入的时间，什么时候介入才对投资有利（成本相对低）。股票不需要多，最重要的是拥有发现和抓住机会的能力。择股和择时都很重要，三五年时间只要抓住一波牛市行情，再经复利的投资效应，那么退

休前实现财务自由也不是梦。追求稳定的投资回报，并将这样的投资理念放大，其实就是追逐复利的投资效应。

（4）月线级别的大幅下挫趋势及其回调三浪，虽然回调幅度很大，回调时间也长，少则两三年时间，五至七年算是正常的，多则长达十年以上，但股价"靴子落地"以后总能推起一波牛市行情，甚至形成一波超级牛市，少则三五倍涨幅，十几倍涨幅算是正常的，二三十倍涨幅也很常见。巴菲特的投资组合除了少数几只股票持有超过20年时间以外，多数上市公司的投资周期都在5年以内完成，这说明什么问题呢？说明巴菲特采取的是主动管理策略，只不过他的投资理念和投资策略，到目前为止，还没有多少人掌握。巴菲特虽然推崇指数基金，但他并不参与指数基金，只是给投资者提供一种投资建议而已。既然按照月线级别的战略投资能够实现爆发性的复利效应，为何还要自寻烦恼呢？东一榔头，西一棒槌！笔者并不反对短线投机，而且能够将短线投机做好的投资者，必有过人之处，可是，我们不能将短线投机视为交易（盈利）的根本，毕竟短线交易只是完成（达到）目的的一种手段罢了。

（5）武昌鱼（600275）于2015年6月1日收出探顶K线组合以后，停留在高位区间的震荡时间较短，只是围绕10日均线做了一次短暂抵抗，破位趋势急速下挫且以跌停板为主。7月9日，"低开高走，釜底抽薪"K线图才止住这一波连续暴跌趋势。按照6月1日"心怀鬼胎，居心不良"探顶K线组合的最高价算起，28个交易日的回调幅度居然高达惊人的65%跌幅，恰好抹去了前期大幅拉升趋势的涨幅。随后股价向上反弹并站稳中线之上震荡，MACD技术指标转入金叉状态并实现逐渐抬升。8月21日，反压下行以后重新跌破中线支撑，随之终结反弹中继行情并开启大幅下挫趋势的第三波回调，MACD技术指标贴着零轴线下方重新向下拐头。9月15日，第三波回调经历持续下行以后，当日采取跳空下跌虽然跌破大幅下挫趋势的首轮回调低点，但股价却已有了寻底的可能性。为何这样说呢？①MACD技术指标已经脱离绿柱体的空势封锁，且已处于飘柱诱空过程，说明指标空势已经减弱；②跳空阴线出现在飘柱诱空的寻底过程，说明它符合"破釜沉舟，背水一战"K线图，表明空头使尽力气向下砸盘，多头已被逼至退无可退的低位区域。

（6）2015年9月16日，携量涨停板不仅对跳空阴线的寻底可能性做出了及时确认，而且它与跳空阴线构成一个寻底K线组合——"鸾凤和鸣，琴瑟和谐"寻底特征。与此同时，这个寻底特征也是终结日线级别的大幅下挫趋势及其回调三浪的典型标志。随后股价停留在底部区间震荡，MACD技术指标转入金叉状态并实现逐渐抬升。通过指标处于零轴线下方的运行角度以及它的金叉状态可以看出，MACD技术指标于零轴线下方第二次转入金叉状态，它的两线负值明显小于

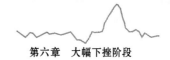

首次金叉时的两线负值，同时结合股价前高后低的趋势特征，说明股价和指标走势完全背离，两者成功构筑"底背离"形态。通过周线趋势可以看出，周线股价仍然处于首轮回调的趋势范畴，这就意味着，周线趋势还有反弹中继行情和第三波回调。

◆ **操盘要点**

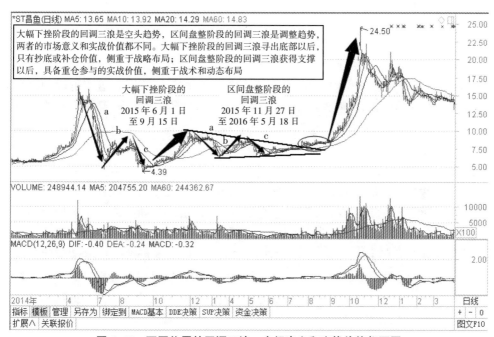

图6-15 不同位置的回调三浪，市场意义和实战价值都不同

如图6-15所示：

（1）2015年10月8日，日线股价经历底部震荡并逐渐靠近20日均线时，跳空涨停板直接越过仍然下垂的20日均线，"出其不意，攻其无备"转势特征表示该股蕴含尚未对外的利好消息（题材），说明庄家采取不计成本的买入方式掠夺筹码并快速推高股价。低位区间的"七连阳"推升不仅蕴含"出其不意，攻其不备"转势特征，而且股价快速脱离低位区间并站稳20日均线之上运行，说明庄家"必有所图"。10月15~20日和10月22~27日，又经过两组"四连阳"持续推升以后，股价已经顺利触及60日均线。长期处于零轴线下方运行的趋势线，跟随股价反弹并重新跃入零轴线之上。接着，缩量回调趋势虽然不长，但回调趋势靠近了20日均线，说明短期调整趋势符合了"上大回中"格局。

（2）2015年11月3~16日，股价获得止跌并实现了"十连阳"推升，不仅蕴

含特殊状态的"反攻三线"强攻特征，而且股价脱离大线阻压并推起一波快速反弹趋势。11月18日至20日和11月24日至30日，经过这两组"连阳推动"持续推升以后，股价已经到达前期反弹中继平台。11月30日，"伪阳线"既是飘柱诱多末端的"五连阳"状态，也与昨日阳线成功构筑"心怀鬼胎，居心不良"探顶K组合。由此可见，小幅拉升趋势到达前期反弹中继平台，探顶特征除了表达它们成功确立<对望格局>双轨以外，同时说明小幅拉升趋势到此终结并开始转入区间盘整趋势。

（3）通过日线后市构筑的区间盘整趋势可以看出，区间盘整趋势既符合收敛三角形的形态构造，也符合回调三浪的调整特征。2015年11月30日至次年3月16日的回调趋势，属于回调三浪的首轮回调，也是构筑区间盘整阶段的首个下轨的技术过程。2016年3月16日至4月18日，属于回调三浪的第二波反弹中继行情，也是构筑区间盘整阶段的次上轨的技术过程。4月18日至5月20日，虽然回调趋势没有跌破前期下轨，但它属于回调三浪的第三波回调，也是构筑区间盘整阶段的次下轨的技术过程，而且它与首个下轨的价格基本接近。5月30至6月8日，股价获得支撑并实现回升趋势，"八连阳"推升重新站稳大线之上。随后股价停留在中线和大线之间展开震荡，成功构筑一段"上大回中"的横盘调整格局。7月4日，携量阳线向上穿透均线系统并确立"反攻四线"强攻特征，说明股价真正进入强势攻击范畴。7月20日，携量涨停板突破区间形态的上轨切线，说明股价真正进入大幅拉升阶段，而且携量涨停板也突破"短期横盘调整"上轨，说明它还符合"石破天惊，雷霆万钧"强攻特征。日线级别的区间盘整趋势构筑如此明显的形态构造及其回调三浪，那么提升了一个级别的周线趋势又是如何呢？继续往下看。

（4）周线股价于2015年9月18日收出"破而后立，底部反转"寻底特征，说明周线股价完成回调三浪的首轮回调，对应的日线股价已经完成大幅下挫趋势及其回调三浪。9月25日至11月27日，周线股价形成"十连阳"推升并重新企稳均线系统之上，说明周线股价形成回调三浪的第二波反弹中继行情，对应的日线股价脱离低位区间并实现小幅拉升趋势以后，确立<对望格局>双轨开始转入区间盘整趋势。2015年12月4日至翌年5月27日，周线股价重新跌破均线系统以后，股价并没有继续往下回调，而且围绕均线系统展开震荡趋势，说明周线股价的第三波回调演变为区间盘整趋势，那么它的反弹中继行情自然转换为小幅拉升趋势。对应的日线趋势构筑了一段区间盘整趋势，形态构造和回调三浪都很明显。2016年7月中下旬，周线股价获得支撑并实现回升以后，股价重新企稳均线系统之上并引出强攻特征及其调整趋势。对应的日线股价以携量涨停板突破形态的上轨切线以后，股价停留在涨停板的内部展开窄幅震荡趋势。这一段窄幅

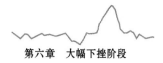

震荡趋势既是对股价突破形态轨道的验证趋势，也是大幅拉升之前的最后清洗和蓄势。周线的强攻及其调整趋势，对应日线的突破及其验证趋势，说明这两个周期在此形成完美的合力共振。

（5）2016年9月2日，日线和周线股价同时突破横盘调整平台阻压，说明它们同时确认强势恒强的大幅拉升趋势。随后只是用了两个月时间，不管是除权状态，还是复权状态，股价创出了历史新高，而且实现接近两倍涨幅。通过它的月线趋势可以看出，这一段日线和周线共振的大幅拉升趋势，只是月线级别的虚拉诱多趋势。由此可见，日线和周线趋势只要出现探顶特征，就要做好减筹策略，而且月线股价处于悬空状态下的虚拉诱多过程，冲顶以后随时都有可能终结涨势，那么日线和周线股价探顶以后未必构筑震荡筑顶趋势，甚至探顶以后直接进入大幅下挫趋势。

（6）不管庄家推起股价的炒作题材是什么，武昌鱼的月线趋势和股指的指标走势都处于明显悬空的状态下，该股庄家只是借助股指止跌反弹的"东风"，顺势推起一波日线和周线共振的大幅拉升趋势。虽然这只是一波月线级别的虚拉诱多趋势，但在题材炒作的带动下，它的日线和周线趋势却成为当时的一道亮丽风景线。由此可见，月线级别的虚拉诱多趋势不是不能做，只要把握好对应的周线和日线趋势，也可以窃取一波周线和日线级别的强攻行情，即使是投机取巧也有理由支撑。

（7）通过该股的回调三浪可以明白，大幅下挫阶段的回调三浪是空头趋势，区间盘整阶段的回调三浪是调整趋势，说明不同位置的回调三浪，它的市场意义和实战价值都不同。股价经历大幅下挫趋势及其回调三浪，必须要有一个或多个明显的底部价格（寻底特征）作为结束的标志，具备抄底或补仓的实战价值，这个阶段适宜实施战略布局。区间盘整阶段的回调三浪，股价获得下轨支撑以后，逢低吸筹的安全系数高，企稳回升以后确立强攻和突破形态轨道，重仓参与的实战价值大，这个阶段适宜实施战术投资和动态布局。

★ 本章小结

（1）高位区间的破位特征也叫保命招数，表示再不选择撤离，不仅到手利润随着破位趋势灰飞烟灭，而且本金也随着破位趋势减少。所以任何时候都不要对脱离高位区间的破位特征存在幻想，即使后市还有短暂反弹的可能性，贪图高位区间的短线利差，又放弃了破位特征给予的逃命机会，终究逃脱不了被套的悲剧。

（2）严格意义上说，首轮回调由高位区间的破位特征开始计算。可是，有的个股处于高位区间并经历长期的反复震荡，不仅收拢了均线系统，而且体现出

"双重顶"或"多重顶"格局，那么首轮回调往往由最后一个大顶开始计算。此外，股价处于高位区间并经历长期的反复震荡，震荡筑顶趋势可能包含了大幅下挫趋势的首轮回调。

（3）经历首轮回调并实现止跌反弹以后，股价重新企稳均线系统并围绕均线系统反复震荡，期间收出的转势特征和强攻特征多属假攻特征。如果持筹至此，利润已经严重缩水（减半或更多都有可能），高位区间追高的已被套牢，不管盈亏如何，此时最好还是选择反弹中继过程的高点实现撤离。长期陷入大幅下挫趋势及其回调三浪，尤其是陷入了月线级别的大幅下挫趋势及其回调三浪，不仅是浮亏那么简单，还要长期承受精神上的煎熬！

（4）经历首轮回调并获得止跌反弹以后，股价处于中线或大线附近波动，反弹趋势显得犹犹豫豫，均线系统逐渐趋于收拢，此时必须高度小心，因为这是股价即将再破的征兆之一。严格意义上说，反弹中继行情受到明显阻压即可确认终结，阻压特征常常体现出一个阶段性顶部。受到明显阻压并形成震荡回调，再破特征视为开启大幅下挫趋势的第三波回调。

（5）日线级别的大幅下挫趋势只是经历了首轮回调和中继反弹行情，对于周线或月线趋势来说，它们还没有完成首轮回调。日线趋势呈现出一浪比一浪低的长期盘跌，这是正常的回调趋势。A股市场成立至今，时间尚短且大部分个股都不满足季线和年线级别，所以月线级别暂时成为周期及其趋势演变的极限。

（6）股价经历大幅下挫趋势及其回调三浪，终结跌势必须要有一个或多个明显的底部价格（寻底特征）。这个底部价格出现在第三波回调的末端区域，股价和指标走势可能还处于空势范畴，也有可能处于超跌超卖的微跌过程。大幅下挫阶段是股价运动六个阶段中的第六阶段，底部价格（寻底特征）又将股价引入股价运动的第一阶段，从而促成生生不息、循环往复的六个阶段。

（7）一般情况下，大幅下挫趋势及其回调三浪，不适宜采用黄金分割率的比率结果。区间盘整阶段的顺势打压形成回调三浪趋势，不论是日线级别还是周线级别抑或是月线级别，这种回调三浪趋势往往符合黄金分割率的比率结果，可信度高，实战价值大。

（8）大幅下挫趋势及其回调三浪，对于多头趋势来说，没有实战价值，只有市场意义。倒转理解则不然，大幅下挫趋势及其回调三浪符合大幅拉升趋势的趋势特征。做空不会做，做多总会吧，那就将趋势倒转过来理解，而且这样看盘也顺眼许多。破位特征成为了转势特征或反攻特征，首轮回调成为了小幅拉升趋势，反弹中继行情和反复震荡成为了区间盘整趋势，第三波回调成为了大幅拉升趋势，如此操盘岂不是得心应手。做空也好，倒转理解也罢，都必须遵循"以大指小"的原则。

第七章　股价运动的六个阶段

本书主要讲述股价运动的六个阶段，本章重点分析六个阶段的相互关系及其演变。股价运动的六个阶段离不开艾氏《波浪理论》，毕竟这六个阶段的基础原理大都源自于艾氏《波浪理论》的八浪运动。只有从恰当的角度去观察，然后采取特定的方法去研究，才有可能弄明白隐藏于其后的必然规律。

一、了解艾氏《波浪理论》及其八浪运动

艾氏《波浪理论》作为最重要的技术分析理论之一，是在《道氏理论》、《趋势理论》的基础上，并运用了费氏数列以及黄金分割率等数学手段，对股市（趋势）进行定量分析。这是艾氏《波浪理论》较之于其他投资理论更为优越的地方。艾氏《波浪理论》将股价的上下变动和不同时期的持续上涨、下跌看成是波浪的上下起伏，认为股票的价格运动遵循波浪起伏的规律，数清楚各个浪就能准确地预见到跌势（熊市）已接近尾声，或牛市即将来临，或牛市已到了强弩之末、熊市即将到来。

股价的六个阶段和八浪运动既可以是分时趋势，也可以是日线趋势，还可以是周线和月线趋势，甚至季线和年线趋势。A股市场由20世纪90年代发展至今，时间尚短，按照股价运动的六个阶段和八浪运动，月线趋势暂时成为阶段趋势（波浪趋势）的极限。以欧美等发达国家（或地区）为代表的证券市场，有的经历了几百年发展，少的也有上百年时间，所以按照季线和年线分析，条件已经满足。

艾氏《波浪理论》的八浪运动告诉我们，一轮完整的波浪（周期）趋势包含了五波推动浪（1、2、3、4、5）和三波回调浪（a、b、c）。五波推动浪的第一浪、第三浪和第五浪的运动方向与其主要运动方向相同，它们代表的是股价向上运动的驱动力，所以把它们叫作驱动浪（第三浪为主升浪）；第二浪和第四浪虽然呈现出相反方向的运行趋势，但它们代表的是股价向前运动的暂时停滞，所以

把它们叫作调整浪。三波回调浪简称回调三浪，顾名思义，回调三浪包含了三波回调趋势，第一浪和第三浪的运动方向与其主要方向相同，它们代表的是股价向下运动的主要趋势，第二浪则代表了相反力量形成的一段抵抗（反弹）趋势，主要作用是为了实现中继诱多（派发），所以把它叫作反弹中继浪，也叫反弹中继行情。艾氏《波浪理论》认为，五波推动浪以后还有延伸浪的可能，也就是说，五波推动浪以后可能存在第六浪、第七浪、第八浪……超出五波推动浪的统统理解为延伸浪的技术范畴，三波回调浪的延伸浪理解亦是如此，这是艾氏《波浪理论》的基础原理。

《道氏理论》讲述了股票市场波动的三种趋势（基本趋势，次级趋势和短期趋势），它与波浪的结构比较相似。主要趋势就像海潮的每一次涨（落）的整个过程。多头趋势好比涨潮，一个接一个的海浪不断地涌来拍打海岸，直到最后到达标示的最高点。而后浪潮逐渐退却，逐渐退去的落潮可以和空头趋势相比较。涨潮期间的每一个接下来的波浪（拉升），其水位都比前一波涨升要多，而退潮的（调整）却比前一波要少，从而促使水位呈现出逐渐升高。退潮期间的每一个接下来的波浪（回调），都比前面的更低，后一波不能恢复至前一波所达到的高度。涨潮（退潮）期的这些波浪就好比是一个次级趋势。同样，海水的表面被微波涟漪所覆盖，这和市场的短期变动相比较，它们是日常变动的趋势。潮汐、波浪、涟漪代表着市场的主要趋势，次级趋势和短期趋势。一轮完整的整体趋势包含了这三种趋势，而这三种趋势又是更大趋势的其中一段趋势而已。

八浪运动是艾氏《波浪理论》的周期基础，任何一轮完整的波浪（周期）趋势（牛熊趋势），都包含了五波推动浪和三波回调浪。不论周期趋势大小，股价运动都有八浪结构。一个星期的走势可以形成八浪运动，一个月的走势也有八浪运动，一年时间的八浪运动也很常见，三至五年又可以演变出新的八浪运动，十年以上可能演变出更大级别的八浪运动。

欧美等国家或地区的证券市场趋于成熟，股市运动存在长达百年之久的八浪运动。也可以这么说，不管股价运动的周期趋势长短，股价运动经历一轮完整的八浪运动以后，才算结束一波周期趋势，同时诞生一个新的周期趋势，而新的周期趋势仍然遵循上述波浪运动。八浪运动既是相互依存，又相互影响，而且循环往复，生生不息。

八浪运动构成一轮完整的波浪趋势，牛熊趋势包含其中，任何周期都成立。古越龙山（600059）。

按照八浪运动的周期分析，任何一波八浪运动都可以看成更大周期的其中一波趋势，而且八浪运动中的其中一波趋势，也可以分解出小级别的子浪运动，一段子浪运动中还可以分解出更小级别的子子浪运动。这是艾氏《波浪理论》的核

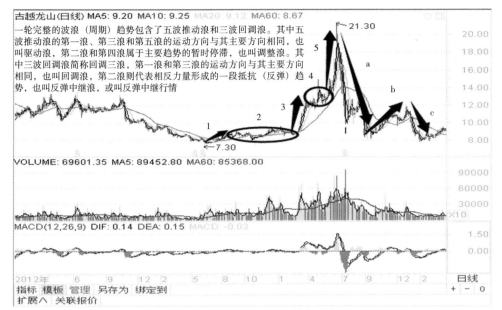

一轮完整的波浪（周期）趋势包含了五波推动浪和三波回调浪。其中五波推动浪的第一浪、第三浪和第五浪的运动方向与其主要方向相同，也叫驱动浪，第二浪和第四浪属于主要趋势的暂时停滞，也叫调整浪。其中三波回调浪简称回调三浪，第一浪和第三浪的运动方向与其主要方向相同，也叫回调浪，第二浪则代表相反力量形成的一段抵抗（反弹）趋势，也叫反弹中继浪，或叫反弹中继行情

图7-1　一轮完整的波浪趋势包含了五波推动浪和三波回调浪

心内容，也是艾氏《波浪理论》对于趋势（周期）最突出的贡献。学习艾氏《波浪理论》不能简单地机械数浪，因为机械数浪会让人产生一种简单易懂的错觉，还会使人掉进一个数浪怪圈，所以精确识别波浪结构有较大难度。因此，能够熟练运用艾氏《波浪理论》的投资者，少之又少，更多的是一种肤浅认识，只是懂得了皮毛而已，也常常无法跳出机械数浪的怪圈。

八浪运动是一个循环往复的周期趋势，六个阶段也是一个循环往复的周期趋势，只是两者表述以及展开角度不同。八浪运动的运动周期是一波接一波的趋势变化，表面看趋势变化比较简单，其实不然，实战运用不易把握。庄控系统的六个阶段重点讲述了股价运动过程的量变及其质变的关系，以及两者之间的转换契机，表面看阶段趋势的变化也很简单，但实战运用需要把握好每个阶段之间的衔接契机。

不论是有意的，还是无意的，股价运动都离不开八浪趋势演绎。学习或运用艾氏《波浪理论》必须掌握一套正确的方法，根据实际情况具体分析，同时结合其他经典投资理论和技术手段，综合以后做出判断。第一，不能把艾氏《波浪理论》神圣化；第二，不能把它当成金科玉律式的教条主义；第三，不能把它理解为一种简单的机械数浪。只是停留在简单的机械数浪层面，不仅容易陷入数浪怪圈而无法自拔，而且离《波浪理论》的精髓实质尚有千里之遥。

上面只是对艾氏《波浪理论》及其八浪运动做了一个简单梳理，毕竟篇幅有限，而且完整讲述八浪运动也不是一件易事。有兴趣的投资者，可以找一本原版

书籍看一看，如有不明的地方，应当立即从股市中寻找答案，并印证它。也欢迎大家来信或发邮件，交流读后心得。

学习要有一个正确的方法，一则不可过分沉湎于某种理论而否定其他理论；二则不可把理论复杂化而混淆不清；三则不可拘泥于事物的表面现象而忽视了本质。

二、六个阶段的界限及其注意事项

除了少数个股走势符合牛皮市道和熊皮市道的特殊走势以外，绝大部分个股的运动趋势都符合六个阶段和八浪运动，股市运动亦然。五波推动浪和三波回调浪构成了八浪运动，而且它是任何一波波浪趋势的基础趋势。庄控系统运用了八浪运动的基础原理，笔者将其融入了庄控系统之中。庄控系统的波浪（周期）趋势不再使用八浪运动称呼，叫作股价运动的六个阶段，它们分别是：第一阶段——震荡筑底阶段、第二阶段——小幅反弹阶段、第三阶段——区间盘整阶段、第四阶段——大幅拉升阶段、第五阶段——震荡筑顶阶段和第六个阶段——大幅下挫阶段。

八浪运动和六个阶段的关系。五波推动浪的第一波驱动浪与六个阶段的震荡筑底阶段和小幅拉升阶段重合，第二波调整浪与区间盘整阶段重合，第三波驱动浪与大幅拉升阶段重合，第四波调整浪和第五波驱动浪与震荡筑顶阶段重合，三波回调浪与大幅下挫阶段重合。八浪运动和六个阶段既有多处重合的地方，也有不同的地方，但两者的核心内涵并无实质性冲突，而且六个阶段和八浪运动的形成机理基本一致。

不管股价运动的周期趋势长短，必须经历一轮完整的六个阶段，才算结束一波周期趋势，同时诞生一个新的周期趋势，而新的周期趋势仍然遵循上述模式运动。股价运动的六个阶段既相互依存，又相互影响，而且循环往复，生生不息。

除了弄明白股价运动的六个阶段的客观规律，每个阶段与阶段之间的衔接机理也要弄懂。每个阶段的市场意义不同，实战价值不同。第一阶段至第五阶段讲述股价由低位区间至高位区间的多头趋势，第六阶段采纳了八浪运动的三波回调浪，包括首轮回调（a）、反弹中继行情（b）和第三波回调（c）。

（一）大幅下挫阶段与震荡筑底阶段的界限及其注意事项。金自天正（600560）

大幅下挫阶段与震荡筑底阶段的界限：股价由高位区间的破位特征开始进入

大幅下挫趋势，不仅经历了长期的大幅下挫，而且经历了明显的三浪回调。最后一浪回调探出一个或多个明显的底部价格（寻底特征），这是大幅下挫趋势结束的典型标志，也是震荡筑底趋势开始的典型标志。通过上述可以明白，大幅下挫阶段与震荡筑底阶段必须认清破位特征和底部特征。

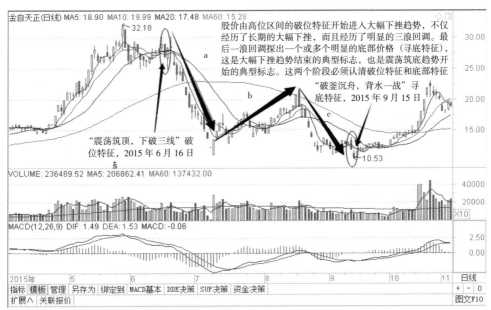

图 7-2　大幅下挫阶段与震荡筑底阶段的界限

　　股价由高位区间的破位特征开始进入大幅下挫趋势，至少经历了三浪回调（首轮回调、反弹中继行情和第三波回调），才算形成一轮完整的大幅下挫趋势，这是最基本的技术常识。对于多头趋势来说，大幅下挫趋势是一段完全相反力量的运行趋势，不具备做多的实战价值。对于空头趋势来说，大幅下挫趋势不仅具备做空的实战价值，而且它是股价运动的六个阶段中，唯一一段值得做空的回调趋势。

　　股价经历大幅下挫趋势及其回调三浪以后，首个底部价格（寻底特征）往往于第三波回调的最后下挫阶段产生。如果最后下挫阶段的跌速猛烈，MACD 技术指标可能还处于明显的死叉状态，趋势线处于绿柱体内部也不奇怪。如果最后下挫阶段已经形成超跌超卖的微跌趋势，那么底部价格（寻底特征）可能成为第三波回调的最后一跌，预示大幅下挫趋势及其回调三浪到此终结。超跌超卖特征定义为飘柱诱空趋势，这个过程收出的底部价格（寻底特征），股价完成寻底的可信度高。

股价上涨需要有量支撑，下跌有量无量亦可。一般情况下，大幅下挫趋势的首轮回调往往呈现出明显的放量下挫特征，即使是缩量下挫也改变不了自由落体式跌势。大幅下挫趋势及其回调三浪的时间越长，量能萎缩越明显，地量交投附近越容易收出首个底部价格（寻底特征）。不管收出首个底部价格（寻底特征）时有没有脱离空势范畴，随后股价只要围绕低位区间展开反复震荡趋势，不仅及时化解并消弭长期颓势，而且首个底部价格（寻底特征）将会发挥支撑作用。所以说首个底部价格（寻底特征）既是结束大幅下挫趋势的典型标志，也是震荡筑底趋势开始的典型标志。

常见的首个底部价格（寻底特征）有："触底回升，金针探底"、"低开高走，釜底抽薪"、"破釜沉舟，背水一战"、"隐忍不发，伺机待动"、"鸾凤和鸣，琴瑟和谐"、"十月怀胎，瓜熟蒂落"、"启明之星，黎明将至"……股价处于大幅下挫阶段的末端区域，首次收出寻底特征并不意味股价不再下跌，也不意味可以抄底或补仓，毕竟股价长期积弱需要时间修复，所以经历一段反复的震荡筑底趋势，或在反压过程收出回调新低（包括历史新低），这些都是正常的趋势。因此，首次收出寻底特征只是一种提示作用，尤其是空势范畴的寻底特征，只有市场意义而已。

周期级别不同，大幅下挫趋势及其回调三浪耗时不同，波浪结构和阶段趋势也不相同。日线股价完成大幅下挫趋势及其回调三浪，周线股价未必完成大幅下挫趋势及其回调三浪，而且周线股价完成大幅下挫趋势及其回调三浪，月线股价未必完成大幅下挫趋势及其回调三浪，以此类推。月线趋势处于大幅下挫阶段的任何一波回调，周线趋势往往呈现出大幅下挫趋势及其回调三浪的趋势特征，日线趋势往往呈现出超过三浪的多浪回调。由此可见，月线股价由首轮回调开始，至第三波回调结束，周线和日线股价的回调浪数远远不止三浪。这就意味着，根据月线指导下的抄底行为，才是安全的、可靠的，而且只有这样做才符合"以大指小"原则。也可以这样理解，纯粹按照日线或周线趋势实施抄底或补仓，可能抄到月线趋势的半山腰，即使这个腰部价格存在一定的支撑力度，就算月线趋势的第三波回调没有形成大幅下挫，后市股价也要经历长期的反复震荡趋势，才有可能完成月线级别的大幅下挫趋势及其回调三浪，所以不能单纯地按照日线或周线趋势实施抄底或补仓。

（二）震荡筑底阶段与小幅拉升阶段的界限及其注意事项。珠海港（000507）

震荡筑底阶段与小幅拉升阶段的界限：股价经历大幅下挫趋势及其回调三浪以后，探出一个或多个明显的底部价格（寻底特征）并转入震荡筑底趋势。股价

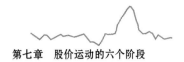

处于低位区间并展开反复震荡，MACD 技术指标的弱势特征逐渐削减，低位三线逐渐趋于收拢状态。低位股价经历反压下行并获得止跌反弹时，携量站稳中线或同时向上穿透低位三线，确立"拨开迷雾，重见光明"或"震荡筑底，反抽三线"转势特征。这些转势特征既是震荡筑底趋势结束的典型标志，也是小幅拉升趋势开始的典型标志。通过上述可以明白，震荡筑底阶段与小幅拉升阶段必须认清底部特征和转势特征。

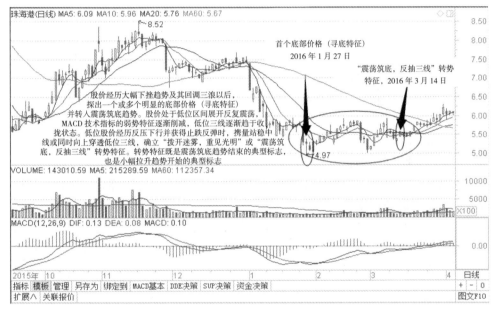

图 7-3　震荡筑底阶段与小幅拉升阶段的界限

　　股价收出底部价格（寻底特征）以后，处于低位区间并展开反复震荡，不仅重新激活了长期低迷的市场人气，而且修复了股价和指标的长期弱势。震荡筑底趋势有多种变化的可能性，所以呈现出多种形态特征。如"双重底"、"多重底"、"N 底"、"W 底"、"圆弧底"……

　　不论震荡筑底趋势的形态构造多么复杂，都离不开这两种形态："底背离"和"头肩底"形态。这就意味着，构筑"底背离"形态，震荡筑底趋势创出此轮回调新低（包括历史新低），存在新的回调低价和寻底特征。构筑"头肩底"形态，震荡筑底趋势只是处于低位区间反复震荡，虽然股价不创此轮回调新低，但也有可能收出新的寻底特征。震荡筑底趋势构筑"底背离"和"头肩底"的复合趋势，这是底部基础夯实充分的体现。

　　除了实现"V"型反转趋势以外，股价首次收出一个明显的底部价格（寻底

特征）以后，往往处于这个底部区间展开反复震荡。改变股价和指标的长期弱势，不可能短期内完成，通过震荡筑底趋势的不断量变才能引发真正的质变（转势）。充分的震荡筑底趋势不仅促使原来明显下垂的中线逐渐趋于钝化角度，同时也收拢低位三线，而且指标于零轴线下方转入金叉状态以后，趋势线实现缓慢抬升并逐渐靠近零轴线。震荡筑底阶段的量价特征发生了明显变化，反弹时有量支撑（温和放量），反压时明显缩量（逐渐萎缩）。说明庄家展开抄底并暗中实施护盘举动，抄底或补仓资金也在不断跟进。

充分夯实股价底部基础，必须经历这么一段震荡筑底趋势。震荡筑底的反压过程可能收出新的底部价格（寻底特征），也有可能收出一些具备转势作用的寻底特征，如"连阳推动，必有所图"、"出其不意，攻其无备"、"顺水推舟，事半功倍"、"星星之火，可以燎原"、"凤凰涅槃，浴火重生"……震荡筑底阶段可能出现各种虚力诱多特征，这是提示股价仍需保持低位震荡的明显信号，同时提示抄底了必须回避虚力诱多区间。资金量小的投资者最好不要参与震荡筑底趋势，资金量大的可以由此阶段实施战略布局，适宜参与定增、举牌或重组等战略投资，而且战略布局的时机极佳。

低位三线逐渐趋于收拢状态，趋势线实现缓慢抬升并逐渐靠近零轴线，趋势线数值又符合转势要求，那么股价携量站稳中线或同时向上穿透低位三线，往往确立真实的"拨开迷雾，重见光明"或"震荡筑底，反抽三线"转势特征，或者同时确立这两种转势特征（结合型转势特征）。说明股价将会（即将）脱离低位区间并实现反弹趋势。震荡筑底阶段的转势特征既是股价结束震荡筑底趋势的典型标志，也是小幅拉升趋势开始的典型标志。

一般情况下，转势特征往往将 MACD 技术指标带入金叉状态，同步确认"底背离"或"头肩底"形态。低位股价经历反压下行以后，处于中线之下的震荡时间稍长，那么 MACD 技术指标可能提前转入金叉状态。这就意味着，"底背离"或"头肩底"形态在前，"拨开迷雾，重见光明"和"震荡筑底，反抽三线"等转势特征在后，抄底或补仓也可以提前实施。

震荡筑底趋势是否具备实战价值，必须按照"以大指小"原则进行指导。如果月线趋势处于首轮回调的末端区域（低点），周线趋势即使构筑一段震荡筑底趋势，只有市场意义。周线趋势对应日线趋势的道理亦然。由此可见，月线股价经历大幅下挫趋势及其回调三浪，探出一个或多个明显的底部价格（寻底特征）以后，回调趋势才算结束，由此指导下的周线和日线趋势呈现出震荡筑底趋势（或是区间盘整趋势），才有实战价值。

（三）小幅拉升阶段与区间盘整阶段的界限及其注意事项。沧州大化（600230）

小幅拉升阶段与区间盘整阶段的界限：股价由低位区间的转势特征开始展开反弹趋势，逐渐脱离低位区间并越过大线运行，推起一段明显的反弹趋势，也叫小幅拉升趋势。反弹趋势接近或触及前期技术平台或跳空缺口受到阻压，抑或是受到均线系统的发散状态牵制，随之围绕此平台展开震荡，虚拉诱多趋势逐渐明朗以后，收出一个明显的阶段性顶部。这个阶段性顶部既是小幅拉升趋势结束的典型标志，也是区间盘整趋势开始的典型标志。通过上述可以明白，小幅拉升阶段与区间盘整阶段必须认清转势特征和阶段性顶部。

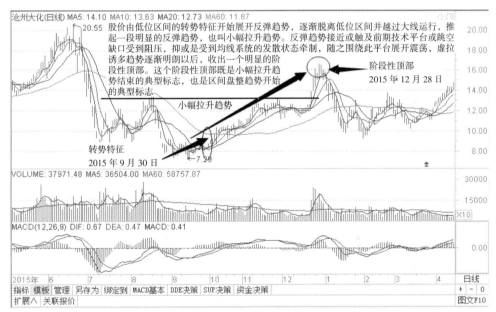

图 7-4　小幅拉升阶段与区间盘整阶段的界限

股价由低位区间的转势特征开始展开反弹趋势，虽然实现了一波明显涨幅，但这一波涨幅对于前期大幅下挫趋势以及后市的大幅拉升趋势来说，反弹幅度相对有限。对于股价运动的六个阶段和五波推动浪来说，小幅拉升趋势属于股价由空翻多的首轮涨势。

虽然小幅拉升趋势只是一段脱离低位区间的反弹趋势，但一段明显的小幅拉升趋势往往蕴含了五波推动浪。第一波驱动浪从股价脱离低位区间的转势特征开始，反弹至大线附近受压结束；第二波调整浪围绕大线附近进行；第三波驱动浪

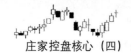
从股价重新突破大线开始，反弹以后接近或触及前期技术平台或跳空缺口结束，这一波驱动浪往往是小幅拉升趋势的主升浪；第四波调整浪体现出暂时停滞的震荡趋势（或是对望调整趋势），MACD 技术指标转入死叉状态以后，趋势线和零轴线出现悬空状态；第五波驱动浪往往形成虚拉诱多趋势，反弹幅度比主升浪小。虚拉诱多以后收出一个明显的阶段性顶部，股价结束小幅拉升趋势并开启区间盘整趋势。

如果小幅拉升趋势的第二波调整浪形成"短期横盘调整"格局，那么股价获得中线止跌以后容易推起一波急速反弹，不妨伺机参与这种暴力行情。如果月线趋势形成这种"上大回中"的横盘调整格局，可以寻找对应的周线趋势参与大幅拉升趋势，涨势往往极快，涨幅巨大。周线趋势形成这种"上大回中"的横盘调整格局，可以寻找对应的日线趋势参与大幅拉升趋势，涨势喜人。日线趋势形成这种"上大回中"的横盘调整格局，往往推起一波短线的急速反弹，利润也很可观。这样的小幅拉升趋势属于先缓后急型，实战价值大，后面再做详细介绍。

小幅拉升趋势蕴含了五波推动浪，同时又是更大级别的五波推动浪的第一波驱动浪，所以说小幅拉升趋势只是整体多势的首轮涨势。庄家为了吸纳到足够的控盘筹码，常常采取不计成本的掠夺手段大量吸筹，促使小幅拉升趋势呈现出快速反弹，而且小幅拉升趋势经常形成堆量推升情形，间歇性放量拔高也很常见。错失低位抄底或补仓的投资者，发现股价快速脱离低位区间并向上反弹，跟随入场又促使量价齐升。小幅拉升阶段的"连阳推动"状态比较常见，庄家所图不止于此。

大幅下挫趋势的第三波回调没有创出回调新低，或者说第三波回调没有跌破首轮回调低点，那么首轮回调低点将会成为大幅下挫趋势的大底支撑，反弹中继行情往往演变为小幅拉升趋势，小幅拉升趋势的阶段性顶部成为区间盘整趋势的首个上轨，而第三波回调既是大幅下挫趋势的最后一波回调，也形成了区间盘整趋势的首轮回调，它的回调低点成为区间盘整趋势的首个下轨。

（四）区间盘整阶段与大幅拉升阶段的界限及其注意事项。中化岩土（002542）

区间盘整阶段与大幅拉升阶段的界限：股价经历小幅拉升趋势以后，受到阻压并收出一个明显的阶段性顶部，这个阶段性顶部成为区间盘整趋势的首个上轨。随后股价围绕均线系统展开长期的反复震荡，区间盘整的前期阶段相对宽泛，虚拉诱多的假攻特征多产于此；后期阶段的震荡趋势不管是形成逐渐收窄的压缩形态，还是形成宽幅震荡的扩散形态，实现企稳反转或收出强攻特征，都是表示股价开始进入强势攻击范畴。股价携量突破形态轨道（上轨切线），突破信

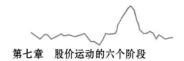

号既是区间盘整趋势结束的典型标志，也是大幅拉升趋势开始的典型标志。通过上述可以明白，区间盘整阶段与大幅拉升阶段必须认清阶段性顶部和强攻特征，以及股价突破形态轨道（上轨切线）的突破信号。

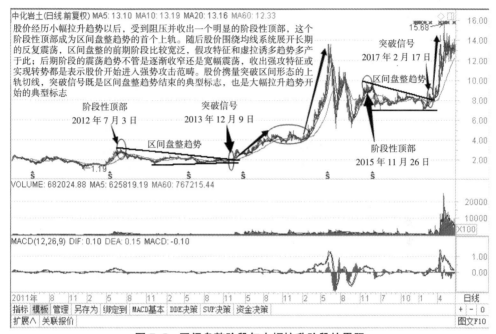

图 7-5　区间盘整阶段与大幅拉升阶段的界限

小幅拉升趋势的制高点成为阶段性顶部，同时它又作为区间盘整趋势的首个上轨（A 点上轨），也就是说，股价从这个阶段性顶部转入区间盘整趋势。调整趋势向下触及小幅拉升阶段的抵抗平台，获得止跌以后并确立区间盘整趋势的首个下轨（B 点下轨）。区间盘整趋势的前期阶段往往由首个上轨至首个下轨的调整趋势构成，后期阶段围绕它的首个上轨和首个下轨之间进行。区间盘整趋势可能构筑逐渐收敛的压缩形态，也有可能构筑宽幅震荡的扩散形态，还有可能构筑复合形态。

前期阶段的调整趋势非常明显，往往蕴含了回调三浪。主要是为了化解股价和均线系统发散状态，修复趋势线和零轴线的悬空状态。调整趋势跌至大线附近（下方），MACD 技术指标的死叉状态逐渐扩大，趋势线又重新落入零轴线下方，或者贴着零轴线附近运行，这是区间盘整趋势结束前期阶段的信号。股价获得支撑并实现企稳回升，这是区间盘整趋势进入后期阶段的信号。通过上述可以明白，股价和均线系统只要存在发散状态，趋势线又处于零轴线上方悬空运行，不

管强攻特征或转势特征多么好看，都是虚拉诱多的假攻特征（趋势），市场意义大于实战价值。股价和均线系统的发散状态得到化解，趋势线又重新落入零轴线下方，或贴着零轴线附近运行，股价获得支撑并实现企稳回升，往往确立真实的强攻特征及其强攻趋势，实战价值大。股价携量突破形态轨道（上轨切线），说明区间盘整趋势结束已成定局，大幅拉升趋势开始已成事实。突破形态轨道以后出现缩量调整趋势，这是验证突破趋势的技术要求，而且验证趋势（时间）越长越好，暗示后市的爆发力越强。

区间盘整阶段的调整趋势有小幅回挡或顺势打压这两种。小幅回挡的调整幅度较小，不易化解虚拉诱多趋势，顺势打压往往蕴含了回调三浪，彻底化解和修复不利因素，也符合黄金分割率的比率结果。前期阶段的回升趋势多数属于假攻趋势（虚拉诱多趋势），可能构筑多个明显上轨，低吸了最好顺势减筹。后期阶段的回升趋势属于企稳反转趋势（强攻趋势），虽然也会反复构筑明显上轨，但回调幅度往往比前期阶段的回调幅度小，而且股价和均线系统逐渐趋于收拢状态，趋势线处于零轴线附近缠绕，实现企稳反转和强攻的真实性高，逢低吸筹的安全系数也高。区间盘整趋势是庄家刻意为之的一段洗盘、蓄势、化解和修复的技术过程，实战意义极大。区间盘整的末端区域除了产生强攻特征和突破信号，也容易产生重大利好消息（题材），但往往无法买入了，毕竟消化利好需要进入停牌程序，而且重新开牌以后往往由"一"字缩量涨停占据主导。

区间盘整阶段的量价变化非常明显。回升时有量支撑，说明庄家实施稳步吸筹；回调时明显缩量，说明普通投资者被调整趋势清洗。可能某日出现巨量推升（天量推升）特征，可能几日内出现堆量推升特征，这些都是庄家大量吸筹的信号，也是庄家实施试探强攻（或突破）的信号。出现大量或巨量或堆量推升以后，往往伴随一段缩量调整趋势，主要目的是为了化解量能过大以及推升过快等不利因素。

区间盘整趋势不仅适宜战略布局，而且非常适合资金量小的投资者参与。强势股（强势特征）由此阶段产生，狙击时机充裕。常见的强攻特征有："反攻三线"、"短回中"、"反攻四线"、"短回长"和"腾空而起"等。确立强攻特征以后往往伴随缩量调整趋势，常见的调整特征有："顺水推舟，事半功倍"、"项庄舞剑，意在沛公"、"围点打援，连成一片"、"击鼓传花，连绵不绝"和"塞翁失马，焉知非福"等。庄控系统根据强攻特征及其调整趋势精选个股，关注以后也不难买到一个相对精准的合适价格。股价携量突破形态轨道（上轨切线），说明股价真正结束区间盘整趋势，同时开启大幅拉升趋势，机不可失，时不再来，寻找时机加至重仓。

大幅拉升趋势不仅存在多种涨势类型，而且不同的周期也有不同的涨势类

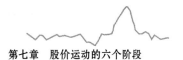

型，判断趋势强弱转换及其演变的客观规律，少不了"以大指小"原则的指导。一波急拉攻势直接到顶的大幅拉升趋势相对少见，多数大幅拉升趋势都由多段拉升趋势和调整趋势构成。因此，股价只要处于大幅拉升阶段，既无明显顶部，也无明显减弱，千万不要轻易减筹，也不要轻易放弃来之不易的快速增值阶段。卖错了没关系，赶紧买回来就是。

（五）大幅拉升阶段与震荡筑顶阶段的界限及其注意事项。中原高速（600020）

大幅拉升阶段与震荡筑顶阶段的界限：股价于区间盘整阶段的末端区域先是确立强攻特征，经历调整趋势以后携量突破形态轨道（上轨切线），然后经过技术回调的验证，股价重新突破形态轨道并促成多种涨势类型的大幅拉升趋势。不论是复权状态还是除权状态，有的大幅拉升趋势已经完成多段【预期】，有的大幅拉升趋势不断地刷新历史新高。股价处于明显高位并受到阻压以后，及时收出一个或多个明显的探顶特征。探顶特征既是大幅拉升趋势结束的典型标志，也是震荡筑顶趋势开始的典型标志。通过上述可以明白，大幅拉升阶段与震荡筑顶阶段必须认清一些重要的节点：区间盘整末端的强攻特征及其调整趋势，股价突破形态轨道（上轨切线）的突破信号及其验证趋势，股价实现大幅拉升以后的探顶特征。

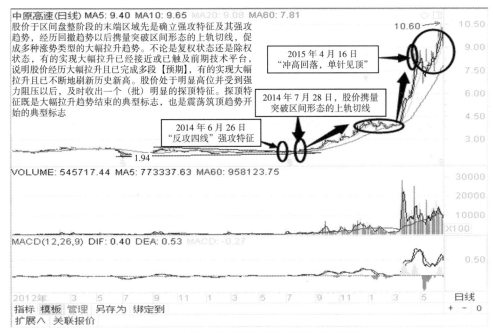

图 7-6　大幅拉升阶段与震荡筑顶阶段的界限

从理论上讲，强攻特征（趋势）和突破信号（趋势）分属两个时间段，强攻在前，突破在后。可是，实战运用却可以把这两个时间段的趋势合二为一，将强攻特征及其调整趋势纳入大幅拉升趋势的起涨范畴。区间盘整趋势形成逐渐收敛的压缩形态，如对称三角形、上升三角形、上升楔形和上升菱形，股价往往短期内先后形成强攻特征和突破形态轨道（上轨切线）的情形，所以将强攻趋势和突破趋势看成一个时间段，大幅拉升趋势由强攻趋势开始。区间盘整趋势始终保持宽幅震荡的扩散形态，如上升矩形和上升旗形，上、下轨价格及其切线角度基本平行，即使是倾斜的双轨切线也保持着同步平行状态，虽然强攻趋势和突破趋势明显分开，但股价由强攻区域涨至形态的上轨区域，往往已经推起一波十分明显的反转趋势，所以也可以将强攻趋势纳入大幅拉升趋势的起涨范畴。本书写作过程，需要将这些不同的阶段趋势分清楚，目的是为了让看了书的投资者明白，哪里是强攻及其调整趋势，哪里是突破形态轨道及其验证趋势。实战运用，存乎一心。

大幅拉升趋势并非千篇一律，主要有以下四种涨势类型：①一波急拉攻势直接到顶；②多段明显的快速拉升和短期横盘特征呈现出循环登顶趋势；③台阶式的稳步拉升趋势和基本横调特征的交替状态；④经历了多段拉升趋势和充分整理趋势。不管大幅拉升趋势形成哪种涨势类型，拉升途中可能出现假顶特征，趋势发生转变可能只是形成一个阶段性顶部，所以不能单纯地观察一个周期趋势，这样容易造成误判、错判。股价最终结束大幅拉升趋势，必须根据对应的大周期作出判断，也就是说，应当采取"以大指小"原则进行指导，通过大周期指导小周期，真顶还是假顶都一目了然。

拉升股价必须获得量能支撑，回调趋势（下跌）有量无量亦可，这是最基本的操盘常识。大幅拉升阶段的量价齐升特征非常明显，量能持续放大，股价持续上涨。庄家高度控盘且处于大幅拉升阶段，拉升股价不费吹灰之力，即使庄家投入少量资金也能快速拔高股价。普通投资者不断地跟风追高，也为庄家省却不少拉抬成本（资金）。大幅拉升趋势往往存在惯性推力，所以拉升中途常常出现缩量推升，但缩量推升以后必须再放量，不然拉升趋势容易转虚。股价经历长期的大幅拉升趋势以后，最后往往形成一波猛烈的量增急拉，这是大幅拉升趋势即将终结的提示，此时出现缩量推升并非好事，这是攻势转虚的典型特征，也是股价实现探顶的明显信号。

股价经历长期的大幅拉升趋势以后，首个（批）探顶特征是大幅拉升趋势结束的典型标志，也是震荡筑顶趋势开始的典型标志。大幅拉升趋势的前期阶段比较缓慢，最后拉升阶段容易形成一波量增急拉的猛烈攻势（或形成连续涨停攻势）。一般情况下，首个（批）探顶特征往往处于股价和指标的强势范畴，所以这些顶部特征往往不是股价的最终大顶，采取顺势减筹即可。也就是说，大幅拉升的最后涨势一旦呈现出量增急拉的猛烈攻势，就要高度小心了，毕竟高位股价随时转入震荡筑顶趋势，极端情况下，可能形成倒"V"型顶部反转趋势，且以连续暴跌为主。

（六）震荡筑顶阶段与大幅下挫阶段的界限及其注意事项。金贵银业（002716）

震荡筑顶阶段与大幅下挫阶段的界限：股价经历长期的大幅拉升趋势，且已实现巨大涨幅，收出一个或多个明显的顶部价格（探顶特征）以后，股价处于高位区间并展开反复震荡趋势。这是一段虚拉诱多特征的震荡筑顶趋势，也是庄家实现逐渐派发而专门构筑的震荡筑顶趋势。股价和高位三线逐渐趋于收拢状态，趋势线逐渐下降并向零轴线靠近。某日，高位股价跌破中线或同时向下跌破高位三线，确立了真实的破位特征。破位特征是震荡筑顶趋势结束的典型标志，也是大幅下挫趋势及其回调三浪开始的典型标志。通过上述可以明白，震荡筑顶阶段与大幅下挫阶段必须认清探顶特征和破位特征。

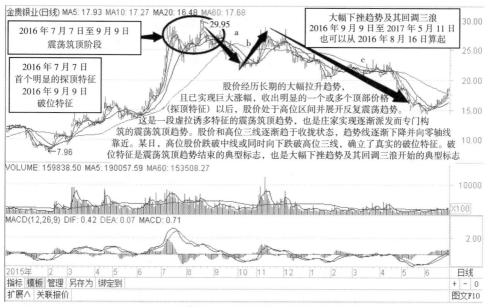

图7-7　震荡筑顶阶段与大幅下挫阶段的界限

不论是复权状态还是除权状态，股价经历长期的大幅拉升趋势，完成多段【预期】且已实现巨大涨幅，有的不断地刷新历史新高。高位股价受到强压以后，

又及时收出一个或多个明显的顶部价格（探顶特征），既有量能激增的顶部，也有明显缩量的顶部。随后股价停留在高位区间并展开反复震荡趋势，促使股价和高位三线逐渐趋于收拢状态，趋势线也在逐渐下降并向零轴线靠近。说明庄家在实现诱多派发的同时，正在酝酿突破时刻（顶部反转）。

震荡筑顶阶段的虚拉诱多特征（趋势）不仅明显，而且虚拉诱多过程往往创出此轮行情新高（包括历史新高），又及时收出各种探顶特征，提示股价到达大顶且受到强压。实现虚拉诱多且创出此轮行情新高的顶部特征，常见的有"顶背离"、"顶上顶"和"回光返照，苟延残喘"等。高位股价由大顶回落以后，跌破中线或同时向下跌破高位三线，又及时带动指标快速放大死叉状态，确立真实的破位特征。常见的破位特征有"一刀两断，以绝后患"、"震荡筑顶，下破三线"和"头肩顶"等。破位特征既是震荡筑顶趋势结束的典型标志，也是大幅下挫趋势及其回调三浪开始的典型标志。

震荡筑顶趋势常常构筑一段复合筑顶趋势，各种虚拉诱多顶部和探顶特征反复出现。震荡筑顶阶段的量价不管如何变化，庄家都逃脱不了虚拉诱多的派发嫌疑，尤其是那些呈现出巨量状态的探顶特征，或形成堆量状态的筑顶趋势，庄家抛筹意图非常坚决。震荡筑顶阶段的虚拉诱多过程，不排除存在短线机会，但投机必须拿捏精准，不然丧命也快。大周期指导下的短线投机（小周期）相对安全些，毕竟小周期掉头存在探顶特征和震荡筑顶趋势的提示。

高位股价确立一次破位未必立即下挫，获得止跌以后又形成虚拉诱多趋势，或围绕高位区间展开长期的反复盘顶趋势，或构筑"双重顶"或"多重顶"格局。长期的震荡筑顶趋势不仅促使股价和均线系统（四条均线）逐渐趋于收拢状态，而且趋势线在零轴线下方（附近）又转入金叉状态。最终撕开大幅下挫趋势的破位特征有："反复筑顶，下破四线"、"抽刀断水，流水无情"和"溃坝决堤，覆水难收"。虽然这些破位特征常以再破特征的面目出现，但股价停留在高位区间并经历长期的震荡筑顶趋势以后，它们才是真正撕开大幅下挫趋势的破位特征，而且由它们撕开大幅下挫趋势，除非后市趋势发生了演变，不然跌速和跌幅都很恐怖。

震荡筑顶趋势构筑多重大顶特征，第一重顶和第二重顶之间往往存在一段距离，就像构筑一个双顶对望式的"M"顶反转，三重大顶之间的距离拉得更开、时间更长，就像一个三顶对望式的多顶格局。构筑双顶格局也好，构筑多顶格局也罢，只要各个顶部价格接近即可成立，所以不必在乎哪个顶部高，哪个顶部低。构筑多重大顶特征的可信度极高，而且震荡筑顶阶段往往蕴含了大幅下挫趋势的首轮回调。

利用震荡筑顶趋势实现逐步减筹，利用破位特征实现清空，才是明智之举。

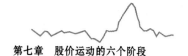

震荡筑顶以后确立破位特征，这是保住大部分盈利的逃命机会。首轮回调以后形成反弹中继行情，可以说这是保住仅有盈利的最后机会。反弹中继以后确立再破特征，说明股价进入大幅下挫趋势的第三波回调，伴随的只有亏损和套牢。一轮完整的大幅下挫趋势包含了首轮回调—反弹中继行情—第三波回调。除非趋势发生了演变，不然大幅下挫趋势及其回调三浪由日线级别延伸到周线级别再到月线级别，将是一段长达几年的回调趋势。

三、六个阶段的主要演变及其关系

　　股价运动的整体趋势包含了六个阶段，这与八浪运动是一段整体趋势的技术原理相同。不论周期趋势大小，股价运动都由六个阶段和八浪运动构成。也可以这么说，不论股价运动的周期趋势长短，股价运动经历一轮完整的六个阶段以后，才算结束一波周期趋势，同时诞生一个新的周期趋势，而新的周期趋势仍然遵循六个阶段的运动模式。按照六个阶段的趋势演变分析，任何一轮完整的六个阶段既是独立的，也可以看成更大趋势的其中一段行情，而且这六个阶段的其中一段行情，又可以分解出小级别的阶段趋势，一段小级别的阶段趋势还可以分解出更小级别的阶段趋势。

　　股价运动的六个阶段和八浪运动，既相互依存，又相互影响，而且循环往复，生生不息。一个周期趋势的六个阶段可以发生演变（相互），多个周期趋势的六个阶段也可以相互演变。由于每个周期表达了不同的趋势及其变化，所以每个周期的均线参数设定也要有所区别，不然容易发生错判，技术分析和运用也不够准确。

　　除了极少数个股符合牛皮市道和熊皮市道的运动趋势以外，绝大部分个股的运动趋势都符合六个阶段。下面总共介绍17种趋势类型的演变及其关系，重点讲述股价运动的六个阶段的趋势演变及其关系。有兴趣的投资者，建议逐点分析并深刻理解，融会贯通以后将其运用于实战。觉得复杂或无用也没有关系，不必再浪费宝贵时间，把书扔掉即可！去学习那些对您有用的技术吧！

　　前面6种主要通过由小至大的日线、周线和月线级别这三个周期趋势展开论述，后面11种主要通过由大至小的月线、周线和日线级别这三个周期趋势展开论述。由小至大倒过来理解就是由大至小，底部倒过来理解就是顶部，涨势倒过来理解就是跌势，所以这17种周期趋势的演变及其关系存在重复论述，但为了清晰表达股价运动的六个阶段的趋势演变及其关系，有这个必要，也不在乎多费几页纸。奇正相生，灵活应变；思可相反，得须相成。

（一）股价运动的六个阶段既是一轮独立的整体趋势，也是更大趋势的其中一段或多段行情。反过来说，任何一段行情都可以分解出小级别的阶段趋势，而且一段小级别的阶段趋势还可以分解出更小级别的阶段趋势，任何周期都成立。平安银行（000001）

不管从哪个周期趋势进行观察和分析，六个阶段都是一轮独立的整体趋势。也就是说，小周期的六个阶段对应大周期（上一个周期）的某个或多个阶段，成为大周期的其中一段或多段行情；大周期的其中一段或多段行情，对应了小周期的六个阶段。某个周期的六个阶段既相互依存，又相互影响，不同周期的六个阶段亦是此理。文字叙述比较枯燥，下面通过该案例的具体走势（阶段趋势）进行详细分析。

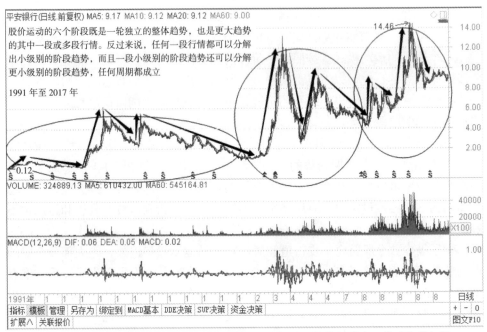

图 7-8　六个阶段既是一轮独立的整体趋势，也是更大趋势的其中一段或多段行情

复权状态下可以看出，平安银行自1991年上市以来（原名叫做深发展A），不仅经历了A股市场的所有牛熊行情，而且它的整体趋势呈现出逐渐抬升角度。到2017年第三季度为止，20多年以来的整体趋势既符合一轮完整的六个阶段，也在牛熊转换中分别经历了几波明显的小级别的六个阶段。1991~2017年的六个阶段，具体时间和阶段界限如下：1991年12月上市至1996年2月的低位震荡，

可以看成是股价运动的第一阶段（震荡筑底阶段）；1996 年 2 月至 1997 年 5 月的急速反弹，可以看成是股价运动的第二阶段（小幅拉升阶段）；1997 年 5 月至 2005 年 3 月的持续调整，可以看成是股价运动的第三阶段（区间盘整阶段）；2005 年 3 月至 2007 年 10 月的创新高行情，可以看成是股价运动的第四阶段（大幅拉升阶段）；2007 年 10 月至 2015 年 4 月的"双重顶"格局，可以看成是股价运动的第五阶段（震荡筑顶阶段）；2015 年 4 月的探顶以及随后的破位趋势，可以看成是股价运动的第六阶段（大幅下挫阶段）。

平安银行历时 20 多年的六个阶段中只有第五阶段比较特殊，特殊之处在于震荡筑顶的方式及其时间。震荡筑顶趋势不仅横跨了 7 年多时间，而且横跨过程还酝酿出新的六个阶段。2015 年 6 月开始的大幅下挫趋势及其回调三浪，至今为止才过去两年多时间，最终趋势发生什么变化（演变），目前还不得而知。有一点比较肯定的是，该股的长期（整体）趋势大概率会保持逐渐抬升角度，毕竟该股的基本面优质，市盈率不高，增长率、利润率和股息率都很稳定。所以说该股从 2015 年 6 月进入大幅下挫趋势及其回调三浪以后，将会发生新的演变方式。

上面介绍了平安银行自上市以来的六个阶段的整体趋势，下面就各个阶段的趋势演变进行分析。1994 年 4 月中旬至 1999 年 5 月中旬这一波趋势，历时 5 年多并形成一轮完整的六个阶段趋势，而且这六个阶段的某段或多段趋势，又蕴含了更小级别的六个阶段。1994 年 4 月中旬至 8 月初属于震荡筑底阶段；1994 年 8 月初至 9 月中旬属于小幅拉升阶段；1994 年 9 月中旬至 1996 年 1 月下旬属于区间盘整阶段；1996 年 1 月下旬至 1997 年 5 月初属于大幅拉升阶段；1997 年 5 月初至 12 月中旬属于震荡筑顶阶段，同时它蕴含了大幅下挫阶段的首轮回调和反弹中继行情；1997 年 12 月中旬至 1999 年 5 月中旬属于大幅下挫趋势的第三波回调。历时 5 年多的运动趋势不仅形成了一轮完整的六个阶段趋势，而且这六个阶段趋势又演变为更大趋势的第一阶段至第三阶段。1997 年 5 月初至 2005 年 3 月末的大幅下挫趋势，既包含了上一轮六个阶段的震荡筑顶趋势和大幅下挫趋势及其回调三浪，又演变为更大趋势的区间盘整阶段。

2005 年 3 月末至 2008 年 1 月中旬这一波涨势，属于平安银行自上市以来的六个阶段中的第四阶段（大幅拉升趋势），历时两年涨势又是一轮完整的六个阶段。2008 年 1 月中旬至 2015 年 4 月这一波趋势，构筑了"双重顶"式的筑顶震荡趋势，属于该股自上市以来的六个阶段中的第五阶段（震荡筑顶趋势）。横跨 7 年多的震荡筑顶起势，既包含了小级别的六个阶段趋势，又蕴含了新的六个阶段趋势。2008 年 1 月中旬至 2012 年 9 月末这一波回调趋势，既是上一轮六个阶段的大幅下挫趋势及其回调三浪，又演变为新的六个阶段的第一阶段至第三阶段。2012 年 9 月末至 2016 年 2 月中旬这一波涨势，既包含在趋势演变之中，又

形成了一轮完整的六个阶段。如果将这些小级别的阶段趋势继续细分，将会出现更小级别的阶段趋势。

股价运动的六个阶段和八浪运动的构成机理虽然基本一致，但两者也有很多不同之处。六个阶段比之机械数浪，阶段趋势从整体趋势看起来更加清晰，而且阶段趋势也绕开了机械数浪的怪圈，所以不必过分在意股价运动的浪型结构，只要弄懂股价运动的六个阶段及其衔接即可。实在不懂，那就再简单点，只要认准一个正与奇的"靴子落地"即可，它是牛市和熊市的分界线，也是把握大波段的核武器。

（二）大幅下挫阶段的反弹中继行情演变为区间盘整趋势的开端，也就是说，反弹中继行情演变为小幅拉升趋势，任何周期都成立。上海凤凰（600679）

股价经历大幅下挫趋势的首轮回调，获得止跌以后形成反弹中继行情，股价重新企稳均线系统之上。反弹中继行情受到阻压且减弱以后，再破特征虽然促使股价进入大幅下挫趋势的第三波回调，股价也重新跌破大线（均线系统），但股价回调以后往往在首轮回调的低点附近获得支撑，即使股价跌破了首轮回调低点，也能获得快速止跌。随后股价波动以大幅下挫趋势的首轮回调的低点（或以第三波回调的低点）作为下轨支撑，反弹中继行情的阶段性顶部作为上轨阻压，围绕这两条轨道的切线之间构筑一段逐渐收窄或宽幅震荡的区间盘整趋势。由此可见，大幅下挫趋势的反弹中继行情演变为小幅拉升趋势，也可以把它理解为区间盘整趋势的开端。

股价由顶部回落并确立破位趋势以后，大幅下挫趋势的首轮回调不仅呈现出急速下挫角度，而且股价快速跌破大线（均线系统）支撑并远离它。首轮回调跌至前期拉升阶段的某个技术平台或跳空缺口才获得止跌，说明首轮回调的下挫幅度较大。股价获得止跌以后实现快速反弹趋势，不仅重新企稳均线系统之上，而且反弹趋势往往涨至首轮回调的破位区域才受到阻压。在这一跌一涨之间，虽然时间不是很长，但股价却呈现出急下急上的趋势特征，让人始料不及。反弹趋势遇阻且有所减弱以后，再破特征不仅重新跌破大线（均线系统）支撑，而且开启大幅下挫趋势的第三波回调。

大幅下挫趋势的首轮回调不仅急速下探，而且短期内的下挫幅度较大，所以第三波回调往往比首轮回调的跌幅小，也常常获得首轮回调的低点支撑。说明第三波回调可能在首轮回调的低点之上获得止跌，即使第三波回调跌破了首轮回调的低点，也能获得快速止跌，而且首轮回调和第三波回调的低点非常接近，从而促使反弹中继行情演变为区间盘整趋势的开端。这就意味着，反弹中继行情演变

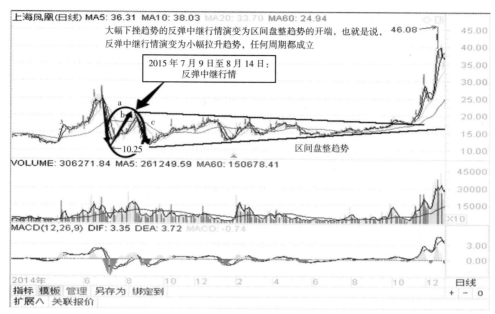

图7-9　大幅下挫阶段的反弹中继行情演变为区间盘整趋势的开端

为小幅拉升趋势，它的阶段性顶部成为区间盘整趋势的首个上轨，第三波回调成为区间盘整趋势的顺势打压的挖坑跌势，大幅下挫趋势的首轮回调的低点（或者是第三波回调的低点）成为区间盘整趋势的首个下轨。

随后股价围绕区间展开长期的反复震荡，呈现出逐渐收窄或是宽幅震荡的区间盘整趋势，构筑任何一种区间整理形态都有可能。区间盘整趋势不仅化解了股价和均线系统的发散状态，而且修复了趋势线和零轴线的悬空状态。股价重新进入强攻范畴并突破形态轨道（上轨切线）以后，往往推起一波新的大幅拉升趋势。通过它的趋势变化可以明白，大幅下挫趋势及其回调三浪是一轮完整的回调趋势，趋势发生演变以后，大幅下挫趋势的反弹中继行情和第三波回调又包含在新的阶段趋势（区间盘整趋势）。

不论是日线趋势还是周线趋势抑或是月线趋势，都有可能发生这种趋势演变。周期越大，发生趋势演变的实战价值越大，后市涨幅往往越大。月线股价发生如此趋势演变，不仅耗时极长，而且所需时间起码按月计算。一般情况下，月线级别的反弹中继行情演变为区间盘整趋势的开端，区间盘整趋势往往不会少于3年时间，时间越长越好，所以必须采取复权状态进行观察和分析。时间短了不易演变为月线级别的区间盘整趋势，也不易化解月线趋势的各种不利因素。如果月线级别的趋势演变不够彻底，又匆忙推起股价，往往形成一波虚拉诱多趋势，但不排除周线和日线趋势存在一波相对强势的大幅拉升趋势。

不论是采取波段投资还是短线投机，必须耐心等待趋势演变成功以后，再考虑做多。月线股价发生如此趋势演变，体现于周线趋势的某些底部和转势过程，低吸（狙击）时机较好，周线对应日线亦然。如果月线股价最终推起一波虚拉诱多趋势，那么根据周线趋势参与其中，卖出必须当机立断，毕竟周线股价探顶以后未必有震荡筑顶趋势，立即形成倒"V"型反转趋势也有可能。

（三）震荡筑顶趋势演变为区间盘整趋势，任何周期都成立。数字政通（300075）

股价经历长期的大幅拉升趋势，实现巨大涨幅且已完成多段【预期】。不论是复权状态还是除权状态，股价遇阻以后停留在高位区间展开反复震荡。前期阶段处于高位区间构筑一段明显的震荡筑顶趋势，随着震荡筑顶趋势的持续推进，各种不利因素逐渐减少或已消失。后期阶段处于区间形态的上、下轨道（上轨切线和下轨切线）之内波动，使其逐渐满足并符合区间盘整趋势的走势特征（形态构造）。通过上述可以明白，股价处于高位区间并经历长期的反复震荡，最终促使震荡筑顶趋势演变为区间盘整趋势。

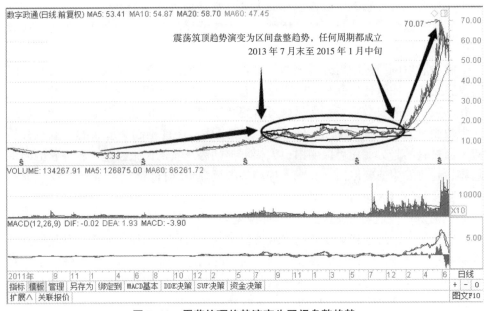

图7-10　震荡筑顶趋势演变为区间盘整趋势

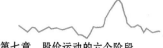

　　震荡筑顶趋势演变为区间盘整趋势，是由一系列的价格变动点组成，其波动幅度由其构筑的区间整理形态决定。区间盘整趋势构筑什么形态都有可能，可能构筑逐渐收窄的压缩形态，也有可能构筑宽幅震荡的扩散形态，还有可能构筑菱形特征或复合型形态特征。

　　前期股价实现大幅拉升趋势且已实现较大涨幅，复权状态或除权状态下都有可能处于历史新高区域，即使除权状态下没有创出历史新高，股价经过大幅拉升往往完成填权【预期】。股价明显受压以后处于高位区间并展开长期的反复震荡，震荡过程的虚拉诱多趋势和探顶特征，不仅可以作为前期大幅拉升趋势的大顶特征，而且成为日后趋势演变成功的区间盘整趋势的上轨。股价由明显大顶回落并经历快速回调趋势，获得止跌以后不再下挫，随之围绕大线（均线系统）展开反复震荡，成功构筑两个及两个以上的下轨支撑。股价处于高位区间并经历长期的反复震荡，最终促使震荡筑顶趋势演变为区间盘整趋势。上轨阻压和下轨支撑都很明显，也符合区间整理形态。

　　震荡筑顶趋势演变为区间盘整趋势，不仅容易形成"长期横向盘整"格局，而且盘整过程出现强攻或转势的质变节点也多，低吸和增筹时机充裕。股价携量突破"长期横向盘整"格局的上轨切线，往往推起一波"横空出世，势不可当"的大幅拉升趋势。即使月线趋势构筑及其演变存在不利因素，或推起一波虚拉诱多趋势，体现于周线和日线级别的大幅拉升趋势也很明显，涨速快，涨幅也大。"长期横向盘整"格局的构筑要点及其实战价值，请投资者参阅《强势股狙击法》。

　　震荡筑顶趋势属于股价运动的六个阶段中的第五阶段，往往由第六阶段的大幅下挫趋势及其回调三浪取代，这是常见的趋势轮回。震荡筑顶趋势演变为区间盘整趋势，说明趋势经历演变并发生了质的改变，股价最终发展将由新的大幅拉升趋势取代。震荡筑顶趋势由第五阶段演变为第三阶段，说明震荡筑顶阶段之前的大幅拉升趋势演变为小幅拉升趋势（第四阶段演变为第二阶段）。虽然阶段趋势的级别降低了，但却酝酿出更大级别的阶段趋势。这就意味着，后市存在更大级别的大幅拉升趋势（新的第四阶段）。

　　震荡筑顶趋势演变为区间盘整趋势，至少需要满足两个条件，才有可能构筑成功。第一，要求个股比股指提前起势，也已提前实现大幅拉升趋势，或提前进入震荡筑顶趋势也很常见；第二，个股趋势发生转变的过程，股指往往处于震荡筑底阶段或在区间盘整阶段，促使个股趋势由震荡筑顶趋势演变为区间盘整趋势。也就是说，不仅要求个股提前股指起势，也已提前实现大幅拉升趋势，或提前进入震荡筑顶趋势，而且要求股指处于长期的反复震荡过程（处于大底区间震荡或区间盘整都有可能），从而促使个股的震荡筑顶趋势有所延长，使其逐渐满足并符合区间盘整趋势的走势特征（形态构造）。最终趋势发生质的改变，同时

提升了周期级别。

高位股价由震荡筑顶趋势演变为区间盘整趋势，什么时候结束区间盘整趋势？股价什么时候重启多头趋势？哪些强攻特征是假攻特征？哪些转势特征具备实战价值？哪些突破信号真实？按照"以大指小"原则理解，大周期经历调整趋势并获得止跌或有趋强特征，对应的小周期确立强攻或突破形态轨道，即使小周期存在这样那样的技术缺陷，股价也会按照大周期的既定方向移动。因此，大周期经历调整趋势并获得止跌或有趋强特征时，高度关注对应的小周期趋势。发现小周期确立强攻以及调整趋势，追涨无可厚非，逢低吸筹未尝不可；小周期突破形态轨道（上轨切线）以及验证趋势，重仓抬轿无可非议，验证趋势更应大胆地低吸。

趋势有主要趋势，次级趋势和短期趋势，说明趋势是相互演变的持续过程。完成一波大幅拉升趋势未必没有第二波，震荡筑顶趋势也未必确立最终顶部。月线股价处于强势范畴（对望范畴），周线股价通过震荡筑顶趋势实现趋势演变，说明股价经历区间的充分整理以后，还会推起大幅拉升趋势。周线对应日线趋势亦是此理。不论是月线趋势对应周线趋势，还是周线趋势对应日线趋势，抑或是日线趋势对应分时趋势，强势恒强的庄控个股往往通过一段趋势演变实现重新蓄势和换挡目的。日线或周线的长期涨势经历了多段明显拉升和充分整理趋势，说明每一波大幅拉升趋势都自动降低为更大阶段的小幅拉升趋势，震荡筑顶趋势又都演变为更大阶段的区间盘整趋势，促使月线趋势形成长期盘升的牛皮市道。震荡筑顶时间短，重新起势又快，庄家往往采取"蜻蜓点水"式的震荡趋势实现换挡。

（四）日线股价完成寻底以后，处于相对的低位区间并经历长期的反复震荡，成功构筑一个区间包含了第一阶段至第三阶段；周线股价处于低位区间并经历反复震荡，形成了股价运动的第一阶段（震荡筑底趋势）；月线股价完成寻底以后，逐渐脱离空头趋势封锁，并处于大底区间波动。御银股份 （002177）

日线股价完成寻底以后，先后实现了震荡筑底趋势、小幅拉升趋势和区间盘整趋势。日线股价虽然推起了小幅拉升趋势，但股价并没有实现多大涨幅，即使形成了"V"型反转趋势，日线股价越过或触及大线以后立即停止反弹，随之躺在相对的低位区间并经历长期的反复震荡，所以日线股价成功构筑一个区间包含了第一阶段至第三阶段。周线股价完成寻底以后，虽然跟随日线趋势经历反弹，但周线股价还没有形成明显的小幅拉升趋势，而且股价长期处于低位区间并经历反复震荡，最终形成了股价运动的第一阶段（震荡筑底趋势）。月线股价完成寻

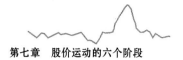

底以后，逐渐脱离空头趋势封锁，并处于大底区间波动，即使有过反弹特征，只是一两根涨幅不大的阳线特征。

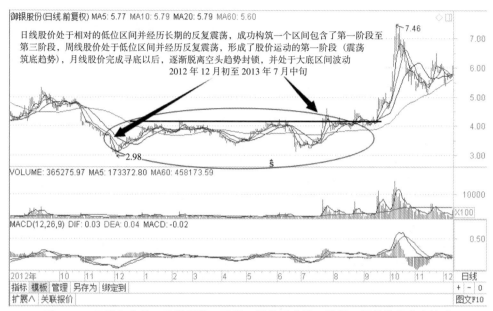

图7-11　日线包含第一阶段至第三阶段，周线形成第一阶段，月线处于大底波动

日线股价完成寻底以后，处于相对的低位区间并经历长期的反复震荡，成功构筑一个区间包含了震荡筑底趋势、小幅拉升趋势和区间盘整趋势这三个阶段趋势。反复震荡过程可能探出新的大底价格，获得支撑也很明显，可能构筑了具备强力支撑的"双重底"或"多重底"特征。日线股价处于相对的低位区间并经历长期的反复震荡以后，实现强攻或形成企稳反转时，周线股价经历了震荡筑底趋势并开始确立"拨开迷雾，重见光明"或"震荡筑底，反抽三线"等转势特征。这就意味着，日线股价经历区间盘整趋势并确立强攻特征，周线股价开始脱离震荡筑底区间并进入小幅拉升阶段，月线股价寻出底部且脱离空头趋势不久，只是形成首次向上冲击低位中线，低位震荡时间较长，可能开始向上冲击大线。

日线股价处于相对的低位区间并经历长期的反复震荡，如果促使周线的低位股价和均线系统逐渐趋于收拢状态，那么周线股价实现低位转势时，可能同步确立"拨开迷雾，重见光明"和"充分筑底，反抽四线"转势特征。虽然日线股价经历区间盘整趋势且实现强攻和突破特征，但周线股价才形成脱离低位区间的小幅拉升趋势，月线股价寻出底部且脱离空头趋势的时间尚短，所以月线股价往往呈现出处于大底区间波动的趋势特征。就算日线股价推起一段明显涨势，周线股

价实现小幅拉升趋势，它们对于月线趋势来说，月线股价可能只是形成一两根涨幅不大的阳线特征，即使月线股价形成了"连阳推动"状态，中线的下垂角度还很明显，低位三线也明显发散，趋势线处于零轴线下方且距离较远，说明月线股价远未到达转势区域。

通过上述可以明白，月线股价脱离空头趋势且处于大底区间波动，周线股价展开反弹以后只有小幅拉升趋势，日线股价虽然实现强攻且已形成突破趋势，但股价上涨面临重重阻压，所以后市可能形成牛皮市道的大幅拉升趋势，或形成经历多段明显拉升和调整特征的大幅拉升趋势。日线股价实现强攻并向上冲击形态轨道（上轨切线）时，可能受到区间上轨（上轨切线）阻压，接着再走一趟或多趟明显回调，所以不管后市如何展开调整趋势，股价未能有效脱离区间轨道（上轨切线），至少说明股价仍然处于区间盘整阶段，重仓抬轿必须耐心等待更好的质变时机。周线股价脱离筑底区间并形成小幅拉升趋势，往往受到大线阻压并围绕它展开反复震荡，可能构筑"上大回中"的横盘调整格局。月线股价处于大底附近波动，可能只有小阴小阳的缓慢反弹特征。月线股价反弹并越过中线或大线以后，极有可能受到前期下挫阶段的技术平台或跳空缺口阻压，随之展开调整趋势并保持低位震荡格局，那些体现于周线或日线趋势将是更长的反复震荡。

这种趋势演变最有可能发生于月线级别的大底区域，也有可能发生于月线股价还在区间盘整阶段的挖坑下蹲区域，也就是说，这种趋势演变可能是更大趋势的区间盘整阶段的其中一段或多段趋势。发生于月线级别的大底区域，说明月线股价完成寻底以后，才脱离空头趋势不久，股价还处于大底附近波动，适宜战略布局，资金量小最好回避；发生于更大趋势的区间盘整阶段的挖坑下蹲区域，不论资金量大小，也不管采取哪种操盘策略，实战价值大。

（五）日线和周线股价完成寻底以后，都处于相对的低位区间并展开长期的反复震荡，也都形成了第一阶段至第三阶段的趋势特征；月线股价处于低位区间震荡，并呈现出一种横盘式的震荡筑底趋势。中原高速（600020）

日线和周线股价完成寻底以后，处于大底区间的震荡时间可能很短，甚至缺失一段震荡筑底趋势，形成"V"型反转趋势或快速反弹趋势，日线和周线股价都快速站稳大线之上。随后股价围绕均线系统并展开长期的反复震荡，日线和周线股价成功构筑逐渐收窄或宽幅震荡的区间盘整趋势。月线股价完成寻底以后，长期处于低位区间震荡，即使形成了连阳和连阴特征，月线股价也没有明显脱离筑底区间，长期的低位震荡呈现出一种横盘式的震荡筑底趋势。

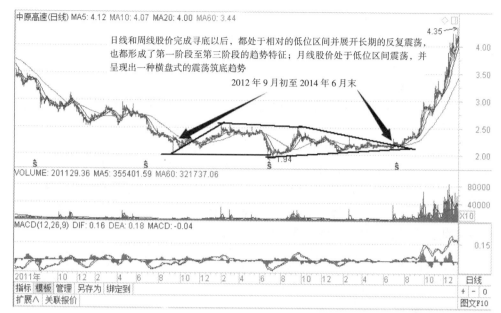

日线和周线股价完成寻底以后，都处于相对的低位区间并展开长期的反复震荡，也都形成了第一阶段至第三阶段的趋势特征；月线股价处于低位区间震荡，并呈现出一种横盘式的震荡筑底趋势

2012年9月初至2014年6月末

图7-12　日线和周线同步构筑第一阶段至第三阶段，月线构筑第一阶段

　　日线和周线股价都没有完成寻底以前，股价和指标特征可能形成一段超跌超卖状态，所以日线和周线股价完成寻底以后，处于大底区间的震荡时间较短，甚至缺失一段震荡筑底趋势，形成快速反弹或"V"型反转趋势。随后股价围绕均线系统并展开长期的反复震荡，使其逐渐满足并符合了区间盘整趋势的运行特征（形态构造）。区间整理形态不管是形成逐渐收窄还是宽幅震荡的形态特征，往往包含了第一阶段至第三阶段。月线股价完成寻底以后，长期处于低位区间震荡，虽然日线和周线的反复震荡促使月线股价收出"连阳推动"和"连阴回撤"状态，但这些连阳和连阴的交错状态反而促使月线股价呈现出一种横盘震荡特征，说明月线股价处于低位区间的震荡幅度小，震荡筑底趋势才有基本横盘的震荡特征。

　　月线股价可能在横盘震荡过程创出此轮回调新低（包括历史新低），但获得支撑也很明显，所以对应的日线和周线趋势，可能构筑了"双重底"或"多重底"支撑的区间盘整趋势。构筑这种趋势不仅需要经历较长的时间周期，而且中途可能存在分红除权，所以要求采取复权状态进行观察和分析。分红除权并不明显，日线和周线级别的区间整理形态也清晰可见，且不影响技术分析，采取除权状态未尝不可。

　　日线和周线股价同步构筑第一阶段至第三阶段，月线股价处于低位区间并呈现出横盘式的窄幅震荡趋势，不仅有可能逐渐收拢月线的均线系统，而且月线股

价有可能靠近大线附近震荡。说明月线的股价和均线系统逐渐趋于收拢状态，趋势线逐渐抬升并向零轴线靠近。日线或周线股价确立强攻或突破形态轨道时，月线股价往往开始脱离筑底区间，也常常体现出"凤凰涅槃，浴火重生"和"充分筑底，反抽四线"等转势特征。

日线和周线股价同步构筑第一阶段至第三阶段，月线股价构筑了第一阶段。说明日线和周线股价实现强攻并突破形态轨道（上轨切线）以后，开始进入大幅拉升阶段，月线股价脱离筑底区间以后，开始进入小幅拉升阶段。反过来说，月线股价实现小幅拉升趋势，日线和周线股价实现大幅拉升趋势。千万不要小看月线的小幅拉升趋势，而且有些个股的牛市往往只有这一波小幅拉升趋势，体现于日线和周线的大幅拉升趋势，常以多少倍涨幅计算。一般情况下，熊市转换牛市往往如此，所以必须高度关注月线趋势的"靴子落地"，实战价值大。

（六）日线、周线和月线股价都经历了长达数年之久的反复震荡，而且这三个周期又同时呈现出区间盘整趋势，实战价值极大。海鸥卫浴（002084）

日线股价虽然实现了一波明显涨势，但这一波涨势对于前期大幅下挫趋势来说，涨幅还不算大。日线股价明显受阻以后转向区间盘整趋势，反复震荡（持续整理）时间长达数年之久。周线和月线股价经历震荡筑底趋势和小幅拉升趋势以后，小幅拉升趋势的阶段性顶部成为区间盘整趋势的开端，反复震荡（持续整理）时间也长达数年之久。

日线、周线和月线股价同时呈现出反复震荡的区间盘整趋势，说明持续整理时间短了不行，控盘能力和资金实力弱了也不行。一般情况下，构筑这种区间盘整趋势往往不会少于3年时间，多则长达10年以上，毕竟同时构筑这三个周期的共振特征需要耗费时间。因此，构筑这种趋势及其演变的难度极大，而且非常少见。A股市场每次经历牛熊转换，完全符合这种趋势及其演变的个股，只有百里挑一的概率，甚至更低，但只要成功构筑了，后市涨幅令人疯狂，所以说符合这种趋势及其演变的个股，实战价值极大。

月线股价由低位反弹并跃至大线附近（上方），虽然小幅拉升的表面涨幅不大，但往往推起一组或多组"连阳推动"状态，说明长期偏弱的月线趋势逐渐好转。MACD技术指标转入金叉状态以后，趋势线逐渐抬升并向零轴线靠近，或已跃入零轴线之上运行，说明长期偏弱的指标逐渐趋强。小幅拉升趋势出现减弱特征，或者说股价明显受压，说明小幅拉升趋势结束，区间盘整趋势开始。回调趋势往往跌破中线和大线支撑，也常常体现出回调三浪。月线股价围绕小幅拉升趋势的阶段性顶部以及回调三浪的低点波动，长期的反复震荡构筑了一段逐渐收窄

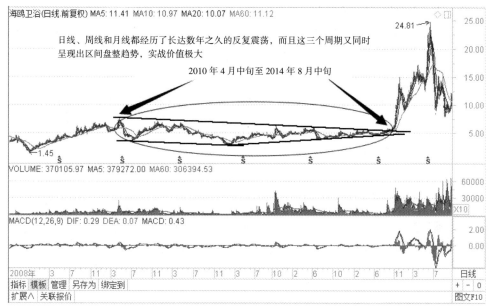

图 7-13　日线、周线和月线股价都经历长达数年之久的区间盘整趋势

或宽幅震荡的区间盘整趋势。

　　虽然日线、周线和月线的区间波动幅度一致，但月线股价波动及其 K 线数量少于周线，周线股价波动及其 K 线数量又少于日线。因此，月线股价构筑一段长达数年之久的区间盘整趋势，即使它的后期盘整逐渐趋于收窄特征，对应的周线和日线的区间盘整趋势，往往呈现出宽幅震荡特征，极有可能构筑了复合类型的区间整理形态。尤其是日线的区间盘整趋势，不仅经历了长期的上蹿下跳、伏低蹿高的反复趋势，而且日线的每一波回升和回调趋势，都有可能蕴含了股价运动的六个阶段（符合八浪运动）。这就意味着，月线股价未真正确立强攻或突破形态轨道之前，周线或日线趋势存在的任何一波上蹿下跳、伏低蹿高的反复趋势，暂时只能按照短线投机对待（小波段）。

　　这三个周期的量价变化比较相似，回升时获得量能支撑，回调时持续缩量。持续整理的时间越长，说明庄家吸筹越多，场内浮筹越少。庄家为了彻底清洗跟风追涨浮筹和套牢盘，同时实现连续增筹的控盘目的，经常采取连阳和连阴反复进行。发现月线股价经历长期的持续整理，实现强攻且有缩量调整趋势伴随，借助（参考）周线和日线的回调低点不难实现低吸。突破形态轨道且有验证趋势伴随，大胆买入即可，千万不要过分在意短期波动，即使短线内有被套的风险（可能），也要做到无所畏惧。

　　日线、周线和月线趋势同步构筑一段长达数年之久的区间盘整趋势，庄家不

仅需要付出极大的耐心控盘，而且需要采取极其高明的控盘技巧，暗示庄家绝非为了启动短线行情。完善技术系统只是区间盘整趋势的目的之一，酝酿"突出重围"的成熟时机以及大幅拉升趋势，才是庄家的终极目标。格局决定结局，态度决定高度。

（七）月线股价由低位区间展开反弹并越过大线以后，调整趋势紧随而至并呈现出"短期横盘调整"格局，也可以理解为构筑"上大回中"的横盘调整格局，对应的周线和日线股价构筑了一段明显的区间盘整趋势，实战价值大。易见股份（600093）

月线股价完成寻底以后，量增价涨并实现了小幅拉升趋势。股价向上触及或越过大线以后，小幅拉升趋势戛然而止。随后股价虽然转入调整趋势，但调整趋势并不是采取往下调整，而是采取横盘方式展开持续整理。横盘调整趋势往往呈现出小阳小阴的窄幅震荡特征，且以缩量为主，原则上横盘调整时间不得少于10个月时间。股价逐渐横移并获得中线支撑以后，实现企稳反转并携量突破"短期横盘调整"上轨，随之引发"石破天惊，雷霆万钧"式的大幅拉升趋势。对应的周线和日线股价跟随月线的横盘调整趋势波动，不仅呈现出持续整理的区间盘整趋势，而且区间整理形态的上轨阻压和下轨支撑都很明显。

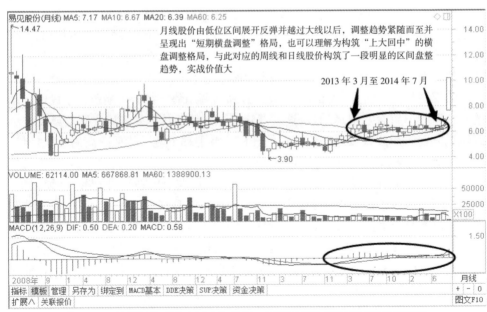

图7-14　月线构筑"上大回中"格局，周线和日线呈现出区间盘整趋势

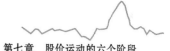

　　这种趋势演变属于"短期横盘调整"格局的技术范畴，《强势股狙击法》的第三招已经做过详细介绍。这里说的是月线级别的"短期横盘调整"格局，也可以理解为构筑"上大回中"的横盘调整格局。掌握这种趋势演变不难，可以用一句话来概括：股价完成寻底以后实现小幅拉升，触及或越过大线以后，展开横盘调整趋势，且以小阴小阳的缩量震荡为主，横盘调整趋势获得中线支撑，实现企稳反转并携量突破"短期横盘调整"上轨。

　　构筑"上大回中"的横盘调整格局，顾名思义，股价由低位向上反弹并到达大线附近，受到明显阻压以后展开横盘调整趋势，股价逐渐靠近中线且获得支撑。说明股价经历狭窄平台的窄幅震荡，股价由大线向中线逐渐靠近，呈现出横盘调整特征。月线股价构筑这种趋势原则上不得少于 10 个月时间，正常情况下只要在 10 个交易周期（月、周和日）附近，都是成立的。股价即使跌破中线也很短暂，而且股价始终保持着横盘调整特征。

　　横盘调整趋势致使 MACD 技术指标由金叉状态向死叉状态转换，红柱体逐渐缩短并由绿柱体取代，趋势线黏合一起并向零轴线靠近。虽然 MACD 技术指标转入死叉状态运行，但它并没有明显扩大死叉状态，绿柱体的长度也不明显。调整趋势足够横盘且波动小的情况下，红柱体往往呈现出逐渐缩短状态，而且 MACD 技术指标往往在金叉和死叉的临界点游走。不管趋势线处于零轴线下方还是零轴线上方，趋势线都已靠近零轴线，这是指标迎合股价质变的重要判断。股价经历横盘调整趋势以后，获得止跌或企稳突破横盘上轨，MACD 技术指标立即转入金叉状态，趋势线开口上勾并重新藏入红柱体内部。如果 MACD 技术指标跟随横盘调整趋势且在临界点波动（没有死叉），那么股价携量突破横盘上轨之际，趋势线立即开口上勾并藏入露头的红柱体内部，说明指标符合"涅槃重生"的反转特征。

　　周期级别越大，越难构筑这种"上大回中"的横盘调整格局，毕竟维持这样的横盘趋势需要强大的控盘能力和资金实力。这种趋势可能发生于历史大底反弹起来的中继区域，先缓后急型小幅拉升趋势包含了"上大回中"的横盘调整格局在内，也有可能发生于区间盘整趋势的反转区域，确立"短回长"强攻特征以后展开一段横盘调整趋势。不论是发生于历史大底反弹起来的中继区域，还是发生于区间盘整趋势的反转区域，"上大回中"的横盘调整格局具备实战价值，不管资金量大小，都要积极参与。

　　先缓后急型小幅拉升趋势包含了"短期横盘调整"特征在内，说明后市股价实现巨大涨幅也是小幅拉升趋势的范畴。按照"以大指小"原则理解，由月线指导周线，再由周线指导日线，周线和日线股价经历一段持续整理的区间盘整趋势，不仅形成清晰的区间轨道，而且周线和日线股价实现强攻和突破形态轨道以

后，往往推起一段涨幅巨大的大幅拉升趋势。一般情况下，只要成功构筑月线级别的"上大回中"格局，至少可以掠夺一段周线级别的大幅拉升趋势，构筑周线级别的"上大回中"格局，至少可以掠夺一波日线级别的大幅拉升趋势，构筑日线级别的"上大回中"格局，短期涨势较快，涨幅也很可观。构筑月线级别的"上大回中"格局，不同于日线和周线级别的"上大回中"格局，因为月线级别的小幅拉升趋势往往形成巨大涨幅，涨幅常以倍数计算。"上大回中"格局的实战价值大，笔者把它称之为"暴利哥"行情。

月线股价经历"短期横盘调整"并获得中线支撑，往往同步产生止跌企稳和突破轨道的技术信号。对应的周线和日线股价经历一段持续整理的区间盘整趋势以后，获得止跌并实现企稳反转时，往往先后产生强攻和突破轨道的技术信号。构筑月线级别的"上大回中"格局，只要调整趋势充分，即使周线和日线强攻和突破信号存在这样那样的瑕疵，也阻挡不了月线股价突破"短期横盘调整"上轨，进而带动周线和日线股价实现大幅拉升趋势。

（八）月线股价经历大幅下挫趋势及其回调三浪以后，已经处于缓慢盘跌的寻底过程，对应的周线股价形成了一段震荡筑底趋势，日线股价则形成了第一阶段至第三阶段在内的趋势特征。九阳股份（002242）

月线股价经历长期的大幅下挫趋势及其回调三浪以后，已经处于缓慢盘跌的寻底过程，或已形成超跌超卖状态。月线股价探出一个或多个明显的底部价格（寻底特征）以后，处于大底附近波动，或在低位区间的窄幅震荡过程收出大底价格（寻底特征）。对应的周线股价完成寻底以后，长期处于低位区间并展开反复震荡，成功构筑一段震荡筑底趋势，日线股价处于相对的低位区间并经历长期的反复震荡，已经形成第一阶段至第三阶段在内的趋势特征，或者成功构筑"双重底"或"多重底"支撑的区间盘整趋势。

这种趋势对应上述第（五）种，这里由月线向日线叙述。月线股价经历大幅下挫趋势及其回调三浪，量能持续萎缩且跌幅收窄以后，极易探出一个底部价格（寻底特征）。这个底部价格（寻底特征）不管是处于空势范畴，还是处于超跌超卖状态，它都是成立的。不论是复权状态还是除权状态，这个底部价格（寻底特征）也是成立的。下挫趋势和上涨趋势采取倒转技术印证，这是庄控系统的一大特色。奇正相生，灵活应变；思可相反，得须相成；运用之妙，存乎一心。

如果月线下挫已经处于超跌超卖状态，那么底部价格（寻底特征）的可信度高。虽然跌势末端的底部价格未必是这一轮熊市趋势的最终大底，但随后股价只要处于这个底部附近波动，即使波动过程探出新的大底价格，也会获得明显支

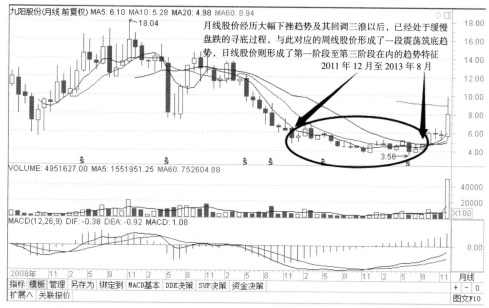

图7-15 月线大底波动，周线形成第一阶段，日线包含第一阶段至第三阶段

撑。对应的周线股价经历一段明显的震荡筑底趋势，可能在其筑底途中产生新的大底价格和寻底特征，获得支撑也很明显。日线股价处于相对的低位区间并经历长期的反复震荡，不仅经历了第一阶段至第三阶段在内的趋势特征，而且可能构筑"双重底"或"多重底"支撑的区间盘整趋势。

月线股价处于大底区间波动并收出一两根中、小阳线，周线股价可能形成向上触及中线或大线的明显反弹，日线股价则有可能形成脱离筑底区间的小幅拉升趋势。月线股价处于大底区间波动并经历半年以上的窄幅震荡，首次向上冲击低位中线或大线时，周线股价往往结束震荡筑底趋势并形成小幅拉升趋势，日线股价经历持续整理的区间盘整趋势，开始进入强攻并结束区间盘整趋势，或已形成携量突破形态轨道（上轨切线）。

通过上述可以明白，月线股价处于大底区间波动，周线股价脱离筑底区间往往只有小幅拉升趋势，日线股价虽然实现强攻且已有了大幅拉升的可能性，但拉升趋势未必一帆风顺，而且日线后市可能形成牛皮市道的大幅拉升趋势，也有可能经历多段明显拉升和调整特征的大幅拉升趋势。月线股价反弹并越过大线以后，除了受到均线下垂和均线系统的发散牵制，也会受到前期技术平台或跳空缺口阻压，随之展开缩量调整趋势，那么体现于周线或日线趋势，将是一段持续整理的区间盘整趋势。

这种趋势演变可能发生于历史大底区域，也有可能发生于区间盘整阶段的挖

坑下蹲区域，也就是说，这种趋势演变可能是更大趋势的区间盘整阶段的其中一段或多段趋势。发生于历史大底区域，说明月线股价完成寻底并在大底区间波动，适宜战略布局；发生于更大趋势的区间盘整阶段的挖坑下蹲区域，不管资金量大小，要求做好逢低吸筹，实战价值大。

（九）月线股价经历大幅拉升趋势以后，已经处于明显高位的探顶过程，对应的周线股价形成了一段明显的震荡筑顶趋势，日线股价则形成了第五阶段至第六阶段的首轮回调在内的趋势特征。西南证券（600369）

月线股价经历大幅拉升趋势以后，已经处于明显高位的探顶区间，且已完成多段【预期】，也有可能到达历史【预期】位置，还有可能处于连创历史新高的冲顶区域。月线股价收出一个或多个明显的顶部价格（探顶特征）以后，处于高位区间并展开震荡趋势，或在高位区间的震荡过程收出大顶价格（探顶特征）。对应的周线股价于高位区间并收出一个或多个明显的顶部价格（探顶特征）以后，处于高位区间并形成一段明显的震荡筑顶趋势，日线股价处于高位区间并围绕中线或大线反复震荡，构筑一段比较宽幅的震荡筑顶趋势，或构筑一段复合顶部的震荡筑顶趋势，而且复合顶部往往体现出"双重顶"或"多重顶"阻压的震荡筑顶格局。

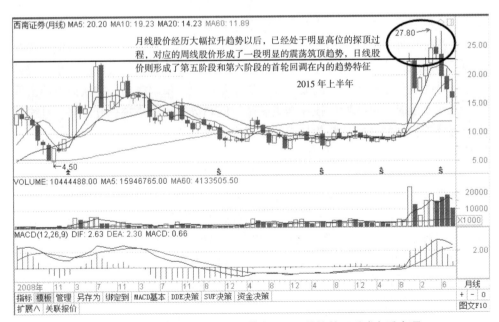

图7-16　月线高位探顶，周线震荡筑顶，日线构筑双重或多重大顶

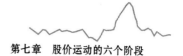

　　月线股价经历大幅拉升趋势以后，不论是复权状态还是除权状态，都已实现巨大涨幅，且已完成多段【预期】。复权状态下的大幅拉升趋势往往到达历史【预期】位置，也有可能处于连创历史新高的冲顶区域；除权状态下的大幅拉升趋势可能完成了填权【预期】，可能处于填权以后的新高区域。不管从哪个角度进行观察和分析趋势，月线股价经历大幅拉升趋势以后，完成【预期】和确立<对望格局>双轨，都是成立的。

　　一般情况下，月线股价经历大幅拉升趋势以后，收出首个（批）顶部价格（探顶特征）时，MACD 技术指标往往处于金叉状态，趋势线也没有脱离持续拉长的红柱体内部。虽然指标仍然处于大幅拉升的强势范畴，但月线股价经历大幅拉升已经完成多段【预期】并确立<对望格局>双轨，而且月线股价于高位区间明显受压，既有可能收出冲高回落的顶部特征（阻压特征），也有可能收出阴线回调特征，致使趋势线的抬升角度有所减缓，并开始脱离逐渐缩短的红柱体内部。对应的周线股价收出一个或多个明显的顶部价格（探顶特征）以后，处于高位区间并展开反复震荡，构筑一段明显的震荡筑顶趋势，筑顶过程可能产生新的大顶价格（探顶特征）。日线股价收出一个或多个明显的顶部价格（探顶特征）以后，长期处于高位区间并展开相对宽幅的震荡筑顶趋势，既有可能围绕中线或大线反复震荡，也有可能产生此轮行情新高（包括历史新高），还有可能构筑符合"双重顶"或"多重顶"阻压的震荡筑顶格局。

　　月线股价经历大幅拉升趋势并到达高位区间，或经历一波猛烈拉升且已实现巨大涨幅，立即收出一根冲高回落的阻压 K 线图，或收出一根回落阴线。对应的周线股价往往已经形成探顶回落趋势并跌至中线附近，日线股价往往已经形成探顶回落趋势并跌至大线附近。月线股价处于高位区间并经历短暂回调以后，出现反扑阳线不管有量无量，股价都有可能创出此轮行情新高（包括历史新高）。对应的周线股价获得中线止跌并实现震荡反弹，虚拉诱多以后可能构筑"顶背离"形态，也有可能构筑"头肩顶"形态，还有可能构筑这两种形态的复合顶部。日线股价处于高位区间并围绕中线或大线展开宽幅震荡，构筑复合顶部的概率较高，"双重顶"或"多重顶"格局体现了复合顶部。

　　月线 K 线图需要一个月交易时间，包含了 4~5 根周线 K 线图，日线 K 线图常常达到 22 个交易日。由此可见，月线股价处于高位区间并受到明显阻压，收出一根冲高回落的 K 线图，对应的周线股价可能形成了探顶回落的连阴跌势，日线股价由顶部回落并经高位震荡以后，可能形成了破位趋势，且已完成大幅下挫趋势的首轮回调。也就是说，月线股价处于明显高位的探顶过程，周线股价往往构筑一段明显的震荡筑顶趋势，日线股价探顶以后并经历高位区间震荡，且已形成破位趋势，往往包含了第五阶段至第六阶段的首轮回调在内。

月线股价经历大幅拉升趋势且已实现巨大涨幅，完成【预期】并确立<对望格局>双轨，即使这里不是它的最终大顶，也要根据对应的周线和日线趋势的明显顶部实施逢高减筹，尤其是周线趋势的虚拉诱多顶部。这样做不仅回避了月线级别的回调风险，而且有的月线股价处于高位区间只有短暂抵抗，快速破位并直接进入大幅下挫趋势。按照"以大指小"原则实施逐步减筹，不仅锁定了大部分盈利，而且回避了持筹风险，所以没有必要重仓死守。如果遇到极端行情，重仓死守必然招致重创。

（十）月线股价构筑一段明显的震荡筑底趋势，对应的周线和日线股价处于相对的低位区间波动，不仅经历了长期的反复震荡，而且周线和日线股价同步构筑一个区间包含了三个阶段趋势在内，持续整理趋势又符合"双重底"或"多重底"支撑。中体产业（600158）

月线股价经历大幅下挫趋势及其回调三浪，收出一个或多个明显的底部价格（寻底特征）以后，处于低位区间并围绕中线展开震荡筑底趋势。MACD 技术指标转入金叉状态以后，趋势线逐渐抬升并向零轴线靠近。对应的周线和日线股价探出一个或多个明显的底部价格（寻底特征）以后，处于相对的低位区间波动，不仅经历了长期的反复震荡，而且周线和日线股价同步构筑一个区间包含了三个阶段趋势在内，持续整理趋势又符合"双重底"或"多重底"支撑。

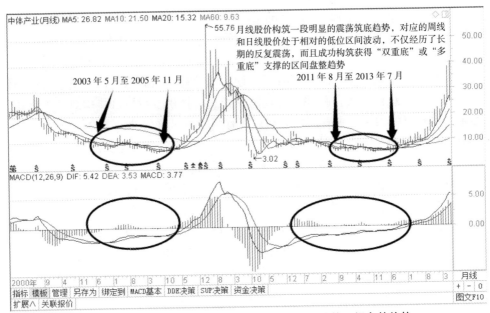

图7-17　月线构筑震荡筑底趋势，周线和日线构筑区间盘整趋势

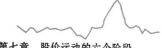

月线股价经历大幅下挫趋势及其回调三浪，量能明显萎缩且跌势趋缓以后，才有可能收出真实的底部价格（寻底特征）。首个（批）底部价格（寻底特征）可能出现在最后下挫阶段的空势范畴，也有可能出现在飘柱诱空的盘跌过程，还有可能出现在超跌超卖的微跌过程。不管首个底部价格（寻底特征）出现在哪里，只要随后股价围绕这个底部区间展开震荡趋势，MACD技术指标转入金叉状态并逐渐削减弱势，那么首个（批）底部价格（寻底特征）将会发挥强力支撑，又及时收出多个明显的底部价格（寻底特征）。

震荡筑底趋势可能处于历史大底区间，也有可能处于阶段性底部。处于历史大底区间的震荡筑底趋势，适宜战略布局。处于更大趋势的区间盘整阶段的挖坑下蹲区域，体现出一种阶段性底部，顺势打压趋势往往不会创出回调新低，而且震荡筑底趋势获得明显支撑，股价实现回升也快，实战价值大。

月线股价处于大底区间并展开震荡筑底趋势，震荡筑底过程既有"连阳推动"状态，也有"连阴回撤"特征，应当根据对应的周线或日线的回调低点进行抄底（补仓）。不管什么周期，股价结束震荡筑底趋势并开启小幅拉升趋势，必须得到"拨开迷雾，重见光明"或"震荡筑底，反抽三线"等转势特征的确认，所以说这些转势特征既是震荡筑底趋势结束的典型标志，也是小幅拉升趋势开始的典型标志。月线股价经历震荡筑底趋势并实现转势时，对应的周线和日线股价往往进入强攻范畴或已形成突破形态轨道。从这些地方参与，不仅买入价格合理，而且安全系数高，也容易获取一波月线级别的小幅拉升趋势（对应周线和日线的大幅拉升趋势）。

月线股价处于大底区间并展开震荡筑底趋势，可能形成一种横盘式的窄幅震荡特征，也有可能围绕中线并经历反复震荡。月线级别的震荡筑底趋势虽然有可能创出回调新低（包括历史新低），但获得强力支撑也很明显，从而促使对应的周线和日线的区间盘整趋势体现出"双重底"或"多重底"支撑。月线股价构筑一段完整的震荡筑底趋势，耗时较长且不易构筑。周线和日线股价构筑一段完整的震荡筑底趋势比较常见，毕竟耗时不如月线级别那么长。周期级别越大的震荡筑底趋势，实战价值越大。

股指处于震荡筑底阶段，强势恒强个股往往提前起势且提前进入区间盘整趋势；股指开启小幅拉升趋势，强势恒强个股往往进入大幅拉升趋势。提前于股指实现大幅拉升趋势的强庄个股，股指转入区间盘整趋势往往对应强庄个股的震荡筑顶趋势。强庄个股的震荡筑顶趋势受到股指的区间盘整趋势影响，强庄个股的震荡筑顶趋势有所延长，使其逐渐满足并符合区间盘整趋势的形态构造。说明强庄个股的震荡筑顶趋势逐渐演变为区间盘整趋势，表达强庄个股前期实现的大幅拉升趋势自动降级为小幅拉升趋势，暗示强庄个股后市还有大幅拉升趋势，后市

行情值得期待。

（十一）月线股价构筑一段震荡筑顶趋势，对应的周线和日线股价处于高位区间，不仅经历了长期的反复震荡，而且周线和日线股价往往包含了震荡筑顶趋势和大幅下挫趋势的首轮回调在内，也符合"双重顶"或"多重顶"的震荡筑顶格局。兰花科创（600123）

月线股价经历大幅拉升趋势且已实现巨大涨幅，收出首个（批）顶部价格（探顶特征）以后，处于高位区间并围绕中线展开震荡筑顶趋势。趋势线脱离红柱体以后，随着震荡筑顶趋势逐渐下降，说明趋势线和零轴线的距离越来越小。对应的周线和日线股价探出一个或多个明显的顶部价格（探顶特征）以后，处于高位区间并围绕中线或大线展开长期的反复震荡，往往包含了震荡筑顶趋势和大幅下挫趋势的首轮回调在内，也符合"双重顶"或"多重顶"阻压的震荡筑顶格局。

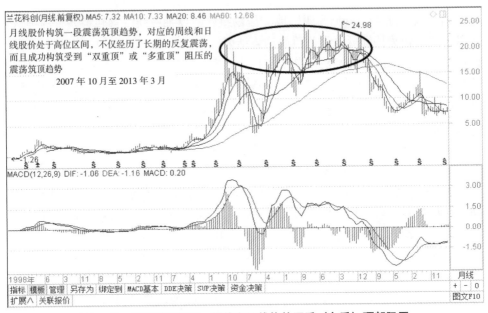

图7-18　月线震荡筑顶，周线和日线构筑双重（多重）顶部阻压

月线股价经历大幅拉升趋势且已实现巨大涨幅，完成多段【预期】行情。不管是复权状态还是除权状态，股价都有可能接近或已触及历史平台，或已完成【填权】行情，复权状态下更有可能处于连创历史新高区域。高位股价受到明显阻压并收出首个（批）顶部价格（探顶特征），月线股价可能处于大幅拉升的最

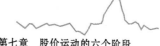

后急拉阶段，说明月线股价仍然处于强势范畴，预示这里未必是月线股价的最终顶部。随后股价处于高位区间并展开震荡筑顶趋势，趋势线的抬升角度有所减缓，并逐渐脱离持续缩短的红柱体内部，说明股价和指标走势开始由强转弱。高位股价首次回碰中线时，往往获得均线的上行角度支撑，促使股价实现震荡反弹趋势。虚拉诱多趋势往往形成飘柱诱多状态，或形成"顶背离"形态，或构筑"头肩顶"中继。说明月线股价处于高位区间并经历震荡筑顶趋势，可能创出此轮行情新高（包括历史新高），也有可能围绕首个（批）顶部价格之下、中线或大线之上反复震荡。

　　对应的周线和日线股价实现探顶以后，处于高位区间并经历了长期的反复震荡。既有可能跟随月线的震荡筑顶趋势探出此轮行情新高（包括历史新高），也有可能构筑受到"双重顶"或"多重顶"阻压的震荡筑顶格局，还有可能反复围绕中线或大线波动并构筑多段虚拉诱多趋势。月线股价处于高位区间并形成虚拉诱多趋势，对应的周线股价经历回调并获得止跌以后，虽然实现企稳回升趋势，但周线股价往往构筑"顶背离"或"顶上顶"或"头肩顶"形态，也有可能构筑"双重顶"或"多重顶"特征；对应的日线股价经历高位区间的宽幅震荡并获得止跌以后，虽然实现重新强攻并形成大幅拉升趋势，但日线股价往往构筑更加宽幅的"双重顶"或"多重顶"特征。由此可见，月线股价处于高位区间并展开震荡筑顶趋势，体现于周线或日线的拉升趋势，实质上都是月线级别的虚拉诱多趋势。因此，月线股价处于虚拉诱多的震荡筑顶过程，对应的周线或日线股价形成企稳反转趋势，只有短线投机价值，所以不能恋战。

　　不管什么周期，"一刀两断，以绝后患"或"震荡筑顶，下破三线"等破位特征，既是震荡筑顶趋势结束的典型标志，也是大幅下挫趋势开始的典型标志。月线股价处于高位区间并经历长期的反复震荡，促使高位的股价和均线系统逐渐趋于收拢状态，趋势线逐渐下降并靠近零轴线。高位股价与均线系统靠拢运行，虽然反复确立破位特征，但高位股价并未立即下挫，而且高位股价始终围绕均线系统窄幅震荡。最终股价重新回落并确立"反复筑顶，下破四线"、"抽刀断水，流水无情"和"溃坝决堤，覆水难收"等破位特征，月线股价才开始进入真正的破位趋势（大幅下挫趋势）。上述破位特征原本属于再破特征的技术范畴，但在这里它们属于震荡筑顶趋势结束的破位特征，也是大幅下挫趋势开始的破位特征。也可以这么理解，月线股价处于高位区间并经历长期的反复震荡，破位特征和再破特征都在一个地方，对应的周线和日线不仅经历了长期的震荡筑顶趋势，而且它们由大顶回落以后又反复形成破位趋势。说明月线股价构筑震荡筑顶趋势，对应的周线和日线股价包含了震荡筑顶趋势和大幅下挫趋势的首轮回调在内。这样的破位趋势极具杀力，大幅下挫趋势的回调速度往往极快，回

庄家控盘核心（四）

调幅度也大。

一般情况下，月线股价构筑一段完整的震荡筑顶趋势，时间跨度至少经历两年时间。有的月线股价处于高位区间并经历震荡筑顶趋势，长则经历了两轮熊市和牛市行情。周线和日线股价构筑一段完整的震荡筑顶趋势比较常见，毕竟所需时间不如月线级别那么长。月线股价由震荡筑顶趋势演变为区间盘整趋势极其罕见，往往是由上一轮牛市（或再上一轮牛市）逐渐演变而来，时间跨度可能达到10年以上，所以说这种趋势演变的实战价值极大。

（十二）月线股价完成寻底并处于低位区间经历震荡以后，实现小幅拉升趋势和区间盘整趋势的首次挖坑，对应的周线和日线股价经历了一轮完整的六个阶段（八浪运动）。深天地A（000023）

月线股价探明一个底部价格（寻底特征），处于低位区间并经历震荡筑底趋势以后，及时脱离低位区间并实现小幅拉升趋势。股价反弹越过大线以后接近或触及前期技术平台，受到明显阻压并形成震荡回落趋势，跌至小幅拉升阶段的抵抗平台才获得止跌，或者跌回前期底部附近才获得支撑。通过上述可以明白，月线股价经历这么一段趋势：完成寻底→震荡筑底→小幅拉升→受阻回落→获得支撑。对应的周线和日线股价不仅经历了上述趋势，而且这两个周期的整体趋势已经完成一轮完整的六个阶段（八浪运动）。

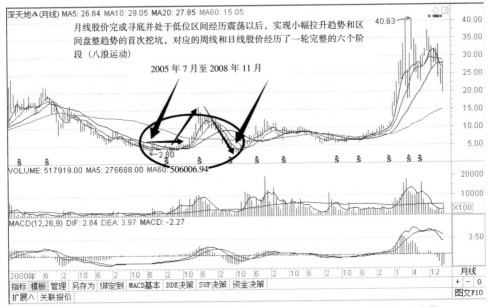

图7-19　月线的小幅拉升和区间盘整的首次挖坑，周线和日线完成六个阶段

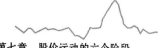

月线股价实现小幅拉升趋势和区间盘整趋势的首次挖坑，对应的周线和日线股价不仅完成了一轮牛市和熊市趋势，而且周线和日线股价的整体趋势呈现出一轮完整的六个阶段和八浪运动。这种趋势演变时有发生，且多发生于那些比股指走势偏弱的个股。说明这些个股的某段牛市涨幅不大，不仅跟不上股指牛市，而且不如同类板块个股，甚至落后于大部分个股的牛市涨幅。

月线股价脱离低位区间并形成小幅拉升趋势，对于它的长期熊市来说，只是完成一波首轮涨势（第一波驱动浪），往往形成一组或多组"连阳推动"状态，这一波小幅拉升趋势实现的【预期】行情不大。小幅拉升趋势受到前期技术平台或跳空缺口阻压，随之由阶段性顶部形成震荡回落趋势。小幅拉升趋势的阶段性顶部成为区间盘整趋势的首个上轨，由阶段性顶部开始的回落趋势属于区间盘整趋势的首次挖坑，首次挖坑的低点成为区间盘整趋势的首个下轨。通过月线股价实现小幅拉升趋势和区间盘整趋势的首次挖坑可以看出，对应的周线或日线股价不仅形成一轮完整的六个阶段和八浪运动，而且这两个周期的牛熊转换也很清晰。

月线级别的小幅拉升趋势往往推起一段牛市行情，虽然实质涨幅常以倍数计算，但对于前期的长期熊市来说，倍数涨幅还是不大。即使月线级别的小幅拉升趋势只是形成一轮阶段性牛市，对应的周线和日线趋势往往也是一轮完整的牛市行情，股价运动的六个阶段和八浪运动都很清晰。因此，发现月线股价脱离低位区间并形成小幅拉升趋势，必须及时通过对应的周线或日线趋势，寻找这两个周期实现强攻和突破形态轨道的实战价值。月线级别的小幅拉升趋势即使向上反弹一根阳线，或许周线或日线趋势已经实现几十点涨幅，所以不要轻视月线级别的小幅拉升趋势。

月线股价进入区间盘整趋势的首轮回调，不仅蕴含回调三浪，而且往往符合黄金分割率的比率结果。股价回调至小幅拉升阶段的抵抗平台，或者跌回前期底部附近，获得明显支撑。对应的周线和日线股价从明显顶部回落，大幅下挫趋势的三波回调浪极其明显。区间盘整趋势既有可能构筑逐渐收敛的压缩形态，也有可能构筑宽幅震荡的扩散形态，还有可能构筑这两种复合形态。构筑一段月线级别的区间盘整趋势，少则三五年时间，长则十年以上，实战价值极大，不要轻易放过。

阶段趋势的发生、转化、演变和发展是一个动态的过程，并非静止不变（也非一成不变），运用之妙，存乎一心。任何一个周期趋势的发生、转化、演变和发展，都有自身的客观规律，不以人的意志为转移。只要存在的总有存在的理由，意识必须服从存在。

（十三）月线股价完成探顶以后，处于高位区间并经历震荡趋势，破位特征促使股价进入大幅下挫阶段的首轮回调，对应的周线股价经历了大幅下挫趋势及其回调三浪，日线股价经历的大幅下挫趋势远远不止回调三浪。杭钢股份（600126）

月线股价经历大幅拉升趋势并收出明显的顶部价格（探顶特征）以后，处于高位区间并展开震荡趋势，对应的周线股价处于高位区间并经历一段明显的震荡筑顶趋势，日线股价处于高位区间并构筑了宽幅震荡的多重顶部阻压。月线股价由顶部回落至中线附近，围绕中线震荡并形成短暂抵抗；对应的周线股价破位下行并形成了大幅下挫趋势的首轮回调，获得止跌以后实现反弹中继行情；日线股价破位下行且已完成大幅下挫趋势及其回调三浪，获得止跌以后向上反弹并围绕均线系统反复震荡。月线股价处于中线附近并经历短暂抵抗以后，确立破位特征并将股价带入快速回调，股价跌至大线下方（附近）才获得止跌，说明月线股价完成大幅下挫趋势的首轮回调。对应的周线股价推起反弹中继行情，经历震荡以后再次破位，再破特征将股价带入大幅下挫趋势的第三波回调。日线股价经历明显的反弹趋势以后，围绕均线系统展开长期的反复震荡，均线系统逐渐趋于收拢状态，股价重新回落并确立破位特征，股价继续向下回调并形成了多浪回调。

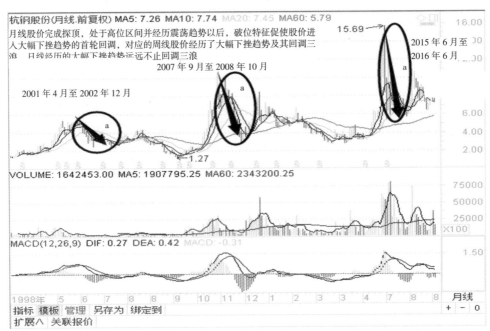

图 7-20　月线形成首轮回调，周线对应回调三浪，日线不止回调三浪

　　通过上面的逐步分解可以明白，月线股价完成探顶以后，处于高位区间并经历震荡趋势，破位特征促使股价进入大幅下挫趋势的首轮回调，对应的周线股价经历了大幅下挫趋势及其回调三浪，日线股价经历的大幅下挫趋势远远不止回调三浪。

　　月线股价处于高位区间震荡未必符合"顶背离"或"顶上顶"形态，毕竟高位震荡时间短了无法形成虚拉诱多趋势。对应的周线和日线股价却不然，只要月线股价处于明显的高位震荡，并收出一两根调整K线图，这两个小周期往往呈现出一段明显的震荡筑顶趋势，而且这两个小周期的虚拉诱多趋势常常产生"顶背离"和"头肩顶"形态，构筑一段复合筑顶趋势也有可能，日线股价还有可能构筑多重顶部阻压。

　　回调三浪属于艾氏《波浪理论》的八浪运动的技术范畴，主要讲述股价回调的浪型结构。将其融入股价运动的六个阶段，并将其归结为大幅下挫阶段，不仅消除了机械数浪的困扰，而且趋势演变和发展更加清晰。月线股价形成大幅下挫趋势的首轮回调，对应的周线股价已经完成大幅下挫趋势及其回调三浪，日线股价经历的大幅下挫趋势远远不止回调三浪。通过这种趋势演变和发展就是告诉大家，周线和日线股价虽然已经完成大幅下挫趋势及其回调三浪，但月线股价只是形成大幅下挫趋势的首轮回调，说明月线股价的大幅下挫趋势远未结束，那么周线和日线趋势还有更多的反弹中继行情和回调趋势，除非趋势发生新的演变，不然都是如此演绎。

　　月线股价形成大幅下挫趋势的首轮回调，周线股价包含了大幅下挫趋势及其回调三浪，日线股价包含了多浪回调，这是正常的趋势演变。月线股价形成大幅下挫趋势的第三波回调，周线也包含了大幅下挫趋势及其回调三浪，日线股价也包含了多浪回调，也是正常的趋势演变。由此可见，月线股价形成大幅下挫趋势及其回调三浪，周线股价至少经历两段独立的大幅下挫趋势及其回调三浪，日线股价至少经历四段独立的大幅下挫趋势及其回调三浪。月线级别的大幅下挫趋势及其回调三浪发生了延伸趋势，那么周线和日线股价的延伸趋势及其回调浪数，往往难以估量。

　　月线股价处于大幅下挫趋势及其回调三浪的过程，周线和日线趋势收出的底部价格（寻底特征），都是假底特征。因此，不能单纯地根据某个周期的底部价格（寻底特征），判断股价完成下挫趋势，也不能单纯地根据某个周期的底部价格（寻底特征），判断股价完成见底，更不能贸然抄底或补仓，谨记。

　　认识股价运动的六个阶段，熟悉并掌握阶段与阶段之间的典型标志，阶段与阶段之间的演变及其关系，即使数浪不清，也难以精确浪数结构，但股价运动始终抹不去六个阶段的开始和结束的界限。

（十四）月线股价构筑一段区间盘整趋势，对应的周线和日线股价构筑了极其宽幅的区间盘整趋势，区间跨度往往长达数年之久，实战价值巨大。九鼎投资（600053）

月线股价脱离低位区间并形成小幅拉升趋势，越过大线以后受到前期技术平台或跳空缺口阻压，或受到均线系统的发散状态牵制，小幅拉升趋势逐渐减弱并收出一个明显的阶段性顶部。股价明显受阻并形成回落趋势，获得支撑以后围绕均线系统展开长期的反复震荡，成功构筑一段逐渐收敛或宽幅震荡的区间盘整趋势。区间跨度往往长达数年之久，甚至经历不止一轮牛熊趋势。对应的周线和日线股价虽然也是构筑一段逐渐收敛或宽幅震荡的区间盘整趋势，但这两个周期的震荡趋势极其宽幅，区间整理形态的上、下轨道非常多，可能符合多种形态构造。

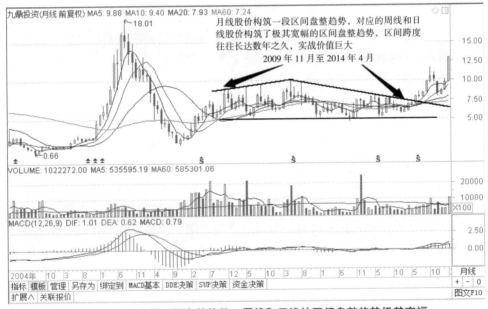

图7-21　月线构筑区间盘整趋势，周线和日线的区间盘整趋势极其宽幅

构筑一段月线级别的区间盘整趋势，少则三五年时间，长则十年以上。除此以外，庄家必须拥有高超的控盘能力和资金实力。月线级别的区间盘整趋势，既有可能是整体趋势的一段独立趋势，也有可能由趋势演变而来。譬如说，震荡筑顶趋势演变为区间盘整趋势，反弹中继行情演变为区间盘整趋势的开端。如果是由震荡筑顶趋势演变为区间盘整趋势，那么两轮牛市之间由区间盘整趋势衔接，

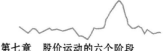

区间盘整趋势发挥了重新蓄势和换挡的作用，而且上一轮牛市的大顶只是形成长期牛市的阶段性顶部。如果是由反弹中继行情演变为区间盘整趋势的开端，那么区间盘整趋势的前期挖坑属于大幅下挫趋势的第三波回调，股价经历长期的反复震荡以后，逐渐满足并符合区间盘整趋势的形态构造。

月线股价不管是构筑逐渐收窄的区间盘整趋势，还是构筑宽幅震荡的区间盘整趋势，最终股价实现强攻和突破形态轨道，大幅拉升趋势往往实现巨大涨幅，所以说构造一段月线级别的区间盘整趋势，实战价值巨大。对应的周线和日线股价虽然也是构筑一段逐渐收窄或宽幅震荡的区间盘整趋势，但其震荡幅度极其宽幅，区间整理形态的上、下轨道和形态构造多而明显。周线和日线股价长期处于上蹿下跳、伏低蹿高的反复过程，每一波回升趋势都有可能蕴含五波推动浪，每一波回调趋势也有可能蕴含回调三浪，所以说区间盘整阶段的每一波回升趋势和回调趋势，又往往形成一轮完整的小级别的六个阶段。这就意味着，月线股价还没有确立真正强攻，对应的周线或日线股价长期呈现出上蹿下跳、伏低蹿高的反复趋势，暂时只能按照短线投机运作。

周线和日线股价经历极其宽幅的区间盘整趋势，每一波回升趋势和回调趋势除了蕴含五波推动浪和三波回调浪以外，区间整理形态的上、下轨道和形态构造不仅明显，而且区间整理形态可能构筑复合类型的形态构造。后一个上轨不断地受到前一个上轨阻压（或受到上轨切线阻压），区间整理呈现出受到多个上轨（顶部）阻压的特征，后一个下轨又总是获得前一个下轨支撑（或受到下轨切线支撑），区间整理呈现出获得多个下轨（底部）支撑的特征。

构筑一段月线级别的区间盘整趋势，往往蕴含不为人知的某种或多种重大利好消息（题材），不然庄家不必如此大费周章。发现月线股价构筑一段区间盘整趋势，不管它是整体趋势的独立阶段，还是由趋势演变而来，区间盘整趋势只要进入后期阶段，必须高度关注实现强攻及其调整趋势。如果构筑一段逐渐收窄的区间盘整趋势，那么股价和均线系统逐渐趋于收拢状态，双轨切线经过压缩以后，股价首次确立强攻特征及其调整趋势，开始精选个股。如果构筑一段宽幅震荡的区间盘整趋势，参与不必操之过急，每个坑底的参与量先不要投入太多，还要做好高抛低吸的准备。发现股价即将突破或已突破形态轨道时，缩量调整的验证趋势又伴随而至，追涨也好，逢低吸筹也罢，就是不能放过它，闭着眼睛买入也未尝不可。

周期级别注定了行情级别。级别越大的区间盘整趋势，实战价值越大，爆发力度越大，涨幅往往也越大。长期的反复震荡不仅容易收拢均线系统，而且市场整体持筹成本趋于接近，说明投资者的看法趋于一致，暗示后市抛压较小。即使构筑一段宽幅震荡的区间盘整趋势，到了后期也容易形成逐渐收窄的压缩形态。

股价突破形态轨道以后，缩量调整趋势是验证股价突破轨道的技术回调，验证趋势处于双轨内部的时间越长越好。

（十五）月线股价形成大幅下挫趋势的反弹中继行情，对应的周线和日线股价完成大幅下挫趋势及其回调三浪，获得止跌以后往往推起一段涨幅明显的诱多趋势。杭钢股份（600126）

月线股价形成大幅下挫趋势的首轮回调，获得止跌以后推起一波反弹中继行情。对应的周线股价至少经历了一轮大幅下挫趋势及其回调三浪，日线股价经历的大幅下挫趋势远远不止回调三浪。月线级别的反弹中继行情不仅重新企稳均线系统之上，而且股价反弹以后接近或已触及前期筑顶的破位区域。对应的周线股价完成寻底以后，实现震荡反弹并越过大线运行，推起一段涨幅明显的诱多趋势，日线股价不仅推起一段涨幅明显的诱多趋势，而且这一段诱多趋势往往符合五波推动浪。

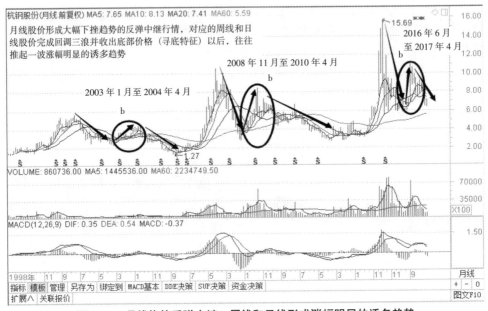

图7-22　月线构筑反弹中继，周线和日线形成涨幅明显的诱多趋势

月线股价完成大幅下挫趋势的首轮回调，周线和日线股价至少经历了一轮大幅下挫趋势及其回调三浪。从理论上讲，月线股价经历大幅下挫趋势的首轮回调，获得止跌以后推起第二波反弹中继行情，反弹趋势触及大线或越过大线以后受到明显阻压，又及时收出一个阶段性顶部，即可表示大幅下挫趋势的第二波反

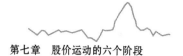

弹中继行情结束，第三波回调趋势开始。可是，实际趋势演变并非一成不变，反弹中继行情出现减弱以后，可能受到中、大均线支撑并展开窄幅震荡趋势（构筑反复盘顶趋势），所以从严格意义上说，股价围绕中、大均线展开窄幅震荡趋势以后，收出再破特征才算结束月线级别的反弹中继行情，大幅下挫趋势的第三波回调才算开始。

月线股价形成大幅下挫趋势的第二波反弹中继行情，反弹趋势往往快速越过大线，接近或触及首轮回调的破位区域才受到明显阻压，并及时收出一个阶段性顶部。与此同时，周线股价完成回调三浪以后获得止跌，推起一段涨幅明显的诱多趋势，股价重新企稳均线系统之上运行。日线股价获得止跌以后，推起一段符合五波推动浪的诱多趋势。

月线股价反弹触及大线时立即受到强力阻压，股价往往无法越过大线并收于大线之下，遇阻回落即可确认大幅下挫趋势的第三波回调，说明反弹中继行情较小，受阻也很明显。那么，对应的周线和日线股价推起的诱多趋势往往也不大，而且周线和日线股价经历反弹并重新企稳均线系统以后，震荡时间也不长，再破特征又及时将周线和日线股价快速引入多浪回调。

月线股价由高位回落并形成一波连续暴跌趋势，首轮回调快速吞没前期大幅拉升趋势，甚至回落至前期大底（或历史大底）区域才有止跌征兆。这种回调趋势比较极端，往往是受到股灾或"黑天鹅"事件影响所致。紧随而至的反弹中继行情往往只有短暂的反弹特征，反弹触及大线附近又立即形成明显回调，那么后市股价波动极有可能演变为震荡筑底趋势，短暂的反弹中继行情往往归结为震荡筑底阶段的前期阶段（寻底反弹阶段）。只要形成一波跌势直接到底的大幅下挫趋势，后市股价处于低位区间不仅需要经历漫长的反复震荡趋势，而且震荡筑底趋势非常复杂，最终可能构筑一个区间包含了震荡筑底趋势、小幅拉升趋势和区间盘整趋势这三个阶段的趋势特征。

反弹中继行情的主要目的是诱多派发，并无实战价值，市场意义还是酝酿第三波回调趋势，除非趋势发生了演变。假如利用这一段诱多趋势实施抢攻，首先需要确立这是一种短线投机行为（理念要清），其次要做好快进快出的准备。不过，建议大家还是不要做这种冒险举动，技术过关了，心态未必成熟。如果由大幅拉升阶段或震荡筑顶阶段扛单至此，最好利用反弹中继平台（小幅拉升趋势）逃命（清空），少挣也好过套着扛单，保住本金才有机会重来。

（十六）月线股价实现大幅拉升趋势，对应的周线和日线股价不仅呈现出经历了多种拉升特征的大幅拉升趋势，而且所有周期趋势都实现了巨大涨幅。华金资本（000532）

月线级别的大幅拉升趋势往往呈现出连续攻势，说明拉升途中的调整趋势较少，而且调整幅度不大。可是，月线1根K线图包含了4~5根周线K线图，日线K线图至少有22个交易日，那么月线拉升途中只要出现一两根调整K线图，周线和日线股价都是一段明显的调整趋势，所以周线和日线股价实现大幅拉升趋势，往往呈现出台阶式的长期盘升特征。月线股价处于对望调整过程，周线和日线级别的调整趋势要么形成震荡筑顶特征，要么经历顺势挖坑的充分整理特征，那么周线和日线股价实现大幅拉升趋势，往往呈现出多段拉升趋势和调整趋势的交替状态。

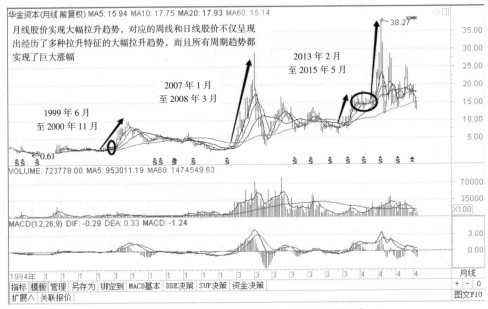

图7-23　月线、周线和日线的大幅拉升特征各不相同

任何周期的大幅拉升趋势都有可能形成以下四种拉升特征：①一波急拉攻势直接到顶的大幅拉升趋势；②多段快速拉升和横盘调整相伴的大幅拉升趋势；③台阶式的长期盘升趋势，也叫牛皮市道的大幅拉升趋势；④经历多段明显的稳步拉升和充分整理的大幅拉升趋势。

月线股价形成一波急拉攻势直接到顶的大幅拉升趋势比较常见，周线股价形

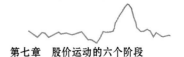

成多段快速拉升和横盘调整相伴的大幅拉升趋势比较常见，日线股价形成多段稳步拉升和充分整理的大幅拉升趋势比较常见。台阶式的长期盘升趋势可能出现在任何一个周期，以周线和日线级别的牛皮市道居多。一般情况下，大部分个股的不同周期，大幅拉升趋势往往分别符合这四种拉升特征。可是，不能排除大幅拉升趋势及其拉升特征发生演变，而且不同周期的大幅拉升特征也会随着趋势改变而发生演变。

月线股价形成一波涨幅巨大的连续攻势，并不是说大幅拉升途中没有出现调整趋势，只是每次调整的 K 线数量都很少，而且短暂调整对于月线涨势来说，调整幅度往往也小，所以月线股价才会呈现出一波急拉攻势直接到顶的大幅拉升特征。此外，也不是说月线股价实现一波急拉攻势直接到达最终大顶，只是表达月线股价经历一波涨幅巨大的连续攻势以后，收出首个（批）顶部价格（探顶特征）时，股价已经到达明显的高位区间，而且对应的周线和日线股价实现探顶以后，处于高位区间并形成反复震荡趋势，往往构筑虚拉诱多特征的震荡筑顶格局。也就是说，月线股价完成大幅拉升趋势且已实现巨大涨幅，明显受压且有探顶特征，可以根据周线和日线的震荡筑顶趋势完成撤离。

虽然每个周期的大幅拉升趋势及其拉升特征存在较大差异，但最终股价都能实现巨大涨幅。对于周线的大幅拉升趋势来说，多段快速拉升和横盘调整为主；对于日线的大幅拉升趋势来说，稳步拉升和充分整理为主。不管哪个周期，采取横盘调整趋势进行洗盘和换挡，股价携量突破横盘上轨，将由"乘风破浪，纵横驰骋"攻势承接大幅拉升趋势。采取充分整理趋势进行洗盘和换挡，股价获得止跌并实现企稳回升，往往由"短回中"、"反攻三线"、"短回长"、"反攻四线"和"腾空而起"等强攻特征承接大幅拉升趋势。采取"蜻蜓点水"式的震荡筑顶特征进行洗盘和换挡，股价获得支撑并突破平台上轨，往往由急速攻势承接大幅拉升趋势。

存在重大利好且重新复牌的个股，日线涨势往往呈现出连续"一"字缩量涨停攻势，容易产生一波急拉攻势直接到顶的大幅拉升趋势，对应的周线涨势往往形成多根直线上攻且光头光脚的阳线特征，也是一波急拉攻势直接到顶的大幅拉升趋势，月线涨势可能只有一两根涨幅巨大的阳线特征。此类个股并非无迹可寻，在其停牌之前总会存在先知先觉的强势恒强特征，就看谁掌握了取款密码。一般情况下，月线股价处于大幅拉升的前期阶段（区间盘整的末端），往往存在较多的反转 K 线和调整 K 线，强势特征明显，参与时机充裕；突破形态轨道以后往往伴随验证趋势，参与时机依然充裕。

（十七）月线股价形成大幅下挫趋势及其回调三浪，对应的周线和日线股价形成的大幅下挫趋势远远不止回调三浪，而且所有周期趋势都经历了深幅回调。世纪星源（000005）

月线股价形成大幅下挫趋势及其回调三浪，不仅回调幅度大，而且时间跨度长，少则三五年时间，长则十年以上。月线级别的大幅下挫趋势及其回调三浪，体现于周线和日线级别的大幅下挫趋势，往往呈现出经历了多段回调趋势和反弹中继行情，说明周线和日线级别的回调趋势不仅远远超过三浪数量，而且所有周期趋势都经历了深幅回调。

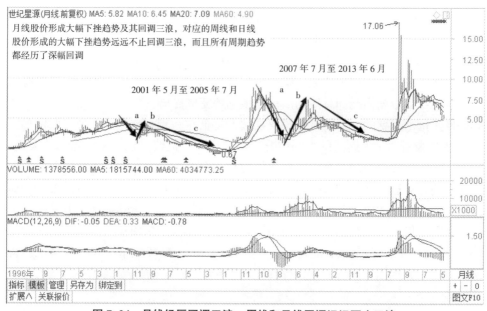

图7-24　月线经历回调三浪，周线和日线回调远远不止三浪

月线股价经历大幅下挫趋势及其回调三浪，包括首轮回调、反弹中继行情和第三波回调，周线股价的大幅下挫趋势分别对应了至少两段独立的回调三浪，日线股价的大幅下挫趋势分别对应了至少四段独立的回调三浪。这三个周期的大幅下挫趋势及其浪型结构虽然不同，但最终实现的深幅回调却一致。可是，趋势及其演变并非一成不变，波浪趋势及其结构更是你中有我、我中有你的关系。实战运用必须灵活，不然适得其反。

一般情况下，大幅下挫趋势的首轮回调小，时间短，反弹中继行情的反弹往往也小，时间也短，第三波回调往往创出此轮回调新低（包括历史新低），而且

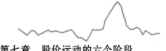

第三波回调的速度快，时间长，跌幅深。大幅下挫趋势的首轮回调快，跌幅深，反弹中继行情的反弹也大，时间也长，第三波回调可能不创回调新低，而且第三波回调的跌速慢，时间短，回调小。这是两种比较常见的大幅下挫趋势及其回调三浪。

月线股价处于高位区间构筑一段明显的震荡筑顶趋势，那么股价最终破位及其回调三浪也很明显，所以阶段与阶段之间的界限不会存在太多疑问。可是，有的个股受阻以后处于高位区间只有短暂震荡，有的个股从强势范畴的顶部价格（探顶特征）直接形成快速回落（缺失一段震荡筑顶趋势），首轮回调不仅快速跌破中线和大线支撑，而且急速回调往往吞没前期大幅拉升趋势，所以首轮回调就由强势范畴的顶部价格开始算起。

不管什么时候，精选个股也好，操盘布局也罢，都要采取"以大指小"原则进行指导。"以小指大"往往使人掉进假的趋势陷阱，而且操盘容易发生致命的错误，导致被套或大亏。也就是说，通过月线趋势进行观察和分析，必须回答这些问题：大幅下挫趋势跌完了吗？回调三浪完成了吗？这个底部价格（寻底特征）可信吗？如果得到肯定的答案，那么通过对应的周线趋势寻找一个相对的底部价格（寻底特征），然后再从日线趋势寻找一个更为精确的底部价格（寻底特征）。通过这样环环相扣的技术分析以后，往往得到一个让人无法拒绝且可信度高的底部价格。

月线级别的大幅下挫趋势及其回调三浪，属于熊市趋势范畴，大部分个股都要经历这样的回调趋势，除了那些长期处于牛皮市道的个股以外。月线股价还没有完成回调三浪，对应的周线和日线股价推起任何一种反弹趋势，都是虚拉诱多趋势（反弹中继行情）。月线股价经历大幅下挫趋势及其回调三浪以后，熊市趋势才算完成。可是，熊市趋势完成并不代表股价会立即起涨，收出底部价格（寻底特征）也不代表股价会立马反弹。震荡筑底趋势取代大幅下挫趋势，除了重新激活长期低迷的市场人气以外，夯实股价底部基础才能促使股价重新转势。月线股价经历大幅下挫趋势及其回调三浪以后，相对来说价格已经非常便宜，从战略投资的角度考虑，此时值得参与上市公司的定增、举牌或重组等战略性投资。作为一名普通投资者，需要考虑时间成本、资金成本和机会成本，最好还是耐心等待熊牛转换的"靴子落地"那一刻。

四、特殊趋势：牛皮市道和熊皮市道

牛皮市道和熊皮市道是两种比较特殊的趋势特征，虽然它们并不符合六个阶

段的趋势特征，也不符合八浪运动的波浪结构，但它们却是股价运动不可或缺的两种趋势，所以有必要深入研究。

（一）牛皮市道。格力电器（000651）

复权状态下，长期涨势往往呈现出稳步拉升和调整趋势的交替状态，完全符合台阶式的长期盘升特征，所以把它理解为牛皮市道的大幅拉升趋势。

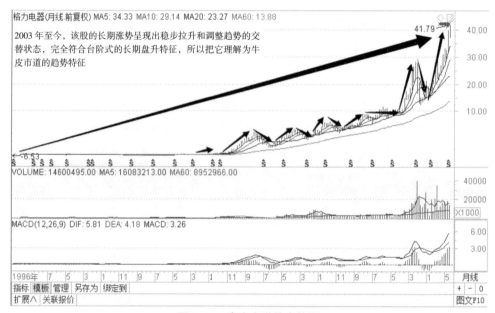

图7-25　牛皮市道的走势图

一般情况下，牛皮市道的每一波稳步拉升趋势之间，都采取缩量调整趋势进行衔接（洗盘和换挡），且以横盘调整特征居多。每一波横盘调整趋势往往获得中线支撑，调整幅度大了将会获得大线支撑，获得止跌企稳以后又推起一波明显涨势。如此趋势经历反复多次以后，长期涨势符合了台阶式的长期盘升特征，理解为牛皮市道。

牛皮市道可能是从上市开始，也有可能从上市以后的某个底部开始，还可能从上市以后的某个区间才开始。不管什么周期趋势，都有可能形成牛皮市道。日线级别的牛皮市道呈现出台阶式的长期盘升特征，每一波稳步拉升趋势和调整趋势都很明显，少则几倍涨幅，多则几十倍涨幅。日线级别的牛皮市道比较常见，往往伴随每一轮牛市产生，成为当时牛市的大牛股。符合周线级别的牛皮市道也很常见，多产于三高个股，少则十几倍涨幅，多则达到上百倍涨幅。符合月线级

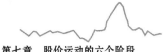

别的牛皮市道比较少见，往往产生于某个行业（板块）的翘楚，少则一两百倍涨幅，多则没有上限。

牛皮市道呈现出台阶式的长期盘升特征，说明每一波稳步拉升趋势都突破了调整平台，每一波调整趋势又呈现出逐渐收窄且以缩量为主。下面分别介绍日线、周线和月线级别的牛皮市道。

（1）日线级别的牛皮市道。通葡股份（600365）

日线股价确立强势并突破区间轨道（上轨切线）以后，大幅拉升阶段的每一波调整趋势都呈现出横盘调整特征，股价回碰中线立即获得支撑（有时回碰大线才获得支撑），止跌企稳以后又突破横盘上轨并实现拉升趋势。横盘调整特征和突破趋势反复演绎，股价上涨呈现出一种长期盘升特征。日线级别的牛皮市道，每一波拉升趋势都很快，每一波横盘调整趋势也不长。通葡股份于2014年6月至2015年6月的一年涨势，完全符合日线级别的牛皮市道。

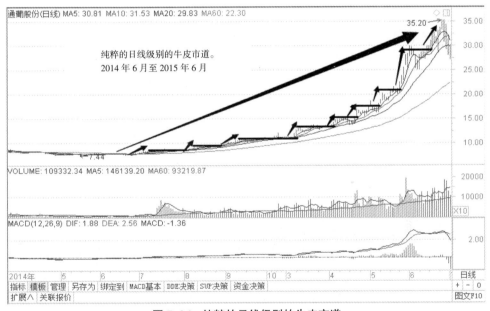

图7-26 纯粹的日线级别的牛皮市道

日线级别的牛皮市道往往伴随每一轮牛市产生，成为当时牛市的大牛股，少则几倍涨幅，多则几十倍涨幅。日线级别的牛皮个股不仅符合题材炒作，而且这个阶段的炒作目的非常明确（事后确认）。股指以及大部分个股确立强势并进入牛市行情，不仅为庄家炒作提供了正能量，而且庄家顺势炒作更是得心应手。符合牛皮市道的个股涨幅，不仅超出股指以及大部分个股的同期涨幅，而且远超同

类板块的其他个股。

一般情况下，个股进入大幅拉升趋势之前都有一段区间盘整趋势，精选强势恒强个股应当从强攻特征及其调整趋势开始，追涨未尝不可。股价突破形态轨道（上轨切线），又有验证趋势伴随，追涨也好，低吸也罢，闭着眼睛都要跟进。一旦错过了强攻和突破形态轨道的参与时机，最好不要追高，即使要做也要寻找拉升以后的横盘调整趋势，股价获得明显止跌以后，借助（参考）分时趋势的反转买点实施狙击。

日线股价经历长期盘升以后，什么时候结束牛皮市道？主要关注两个因素。第一个关注日线股价经历长期盘升以后，最后出现一波快速急拉的猛烈攻势，这是牛皮市道即将结束的提示信号，重点留意急拉末端的顶部价格（探顶特征）。第二个关注周线趋势，发现周线趋势到达明显的高位区间且有减弱迹象，对应的日线级别的牛皮市道往往到此终结。

（2）周线级别的牛皮市道。际华集团（601718）

日线股价进入大幅拉升阶段，每一波调整趋势往往回碰大线才获得支撑（少数回碰中线），止跌企稳以后又突破调整平台。不管调整趋势如何回碰大线，调整趋势保持基本横调特征，而且调整趋势总是呈现出一种"蜻蜓点水"或"震荡筑顶"的横调方式。日线级别的大幅拉升趋势经过基本横调趋势和突破趋势的反复演绎，使其满足并符合了周线级别的牛皮市道。际华集团于2014年6月末至2015年8月中旬的牛皮市道，既符合日线级别的牛皮市道，也符合周线级别的牛皮市道。

日线横调以后往往获得大线支撑，周线横调以后往往获得中线支撑，所以周线横调特征比日线横调特征更加明显。周线级别的牛皮市道，通过日线趋势呈现出来的盘升速度，虽然不如上述第一种纯粹的日线级别的牛皮市道，但周线级别的牛皮涨幅往往比它大。

构筑一段周线级别的牛皮市道，除了股指走强的因素以外，个股本身存在的题材也很重要。只要符合周线级别的牛皮市道，个股起势往往比股指提前，也比大部分个股涨得凶，强势恒强特征非常明显。符合三高预期的个股，尤其是次新股（板块），具备高增长、高净值和高送转潜力的特征，而且题材炒作一轮接一轮，促使周线股价呈现出长期盘升的牛皮特征。

周线级别的牛皮市道结束，也要关注两个因素。首先，周线股价经历长期盘升以后，最后出现一波快速急拉的猛烈攻势，这是周线级别的牛皮市道即将结束的提示信号，重点留意急拉末端的顶部价格（探顶特征）。其次，发现月线股价到达明显的高位区间且有减弱迹象，对应的周线级别的牛皮市道往往到此终结。

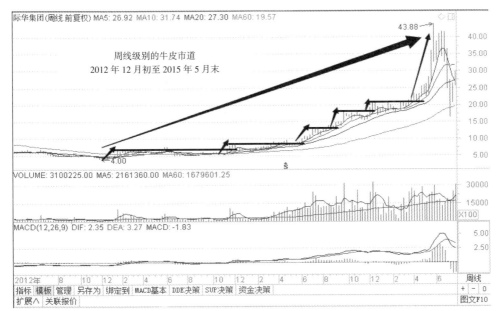

图 7-27　周线级别的牛皮市道

（3）月线级别的牛皮市道。格力电器（000651）

日线股价进入长期涨势，每一波调整趋势都跌至大线下方（附近），经历充分整理以后又形成企稳反转趋势，股价突破轨道以后继续向上拉升。每一波日线级别的调整趋势都像构筑一段区间盘整趋势，或符合挖坑下蹲的持续调整特征，每一波日线级别的拉升趋势都突破平台轨道并创出历史新高。对应的周线股价往往回碰至大线获得支撑，对应的月线股价往往回碰至中线获得支撑。日线级别的大幅拉升趋势不仅经历了多段明显的稳步拉升趋势和多段明显的充分整理趋势，长期涨势一浪比一浪高，使其满足并符合月线级别的牛皮市道。该股由2003 年至今的长期盘升，完全符合月线级别的牛皮市道，暂时还没有结束牛皮市道的征兆。

月线级别的牛皮市道往往是从个股的大底区间开始，起势阶段的参与时机不好把握，毕竟股价缺少一段区间盘整趋势，而且股价又要经历较长时间的盘升趋势，才能确认牛皮市道的趋势特征，所以参与往往已经错过牛皮市道的前期两轮拉升（至少）。月线级别的牛皮市道也有可能从个股的区间盘整的末端区域开始，参与时机较好把握。符合月线级别的牛皮市道的个股，它的长期走势与股指走势完全不同。个股的拉升趋势往往对应股指牛市，个股的充分整理趋势往往对应股指的熊市趋势，除此以外，个股的拉升趋势和调整趋势都比股指多，所以个股趋势呈现出长期盘升的牛皮特征。

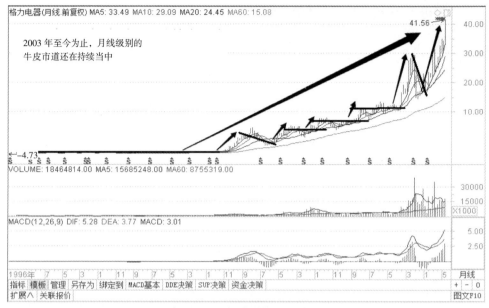

图 7-28　月线级别的牛皮市道

中途存在分红除权情形，避免技术分析失真，最好同时参考复权和除权这两种状态。不论哪个周期形成牛皮市道，也不管股价是由大底区间还是由区间盘整的末端区域开始起涨，股价经历长期盘升以后，复权状态下的股价往往处于历史新高。有的个股每年保持一定分红和送股，除权状态下不仅存在较多缺口，而且除权状态下未必处于历史新高，所以这些缺口常常成为除权状态下的技术分析（依据）。

月线级别、季线级别和年线级别的牛皮市道，一般不设上限，几十年都有可能。日线或周线级别的长期盘升不管经历多长时间，也不管股价实现了多大涨幅，牛皮市道结束往往由一波快速急拉的猛烈攻势提示。也就是说，日线或周线级别的牛皮市道，前期阶段的大部分时间都保持着稳步盘升特征，最后经历一波快速急拉的猛烈攻势（涨停板和大阳线为主），收出明显的顶部价格（探顶特征），牛皮市道往往到此终结。由此可见，日线或周线股价经历长期盘升趋势，并经一波快速急拉的猛烈攻势，必须做好随时撤离的准备。

虽然任何一个周期都可以形成牛皮市道，但构筑月线级别及其以上的牛皮市道，难度极大，所以极其罕见。A股市场由20世纪90年代初成立至今，虽然接近30年，但个股走势完全符合月线级别的牛皮市道，就目前来看，数量还是有限。例如：格力电器（000651）、片仔癀（600436）、伊利股份（600887）、长春高新（000661）……这些符合月线级别的牛皮市道的个股，都有一些共同特征：

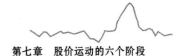

某个行业（板块）的翘楚；独有的核心技术；核心产品的市场占有率高；受经济周期影响小；年均营收和净利稳定增长。

如果参与月线级别及其以上的牛皮市道，应当重点关注每一波调整趋势。日线股价跌至大线下方（附近）并获得支撑，周线股价跌至大线附近获得支撑，月线股价跌至中线附近获得支撑，寻找一个相对的低点逢低入场，长线持有。参与月线级别及其以上的牛皮市道，享受的是稳定的股息收入和资本增值，所以不要在乎股价的一时涨跌，跌了反而是逢低入场的战略时机。

发达国家或地区的证券市场不仅成熟，而且经过长期的不断发展，法律法规及其市场制度也已趋于完善，投资氛围浓厚，投资者结构也很合理。只要是优质的上市公司，又在成熟的证券市场上市，长期涨势基本符合月线级别的牛皮市道，有的个股符合季线级别的牛皮市道。例如：美股市场的伯克希尔（BRK.A）、亚马逊（AMZN）、苹果（AAPL）、万事达（MA）、麦当劳（MCD）……港股市场的腾讯控股（00700）、长和（00001）、电能实业（00006）、长江基建集团（01038）……这就不难理解，为何成熟的证券市场能够吸引到如此众多的全世界范围内的优质企业，也不难理解巴菲特永远做多的投资理念，更不难理解这些优质企业的长期涨势符合牛皮市道。

相对来说，长期持筹并不是难事（普通投资者被套了往往如此），难就难在：持有的股票是否具备长期上涨的动力？支撑股价长期上涨的源泉是否存在？即使是上市公司的大股东（原始股东），他们也无法准确地告诉您。战略性投资不仅需要大量的基本面知识，而且要有绝大部分人所没有的领先意识（超前意识），也就是我们平时所说的慧眼（战略眼光）。这一点在全世界范围内，只有少数投资大师能够做到。战略性投资与技战术投资完全不是一回事，两者也不是一个级别（层次）。技战术投资可以是波段投资，也可以短线投机，完全忽略战略意识也不会影响最终结果。战略性投资除了需要拥有大量的金融财经知识，还要有别人所没有的战略眼光，而且战略布局根本不必在乎一时涨跌，最重要的如何发掘值得战略投资且价格合理的个股。

（二）熊皮市道。大金重工（002487）

股价长期下挫不仅经历了多段回调和反弹中继的交替状态，而且长期下挫就像构筑台阶式的盘跌趋势，所以也可以把它理解为熊皮市道的大幅下挫趋势。熊皮市道一般针对日线和周线级别的大幅下挫趋势。

熊皮市道一般针对日线和周线趋势，并不是说月线趋势无法形成这种台阶式的长期盘跌，只是月线股价形成长期盘跌趋势，需要股指以及上市公司本身存在非常严重的问题，才有可能导致月线趋势形成熊皮市道。可是，月线趋势形成如

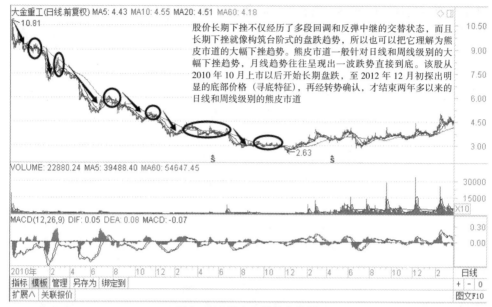

图7-29　熊皮市道的走势图

此长期盘跌，个股可能出现退市，即使不退，由于上市公司本身存在非常严重的问题，股价崩盘以后跌跌不休，也难扭转颓势，除非发生重大利好消息刺激（重组、并购或资产注入等），不然大罗神仙也救不了。

成熟国家或地区的证券市场，制度建设和板块设置相对完善，即使某个上市公司已无投资价值，也允许它存在或降板交易，所以这些股票市场存在"价格低廉"的"仙股"，而且这些"仙股"的月线趋势往往符合熊皮市道，"壳资源"或许成为这些"仙股"存在的唯一价值。A股市场的制度建设还不完善，导致"壳资源"弥足珍贵，也是消灭"仙股"和熊皮市道的原因。A股市场在10年前还有低于1元的"仙股"，现在要想见到一个"仙股"，简直比国宝大熊猫还要稀罕。

股价有可能从大顶开始进入长期盘跌，也有可能从反复盘顶以后的末端破位开始进入长期盘跌。长期盘跌就像逐渐下降的台阶一样，一级一级地往下降，说明股价每次经历一波回调趋势，都跌破了前期低点，每次经历一波反弹趋势，又受到中线或大线的强力阻压。如此跌势经历多次以后，台阶式的熊皮市道往往形成了深幅回调，也从未有过像模像样的反弹趋势。不论是日线趋势还是周线趋势，也不管股价是从大顶开始还是从反复盘顶以后的末端破位开始，长期盘跌的熊皮市道往往不断地刷新历史新低。

相对来说，股价上涨（做多）是无限的，股价下跌（做空）是有限的，跌无可跌就没有了交易价值。也从侧面反映出，股价上涨的动力比跌势大，做空的风险比做多大。股票价格远远超过其内在价值，股价是内在价值 5~10 倍的现象非常普通，但很少看到股价只有内在价值的 10%~20% 的情形。也就是说，某只股票的内在价值是 15 元，涨至 50 元或 100 元，这是经常发生的，跌至 1~2 元，只有极端情况下才有可能短暂发生。股票价格常常被高估，那是因为个股背后存在强大的推动力量（利益群体）。由此可见，做空是困难的，既不能大量下注，也不能只在一只股票上长期做空，毕竟只要一只做空足以杀死你，因为每当股价上涨时，越来越多的钱会被消耗掉。不是说不能做空，但最好能够避免长期做空，即使是熊皮市道，做空也要加倍小心。

盲目抄底并非出路，抄到 2 元价格也未必是熊皮市道的跌势终点，再跌 1 元还要承担 50% 浮亏，如果退市直接打了水漂，交易清淡也卖不掉。发现熊皮市道不需要什么技术含量，坚持不做空的就回避它，就这么简单。不要时时刻刻惦记着抄底，也不要以为捡到便宜货，实施战略投资也要有战略眼光，不然就是死路一条。即使看好某只股票，起码也要有了小幅拉升趋势和区间盘整趋势的添砖加瓦，还有月线级别的"靴子落地"保驾护航，再实施布局也未晚。

结　语

学会改变

股市就像一所大学，它不仅向每一位参与者传授经济知识，而且还让人磨炼出一种拼搏能力和心态。股市又像一种文化，它给不同年龄、不同学历、不同出生背景、不同职业的各类人，提供了一个看似公平的竞争舞台。只要您洞悉了股市奥秘，只要您足够勤奋，同时还要有一颗强大的内心，那您便能运筹帷幄之中，决胜千里之外！

很多投资者都说，自己的分析和操作都很不错，可是为什么最终还是没有赚到钱！答案莫衷一是。是否选择了强势恒强的股票呢？是否严格执行止损呢？是否懂得低吸高抛呢？心态又是否良好呢？除了上述因素以外，其实最重要的是：有没有建立一套完善的成熟且稳定的交易模式，这才是影响最终盈利的根源所在。您的盈利模式是否存在随机行为呢？是否靠运气使然呢？如果是这样的话，那么您的获利方式肯定不能长久，抑或说运气不好总是占了多数。命是弱者的借口，运是强者的谦辞。

一套完善的成熟且稳定的交易模式并非一朝一夕可以练就，除了必备的理论基础知识，还要积累丰富的实战经验，更要有强大的内心支撑。我们经常说，投资交易需要勇气，那么勇气来自于哪儿呢？香港著名的民间股神曹仁超先生曾经说过，创富之道离不开四大条件：行动时需要"勇气"，勇气来自于"自信"，自信来自于"智慧"，智慧来自于"知识"水平。也就是说，勇气最终源自于一个人的知识水平。当您知道证券市场和个股历史上曾经发生过的那些事，您也知道个股和证券市场的趋势会朝哪个方向走，顺应历史潮流的人自然会勇往直前、义无反顾。傻帽儿一般的冲动行径，那不叫勇气，那叫作"找死"。除此以外，勇气还与一个人的信仰（信念）密切相关。一个没有信仰的人，怎么也不可能硬生生地生出勇气，一个人有了坚定的信仰，自然无所畏惧。

　　建立一套完善的成熟且稳定的交易模式真的很不容易，干扰因素太多，也容易受到常犯的错误而影响交易结果。一个人做出改变、学会改变，并非只是口上说说那么简单，这也需要极大勇气。也就是说，常犯的通病太多了，以致影响到最终学习、交易和结果。

　　盲目地抄底或补仓，这就相当于断了自己的后路。每一个投资者都想买在低位，卖在高位，可是，现实未必尽如人意。由于周期趋势的不断推进、演变和发展，日线级别的底部价格（寻底特征）未必是真底，日线级别的小幅拉升趋势也未必是真的转势，或许只是周线或月线级别的假底和反弹中继行情而已。即使股价创出了历史新低，立即展开反弹的可能性虽然有，但不能排除还有更低的历史新低，所以说置之死地未必后生啊！

　　死扛亏损单子，期待一朝腾飞。绝大部分普通投资者都没有一个止损概念，就算心里曾经有过止损念头，但真的需要止损时，怎么也不愿意下手剁掉单子。有的投资者见一次止损后没几天股价又涨了回来，于是下次（下下次）就抱有一种侥幸心理，不愿止损出局，认为这是非常愚蠢的行为，却没有想过不止损才是愚蠢的。根据月线或季线级别的周期趋势实施分批布局，由于战略格局够大，可以不设止损位（在没有使用杠杆的情况下），毕竟短期波动不会影响大的发展方向（趋势）。参与一些次级趋势和短期趋势，如周线和日线趋势，要求严格设置止损位。

　　追涨杀跌，常以悲剧收场。追涨无可厚非，毕竟经过技术分析以后，基本都在强势区域追涨买入，低吸只是获得强势保护下的一种吸筹手段而已。追高则不然，这是不愿意放过每一个机会的体现，也是大部分投资者亏损的由来。可是，大部分投资者看见股价起涨时往往不敢追，心里害怕买入被套，或者不相信这是涨势确立，股价涨了老高反而觉得还会更高，害怕被套的思维已经抛之脑后，所以常常选择高位追入，结局都很悲剧。普通投资者往往是天不怕，地不怕，追高行径总是有所谓的独到见解，面对涨势中继的调整趋势，反而变得畏手畏脚，裹足不前，区间盘整阶段更是被大部分投资者视为浪费时间、资金和机会。

　　信念不坚，底线缺失。对于某一种技术方法总是抱着怀疑态度，迟迟不得其法，最终走什么路都不清楚！谁能坚定信念，才能恪守底线和回避风险。不可否认，只要是技术手段，总有它缺陷的一面，谁也不敢保证百分百挣钱。回避风险是投资交易的第一要务，认亏是勇气的表现，认死理是傻子的体现。有的投资者分析昨日行情头头是道，判断今日行情开始模棱两可，预判后市走势更是一塌糊涂，原来制订好的策略（计划）成为摆设，前怕狼后怕虎，其实这些也是信念不坚导致的结果。投资交易没有坚定信念是可怕的，缺失底线又是可悲的。

　　天天都是多头，风险意识淡薄。这种错误就是不能正确地区分趋势，还没有

弄懂这是多头还是空头。天天抱着多头思维做单，哪怕趋势已经处于空头范畴也是如此，根本没有风险意识。即使被空头摧残千百遍，仍对市场如初恋般热情。不做空的情况下，为何不能停下来休息呢？为何不能空仓等待成熟的时机呢？作为一名成熟的顶级操盘手，就要像猎豹一样，静静地等待时机，没有胜算的把握绝不出手，宁愿空仓也不贸然抢攻。

谁能先做出改变、学会改变，谁就能向成功的投资者迈进一步。哪怕每天只是取得细微进步，挣钱的概率也会随之增大。建立一套完善的成熟且稳定的交易模式并非一朝一夕可以练就，立志于股票市场改变人生，就要把它当成职业来做，而且还要付出比常人多百倍的努力。

改变不良的操盘习惯非常难，毕竟改变意味着放弃一些固有的思维方式。首先需要学会接受，其次是做出改变，最后是学会改变。股市里充满了机会，也充满着风险，如何趋利避险是市场永恒的主题。知识和实践经验能够帮助投资者达到趋利避险的目的。把控制风险永远放在第一位，挣钱成为自然而然的事情。水到渠成，您还害怕挣不来钱吗？

希望您在股市里能运筹帷幄，游刃有余，决胜千里之外。

纪垂海

2017 年 7 月 28 日于广州